21世纪高职高专规划教材 ■ 物流管理系列

物流营销与客户服务

WULIU YINGXIAO
YU KEHU FUWU

主编◎陶　欣　张海霞　卢　琳

中国人民大学出版社

前言

物流产业是世界各国经济发展的一个热点和新增长点，也是我国国民经济的基础之一，在经济发展中的作用日益突出。物流业的快速发展必然带来对专业化物流人才的大量需求。

为了适应日益激烈的市场竞争，市场营销成为每个企业发展的“火车头”。物流企业的员工无论从事何种工作，营销服务意识是其必备的职业素养之一。正是因为这个原因，物流市场营销相关课程逐渐成为物流管理专业核心课程之一。

本书在充分调研的基础上，结合物流企业工作岗位技能要求，遵循物流市场营销的一般规律，按照理论够用、突出实用、针对性强、对象明确、定位合理的要求进行编写。首先，介绍了市场营销的基本概念、理论，然后再按照物流市场营销的一般规律，分别介绍了分析物流营销市场、选择物流目标市场、制定物流营销策略组合、开发物流客户、物流服务营销、物流企业营销管理的内容。针对物流作为服务行业的特点，同时结合市场营销理论的新发展，增加了物流服务营销的相关内容，包括认知服务营销、物流客户服务营销策略、物流服务销售、物流客户服务改进，进一步突出了服务在物流企业营销中的重要作用，强化了对从业人员服务意识和技能的培养。这样，使得全书内容更加翔实，结构更加合理，比较完整地构建了“物流营销与客户服务”的合理内涵。为了方便教学，每个项目配有案例分析、基础练习等内容。

本书由山东交通职业学院陶欣、山东外事翻译职业学院张海霞、宜宾职业技术学院卢琳主编，由临沂职业学院杨梅、东营职业学院张燃燃、山东工业职业学院徐畅、四川交通职业技术学院张晓琴担任副主编。本书在编写过程中，参阅了大量相关书籍、资料和相应网站资源，在此向原作者表示谢意！同时也对参与本书出版过程中的所有工作人员和老师表示诚挚的谢意！

由于编者水平有限，书中难免有缺点和错误，恳请广大读者批评指正并提出宝贵建议。

目 录

项目一　认识市场营销

学习目标

知识目标：

1. 掌握市场营销的基本概念、作用和原则。
2. 了解市场营销观念和理念的发展。
3. 掌握物流市场营销的本质。
4. 理解学习物流市场营销的意义。

技能目标：

1. 能够运用市场营销的核心概念分析营销问题。
2. 能够运用物流服务营销相关知识解决物流企业的营销问题。

学习重点与难点：

运用物流服务营销理念分析、解决物流企业运营中存在的问题。

任务一　市场营销的基本概念、作用和原则

[案例引入]

三个业务员寻找市场

背景描述：

美国某制鞋公司要寻找国外市场，公司派了一名业务员去非洲的一个岛国，让他了解一下能否将本公司的鞋销给他们。这个业务员到非洲后待了一天后发回一封电报："这里的人不穿鞋，没有市场。我即刻返回。"公司又派出了一名业务员，他在非洲待了

一个星期后，发回一封电报："这里的人不穿鞋，鞋的市场很大，我准备把本公司生产的鞋卖给他们。"公司总裁得到两种不同的结果后，为了解到更真实的情况，于是又派去了第三个人，该人到非洲待了三个星期后，发回一封电报："这里的人不穿鞋，原因是他们脚上长有脚疾，他们也想穿鞋，过去不需要我们公司生产的鞋，是因为我们的鞋太窄。我们必须生产宽鞋，才能适合他们对鞋的需求。另外，这里的部落首领不让我们做买卖，除非我们借助于政府的力量和公关活动搞大市场营销。我们打开这个市场需要投入大约 1.5 万美元，这样我们每年能卖大约 2 万双鞋。在这里卖鞋可以赚钱，投资收益率约为 15%。"

思考题：

1. 市场营销活动要求企业的营销人员应具备什么素质?
2. 分析三个业务员对市场的职业敏感性。

[相关知识]

一、市场营销的概念

市场营销是认识需求、确定需求及满足需求的过程，即"有利益地满足需求"。市场营销的核心概念包括六个层次（见图 1－1）。

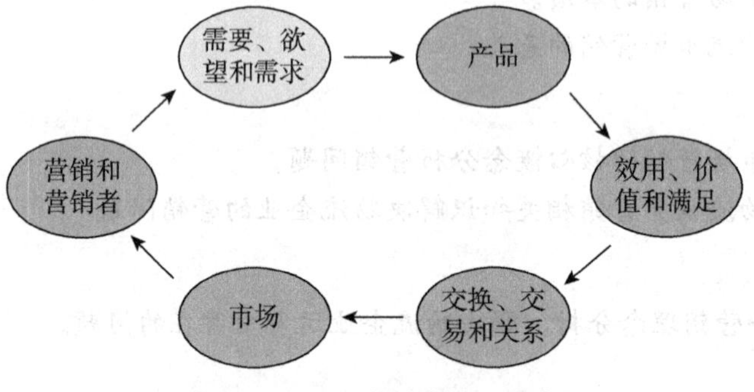

图 1－1　市场营销的核心概念

1. 需要、欲望和需求

需要、欲望和需求的概念见表 1－1。

表 1－1　需要、欲望和需求的概念

概念	描述	备注
需要	因某些基本的东西没得到满足而产生的一种心理感受	市场营销的出发点
欲望	想得到那些满足物的愿望	
需求	对某种产品有购买能力并且有购买意愿的欲望	

[生活小链接]

概念比较：概念/欲望/需求。
口渴了？
需要：最好喝点什么。
欲望：来瓶可乐不错。
需求：来瓶250ml的可口可乐。

2. 产品

产品是能够用以满足人类某种需要或欲望的任何东西。通常用产品和服务区分实体产品和无形产品。

3. 效用、价值和满足

效用最大化是客户选择产品的首要原则。对效用的评价，既取决于厂商所提供的产品的实际效用，也取决于客户进行的效用对比评价。客户的购买决策基础等于效用满足加上费用满足，客户的购买决策基本原则即选择用最少货币支出换取最大效用的产品或服务。

4. 交换、交易和关系

交换是通过提供某种东西作为回报，从别人那里取得所需产品的行为。

交换发生的基本条件：交易双方互为满意的有价值的物品及双方满意的交换条件。

交易：交易过程中，如果双方达成协议，即称其发生了交易。

关系：与客户建立长期合作关系是关系营销的核心内容。

5. 市场

市场＝某种产品的现实购买者需求＋潜在购买者需求

6. 营销和营销者

营销者是指希望从别人那里取得资源并愿意以某种有价之物作为交换的人。营销者可以是卖主，也可以是买主，或者双方都是营销者。

二、市场营销的作用

1. 解决生产与消费的矛盾，满足生活消费和生产消费的需要

在商品经济条件下，社会的生产和消费之间存在空间和时间上的分离，产品、价格双方信息不对称等多方面的矛盾。市场营销的任务就是使生产和消费的不同需要和欲望相适应，实现生产与消费的统一。

2. 实现商品的价值和增值

市场营销通过产品创新、分销、促销、定价、服务，方便和加速相互满意的交换关系，使商品中的价值和附加值得到社会的承认。

3. 避免社会资源和企业资源的浪费

市场营销从顾客需求的角度出发，根据需求条件安排生产，最大限度地减少产品无法销售的情况出现，避免了社会资源和企业资源的浪费。

4. 满足顾客需求，提高人民的生活水平和生存质量

市场营销活动的目标是通过各种手段最大限度地满足顾客需求，最终提高社会总体生活水平和人民的生存质量。

三、市场营销的原则

1. 诚实守信的原则

诚实守信是道德要求的最基础部分。它是企业经商道德中最重要的品德标准，是其他标准的基础。在我国传统经商实践中，它被奉为至上的律条。当今诚实守信仍应是企业市场营销活动中把握道德界限的重要基础规则，具体包括：产品质量上的诚实，不假冒；广告中要诚实相告；价格上明码实价，童叟无欺；交易中履行合同责任，信守承诺；市场调查数据真实等。

2. 义利兼顾的原则

义利兼顾的思想是西方伦理学在道德评价中主张道义与功利相结合思想的体现，同时与我国传统的义利并重的思想也是一致的。义利兼顾的思想是处理好利己和利他关系的基本原则。

义利兼顾是指企业获利的同时，要考虑是否符合消费者的利益，是否符合社会整体和长远的利益。利是目标，义是实现这一目标要遵守的合理规则。二者应该同时加以重视，实现兼顾的目标。

3. 互惠互利原则

互惠互利是针对企业的营销活动的性质，进一步提出的交易中的基本信条。互惠互利原则要求在市场营销行为中，正确地分析、评价自身的利益，评价利益相关者的利益。对自己有利而对利益相关者不利的活动，由于不能得到对方的响应，因而无法进行下去；而对他人有利，对自己无利的活动，又使经济活动成为无源之水、无本之木。企业本身是独立的经济实体，获利是理所应当的行为，只要不损害他人的利益，有效的经济活动本身就具有伦理性。只有繁荣的企业，才能生产出有意义的产品，创造新的就业机会。

4. 理性和谐的原则

理性和谐的原则是企业道德化活动要达到的理想模式。在市场营销中，理性就是运用知识手段，科学地分析市场环境，准确地预测未来市场的发展状况，不好大喜功，单纯追求市场占有率，而损失利润；也不能像营销界一直抨击的秦池一样，不问自身的生产条件，只为“标王”而付出高昂的代价，最终只能自食恶果。

和谐就是提倡企业的市场营销活动应保持在适度竞争的水平上，过度的竞争会造成资源浪费，导致两败俱伤。市场营销中的和谐就是正确处理企业与市场各相关利益者的关

系，以和睦相处为基本原则，创造出天时、地利、人和的氛围。

四、市场营销观念和理念的发展

1. 以企业为中心的传统观念

以企业为中心的传统观念分为企业的生产观念和销售观念，具体内容如表1-2所示。

表1-2　生产观念和销售观念对比

项目	企业的生产观念	企业的销售观念
市场背景	卖方市场，营销以生产导向	生产什么，就卖什么
主要内容	注重生产管理，降低成本和提高产量	改进产品的推销，有什么就推销什么，生产、销售缺乏协调
特征	生产什么，就卖什么	销售卖什么，人们就买什么
主要区别	企业的销售观念开始重视推销术和广告术，提高了销售在企业中的地位	
问题	企业的生产观念和企业的销售观念均属于“以产定销”的企业管理思想，无法适应现代市场要求	

2. 以市场为中心的现代市场营销观念

背景：买方市场确立，企业间竞争激烈，社会文明高度发展。

意义：市场营销学的重要分水岭，是现代市场营销学的重要标志。

现代市场营销观念包括五种观念，如图1-2所示。

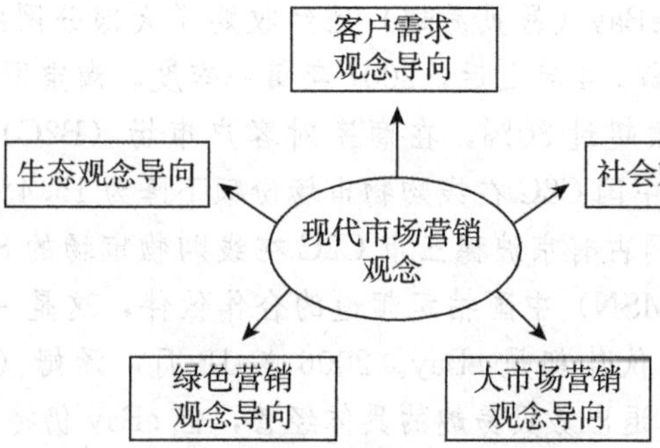

图1-2　现代市场营销观念

(1) 客户需求观念导向。

营销方针：以市场为中心，以客户为中心。

主要特征：客户需要什么，就生产和销售什么。置客户于公司活动的最高目标，经常以客户观点来指导与检验企业的营销策略。

(2) 社会观念导向（社会中心论）。

企业的营销活动，必须在客户需求、企业自身的利益与能力和社会公众利益这三者之间取得平衡（见图1-3）。

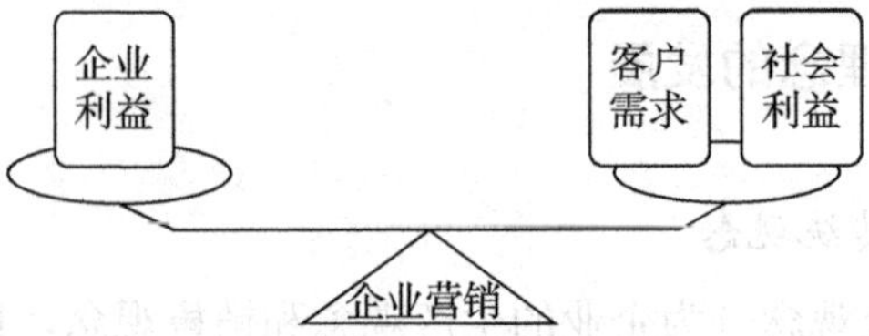

图1-3　社会营销观念导向

（3）大市场营销观念导向。

核心内容：强调企业的市场营销既要有效地适应外部环境，又能够在某些方面发挥主观能动作用，使外部环境朝着有利于企业的方向发展。

（4）绿色营销观念导向（环保营销）。

绿色营销=客户需求+企业利益+环保利益

（5）生态观念导向。

［案例解析］

淘宝（阿里巴巴）与eBay（易贝易趣）

在快速发展的中国网络购物和电子支付市场中，2006年，阿里巴巴旗下的淘宝网全年交易总额突破169亿元，超过了易初莲花（100亿元）和沃尔玛（99.3亿元）当年在中国的全年营业额。2007年，淘宝全年交易总额增至433亿元。截至2008年第二季度，淘宝注册用户数达到7 100万。2008年，淘宝全年交易总额999.6亿元。

2003年淘宝网问世时，eBay（易贝易趣）已经收购了大部分网络，并占据了中国在线购物70%～80%的市场份额。4年之后，2007年第一季度，淘宝网在中国客户对客户市场（C2C）在线购物市场份额超过80%，在商家对客户市场（B2C）在线购物市场占了2/3的市场份额。而eBay的中国C2C在线购物市场份额下降为15.4%。按照2007年第一季度的购物金额计算，淘宝网占有京沪穗三市C2C在线购物市场的81.9%。淘宝在2005年5月成为微软网络服务（MSN）中国拍卖频道的合作伙伴，这是一个例外，因为MSN在全球其他国家的拍卖合作伙伴都是eBay。2006年12月，汤姆（TOM）公司宣布以49%的股份入股eBay，eBay退出易贝易趣的具体经营，但eBay仍持有新成立的合资公司TOM易趣51%的股份。

淘宝为何能快速成功、后来居上？以下逐一比较淘宝和eBay易趣在中国市场的策略表现。

1. 支付安全

阿里巴巴创始人马云强调，中国电子商务市场的瓶颈是诚信环境。在线购物，用户最担心的就是诚信和支付安全问题。2003年10月，淘宝抓住了支付风险这个人人回避的市场空白，试探性地开通了支付宝服务——买家将货款打入淘宝提供的第三方账户，确认收到货物之后再将货款支付给卖家。这无疑大大降低了买家的风险，由此淘宝的会员注册数和成交率节节攀升。时隔一年，借助支付宝之力，淘宝注册会员数突破了300万大关，同比增长10倍还多，单日成交额更升至900万元。后来，阿里巴巴又宣布支付宝实行“全额赔偿”制度，对于因使用支付宝而受骗遭受损失的用户，支付宝将全额赔偿其损失，这在在线购物市场是开先河之举。相比之下，eBay虽然也实施了用户实名认证、推出与支付宝相类似的支付工具——安付通，并在2005年与eBay全球领先的在线支付工具贝宝进行对接，但是单笔赔付最高限额为1 000～2 000元。显然，eBay解决安全和信用问题的力度不及淘宝。

2. 价格策略

淘宝的策略是“先圈人，再圈钱”。淘宝承诺6年免费服务，执行全面免费策略（免会员注册费、免商品登录费、免交易手续费），财务上靠阿里巴巴的供血。eBay最初在2001年实行收费政策（交易费、登录费、推广费用）。在淘宝的免费压力下，2004—2006年，eBay逐次调低价格。淘宝的免费策略很快招揽了大量卖家，也让很多eBay的用户蜂拥而来。淘宝允许卖家和买家在交易前通过淘宝的交易平台进行讨价还价，而这在eBay是严格禁止的。淘宝允许卖家能够为每一次交易设计折扣券，但eBay折扣券只能由eBay官方发行。

3. 目标市场与品牌个性

eBay和淘宝虽然都关注年轻一代，但目标市场各有侧重。eBay的主流顾客群是受过良好教育、熟悉网络、每月工资在3 000元以上、20～40岁的年轻白领人群，而淘宝的顾客群范围更广、更时尚、更平民化。eBay要将自身塑造成“严谨、给人以信任感”的形象；淘宝则希望人人都买得起，人人都爱吃，像北京大街上流行的掉渣饼。eBay像高贵稳重的公主，淘宝明显就是邻家男孩，坚守自己土生土长的个性，让更多人乐于亲近它，接受它。淘宝活泼友好、年轻化的界面是很多网友对淘宝的第一印象。客户服务管理要求在线交易业务的网站提供各种用户沟通服务（电话、邮件、论坛和在线聊天等），以缩短买家和卖家的距离，消除交易顾虑。2006年1月，eBay在中国市场引入Skype。Skype提供极为便宜的国际长途，让在线交易的买卖双方借助Skype解决沟通难题，提高在线交易的成交率。但为了控制收费，eBay要求买方必须在拍下商品之后才能与卖方联系，且不支持私下沟通。淘宝则开通了“淘宝旺旺”供买方和卖方直接在线交流，“淘宝旺旺”类似中国人熟悉并喜好的聊天工具QQ，通过聊天双方甚至有可能成为朋友，这很符合中国人做生意的习惯。

任务二　认识物流服务营销

[案例引入]

福特的梦想

背景描述：

亨利·福特一直有一个梦想，就是要成为一个完全自给自足的行业巨头。于是，除了庞大的汽车制造，他还在底特律建造了内陆港口和错综复杂的铁路、公路网络。为了确保原材料供给，福特还投资了煤矿、铁矿、森林、玻璃厂，甚至买地种植制造油漆的大豆。他还在巴西购买了250万英亩的土地，建起了一座橡胶种植园，以满足他的汽车王国对橡胶的巨大需求。此外，他还想投资于铁路、运货卡车、内河运输和远洋运输，这样整个原材料供应、制造、运输、销售等都将纳入他所控制的范围。这是他要建立世界上第一个垂直一体化公司辛迪加计划的一部分。但福特逐渐发现独立于自己控制之外的专业化公司不仅能够完成最基本的工作，有些工作甚至要比福特公司自己的官僚机构干得更好。随着政治、经济环境的不断变化，福特公司的金融资源都被转移去开发和维持自己的核心能力——汽车制造，销售、运输等制造之外的工作都交给独立的专业化公司去做。福特在此方面的转变表明，在社会分工日益专业化的现代经济中，没有哪一家厂商能够完全做到自给自足，只有将企业有限的资源投入加强自身核心竞争力上，才能够成为赢家。同样，如果企业自身不是物流公司，那么最好将企业的物流业务交给独立的专业化的物流公司去做。

思考题：

为什么说“如果企业自身不是物流公司，那么最好将企业的物流业务交给独立的专业化的物流公司去做”？

[相关知识]

一、物流服务营销的含义

1. 物流的内涵

《中华人民共和国国家标准物流术语》（GB/T 18354－2001）把物流定义为：物品从供应地向接收地的实体流动过程，根据实际需要，将运输、储存、装卸、包装、流通加工、配送、信息处理等基本功能实施有机结合。

2. 物流活动的构成

物流活动主要由运输、保管、流通加工、包装、装卸以及信息六要素构成，如表1－3所示。

表1－3　物流活动的构成

要素	细分	内容
运输	运输 配送	长距离，线性机能，物流的交通机能 短距离，面的机能，物流的准入机能
保管	储藏 保管	长时间保管，储藏型保管 短时间保管，流通型保管
流通加工	加工作业 生产加工 促销加工	商品检验、分拣、放置、备货、分配 组装、细分、切断、规格化 价格贴付、单位化、商品组合

续前表

要素	细分	内容
包装	工业包装 商业包装	输送、保管、外部包装、内部包装，品质保证为主体 销售包装、单个包装，市场营销为主体
装卸	入货 卸货	从物流设施到交通机关的活动 从交通机关到物流设施的活动
信息	物流信息 商流信息	数量管理：运行、货物跟踪、入库、在库、出库管理 品质管理：温度、湿度管理 作业管理：自动分拣、数码备货 订货、发货：POS、EOS、VAN、EDI 金融：银行联网

3. 物流服务的本质

物流服务的本质是以系统化的理念将运输、仓储、装卸搬运、流通、加工、配送和信息分析等功能环节集成整合，一体化运作，提高流通的效率与效益，从而有效降低服务总成本，增强产品和需方企业的竞争力。

从满足客户的需求角度看，物流服务包括：

(1) 有顾客需要的商品（保证有货）。

(2) 可以在顾客需要的时间内送达（保证送到）。

(3) 达到顾客要求的质量（保证质量）。

4. 物流服务营销的含义

营销的概念具有普遍意义，根据营销的概念，可以推论出物流营销的含义——物流企业通过对物流市场施加作用和影响，促成潜在客户转化为现实客户，以满足客户对物流产品（服务）的需要和欲望的过程。

5. 学习物流服务营销的实际意义

(1) 服务营销的理论、方法和技巧，可以帮助物流企业及其员工树立市场营销观念，提高通过市场成功地实现潜在交换、促进产品（服务）销售的能力。

(2) 在市场经济条件下，物流企业开展生产或经营活动所需的资源是通过市场进行配置的。

(3) 经济全球化使得物流企业不得不通过市场对接加入国际经济循环，这是国际经济一体化条件下扩大对外开放的客观要求。

二、现代物流服务营销理念

1. 客户服务理念

(1) 建立以客户为导向的组织机构。

(2) 建立客户资料库。

(3) 提供全方位服务。

(4) 有针对性地提供服务。

2. 战略合作理念

(1) 不断改善、提高物流服务质量，以满足客户的销售需要。

(2) 伴随着客户的发展壮大，能够及时提出相对应的采购、销售物流解决方案。

(3) 通过有针对性、个性化的物流解决方案，来降低物流成本、减少资金占用量。

(4) 配合客户销售，积极整合社会资源，实现客户与其终端客户的零距离，实现客户的零库存。

(5) 积极跟进客户销售网络的铺设，做好仓储网络部署、客户分拨、物流配送。

(6) 通过资源的不断整合、优化，降低物流费用，为客户提高产品的竞争力，以达到双赢，真正形成稳固的战略合作伙伴关系。这种相互依赖、相互影响的关系，使客户和物流公司成为新的利益共同体。

项目小结

1. 介绍了市场营销的相关概念，其中详细阐述了市场营销的概念、原则和市场营销理念的发展。

2. 市场营销的本质是以系统化的理念将运输、保管、流通加工、包装、装卸和信息等功能环节集成整合，一体化运作，提高流通的效率与效益，从而有效降低服务总成本，增强产品和需方企业的竞争力。应把当代客户合作理念和战略合作理念应用到物流市场营销当中，提高物流服务的质量和效益。

知识测试

一、选择题

1. “酒香不怕巷子深”是一种（　　）。

A. 生产观念　B. 产品观念　C. 推销观念　D. 市场营销观念

2. 市场营销学所研究的企业市场营销活动，其中心是（　　）。

A. 实现企业利润　B. 满足供应商需求

C. 满足生产者需求　D. 满足消费者需求

3. 想得到某些基本需要的具体满足物时的愿望指的是（　　）。

A. 需要　B. 需求　C. 欲望　D. 动机

4. 希望从他人那里得到资源并以某种有价之物交换的所有人是（　　）。

A. 交换者　B. 营销者　C. 营销　D. 营销管理

5. 何种营销观念是在卖方市场条件下产生的（　　）。

A. 推销观念　B. 社会营销观念　C. 营销观念　D. 生产观念

二、判断题

1. 市场包括三个主要要素：人口、购买力和欲望购买。（　　）

2. 市场营销者可以是买者也可以是卖者。 （ ）
3. 营销学上说的需求是指具有支付能力购买并且愿意购买的某个具体产品的欲望。（ ）
4. 以消费者为中心的营销观念是社会营销观念。 （ ）
5. 市场营销的中心任务是顺利完成交换，市场营销的技巧是营销组合策略。（ ）
6. 物流服务质量水平并不能完全由物流企业所决定，还同顾客的感受有很大的关系。 （ ）

三、简答题

1. 需要、欲望和需求的区别及联系是什么？
2. 市场营销的作用是什么？
3. 现代物流服务营销的理念是什么？

能力训练

青岛啤酒外包物流保鲜速度

背景资料

"我们要像送鲜花一样送啤酒，把最新鲜的啤酒以最快的速度、最低的成本让消费者品尝。"青啤人如是说。为了这一目标，青岛啤酒股份有限公司与香港招商局共同出资组建了青岛啤酒招商物流有限公司，双方开始了物流领域的全面合作。有趣的是，尽管是合作，青啤却得以完全从自己并不在行的领域里抽身而出。青啤将自己的运输配送体系"外包"给招商物流。因此，招商物流与青啤合作，仅输出管理，先后接管青啤的公路运输业务和仓储、配送业务，并无任何硬件设施的投资。据悉，自从合作以来，青岛啤酒运往外地的速度比以往提高30%以上，山东省内300千米以内区域的消费者都能喝到当天的啤酒，300千米以外区域的消费者也能喝到出厂一天的啤酒，而原来喝到青岛啤酒需要三天左右。业内人士指出，这一合作，对青啤而言，实际是将物流业务外包，这是国企中"第一个吃螃蟹的人"；对招商物流而言，该项目是第三方物流服务的典型案例，在合作形式、合作技术上多具有挑战性。

"外包"获得专业输送速度

2002年4月青啤与招商物流正式确定合作关系，共同出资200万元组建青岛啤酒招商局物流有限公司。该公司将通过青啤优良的物流资产和招商物流先进的物流管理经验，全权负责青啤的物流业务，提升青啤的输送速度。双方协议，组建公司除拥有招商局专业物流管理经验和青岛啤酒优质的物流资产以外，还拥有基于ORACLE的ERP系统和基于SAP的物流操作系统提供信息平台支持。青岛啤酒招商局物流有限公司两年内由青岛啤酒公司持股51%，两年后由招商局物流公司持股51%。

据介绍，招商物流与青啤的合作开始于2002年初，招商物流首先对青啤的公路运输业务进行试运营。由于此前青啤自营运输业务，拥有许多物流固定资产，如车辆、仓库等，因此在试运营期间，招商物流通过融资租赁的方式，租用青啤的车辆及仓库，以折旧抵租金，同时输出管理，以整体规划、区域分包的一体化供应链来提升青啤的输送速度。

青啤招商局物流公司运营以来，青岛啤酒在物流效率提升、成本降低、服务水平提高等方面成效显著。据透露，青岛啤酒运送成本每个月下降了100万元。原来青啤车队司机的月收入也拉开了档次，最大的时候相差达3 500元。

另外，与招商物流的合作，使青岛啤酒固化在物流上的资产得以盘活。据介绍，自1997年开始，青岛啤酒公司就开始进行物流提速的投资，先后在4年间共斥巨资4 000多万元进口大型运输车辆40余部，以保证向全国客户按时供货，但是青啤并不具备优势的自营运输业务，使这支车队每年有近800万元的潜在亏损。早在两年之前，青啤就有了物流外包的意图。青岛啤酒公司总经理金志国形象地比喻："青啤要做好加减法。"故在国内企业大多热衷于自建物流体系，很少向外寻求物流服务的时候，青啤却将物流从主业中剥离，在招商物流的配合下，小心却又决然地迈出了一步。据悉，青岛啤酒招商物流有限公司定位于做国内优秀的第三方和第四方物流服务商。青岛啤酒招商局物流有限公司是招商物流在山东布下的一个节点，希望以它来敲开华东地区物流市场的大门，其目标是三年内成为山东及周边区乃至北方的标志性物流企业。青啤是开路先锋，而"青啤模式"则是招商物流开拓国内市场的一把利刃。

信息不畅是青啤"保鲜"大碍

青岛啤酒公司在迅速完成扩张后，营销战略由以规模为主的"做大做强"相应转变为以提升核心竞争力为主的"做强做大"。啤酒下线后送达终端市场的速度，即所谓的"新鲜度管理"，成为青岛啤酒打造企业核心竞争力的关键要素。青啤从1998年起开始推行"新鲜度管理"。但是，按照旧有的业务流程，产成品出厂后先进周转库，然后发至港、站，再到分公司仓库，最后才转运给消费者，啤酒作为日常消费品其口味已发生了极大的变化。由于物流渠道不畅，不仅增加了运费，加大了库存，也占用了资金，提高了管理成本，新鲜度管理很难落到实处。另外，各区域销售分公司在开拓市场的同时还要管理运输和仓库，往往顾此失彼。所以，青啤把"新鲜度管理""市场网络建设"等纳入了信息化建设范畴。青啤认为，由于不能及时为公司决策层提供准确的销售、库存信息，信息不畅制约消费者喝到最新鲜啤酒。2000年，青啤决定利用先进的信息化手段再造青啤的销售网络，组建青啤销售物流管理信息系统，建立起含有销售公司与各销售分公司的物流、资金流、信息流的合理、顺畅的物流管理信息系统。这个系统对企业的发货方式、仓储管理、运输环节进行了全面改造，实现销售体系内部开放化、扁平化的物流管理体系。青啤销售物流管理信息系统由财务、库存、销售、采购、储运等模块构成。同时，加快产品周转，降低库存，加快资金周转。更重要的是，实现以销定产的"订单经济"。2001年2月，青啤与ORACLE正式开始合作，通过引入ERP系统实施企业信息化战略。青啤规划借助于ERP系统这个现代管理平台，将所有的啤酒厂、数以百计的销售公司、数以万计的销售点，集成在一起。对每一个点、每一笔业务的运行过程，实施全方位监控，对每一个阶段的经营结果实施全过程的审计，加快资金周转速度，提高整个集团的通透性，实现资源的优化配置。"做ERP，青啤绝对不是赶时髦，我们需要用新技术改造青啤传统业态的管理体制和运作方式。"金志国说，"后面我们的任务更重，首先要建立畅通的渠道，当然这需要进一步的变革，还要制定各种规章制度，建立综合信息库，采用先进的数理统计方法对收集的信息进行分析处理，并应用到经营决策、资源配置、纠正预防和持续改进过程中去。”应该说，借助于网络技术的应用改造产品价值链，实现企业生产链向供应链管理转变是青啤管理重组的必经之路。

流程不顺也难保“新鲜”

青啤人回忆说，1998年第一季度，青啤集团以“新鲜度管理”为中心的物流管理系统开始启动，当时青岛啤酒的产量不过30多万吨，但库存就高达3万吨。当时，他们着重做了两个方面的工作：一是限产压库，二是减少重复装卸，以加快货物运达的时间。以这两个基本点为核心，对发货方式、仓库管理、运输公司及相关部门进行了改革和调整，耗费了青啤很多精力。所以青啤同样热衷于流程再造，对青啤而言，所谓流程再造就是为了建立现代物流系统，从根本上对企业流程进行重新设计。据介绍，青啤集团筹建了技术中心，将物流、信息流、资金流全面统一在计算机网络的智能化管理之下，简化业务运行程序，对运输仓储过程中的各个环节进行了重新整合、优化，以减少运输周转次数、压缩库存、缩短产品仓储和周转时间等。譬如，根据客户订单，产品从生产厂直接运往港、站，省内订货从生产厂直接运到客户仓库。仅此一项，每箱的成本就下降了0.5元。同时对仓储的存量做了科学的界定，并规定了上限和下限，上限为1.2万吨。低于下限发出要货指令，高于上限再安排生产，这样使仓储成为生产调度的“平衡器”，有效改变了淡季库存积压，旺季市场断档的尴尬局面，满足了市场对新鲜度的需求。另外，销售部门要根据各地销售网络的要货计划和市场预测，制订销售计划；仓储部门根据销售计划和库存及时向生产企业传递要货信息；生产厂有针对性地组织生产；物流公司则及时地调动运力，确保交货质量和交货期。同时销售代理商在有了稳定的货源供应后，可以从人、财、物等方面进一步降低销售成本，增加效益。青啤集团还成立了仓储调度中心，对全国市场区域的仓储活动进行重新规划，对产品的仓储、转库实行统一管理和控制。由提供单一的仓储服务，到对产品的市场区域分部、对流通时间等进行全面的调整、平衡和控制。

问题：

1. 请结合以上案例分析青岛啤酒是如何实现其“新鲜度管理”目标的。
2. 请结合所学分析青岛啤酒是如何降低库存，加快周转速度的。

项目二　分析物流营销市场

学习目标

知识目标：

1. 掌握物流营销市场调查的步骤和方法。
2. 熟悉波特的五力模型。
3. 了解物流营销市场预测的步骤。

能力目标：

1. 能够设计市场调查表。
2. 能够撰写市场调查报告。

学习重点与难点：

1. 理解对物流企业营销环境的分析。
2. 掌握SWOT分析法。
3. 能根据企业的调查任务，设计调查问卷。

任务一　物流营销市场调查

[案例引入]

2016年货运市场调研

背景描述：

中物联公路货运分会发布了《卡车司机从业状况调查报告》，报告显示，伴随着公路货运行业税负增加等问题，97%的司机认为，与五年前相比，跑货运更困难了。同时，卡车司机行业则存在工作强度较大、生活不规律、职业认同感较低等现象。

此次调查历时五个月，共获取 3 183 份反馈问卷。在“最期望能改善的问题”这项调查中，35%的样本司机希望法规和政策能够进一步合理、透明、规范，16%的司机希望减少各种名目收费项目。当前，卡车司机需要办理的资质要求依然较多，监管内容、管理部门存在重复和交叉问题，年审培训验照等工作普遍费时费钱，增加了司机的负担。报告建议，进一步推进简政放权，取消或合并道路运输经营许可证、车辆营运证和道路运输从业资格证等证照资质，加快推进相关资质的网上办理、异地年审等便民措施，简化资质办理和年审手续。

报告显示，公路货运行业存在较大的互联网整合潜力。根据调查样本，98%的司机使用智能手机，并且69%的样本司机表示，如果有某个手机软件能帮司机直接找货，甚至能完成支付结款、记账等功能，将愿意使用。总体来看，随着“互联网+”在物流行业的应用，各种物流 APP 不断推广，“互联网+货运”已经具备了坚实的硬件和软件基础。货运互联网平台整合了大量分散的卡车司机资源，有效推进了市场集约化发展。

思考题：

根据该行业调查报告，对我国货运市场发展的启示是什么？

[相关知识]

一、物流营销市场调查概述

1. 物流营销市场调查的含义

物流营销市场调查是物流企业营销活动的起点，它贯穿于整个营销活动的始终，是物流企业为了提高决策质量和执行力度，发现营销中的问题和机遇，从而系统、客观地收集、识别、分析和传递信息的工作。物流企业通过市场调查活动可以及时掌握市场的发展现状与变化趋势，准确预测市场前景。简而言之，物流营销市场调查就是对物流市场的调查研究。

2. 物流营销市场调查的内容

（1）市场需求调查。

1）市场容量调查，主要调查物流市场的消费量、消费结构、消费层次与竞争者的差异和潜在用户的情况等。

2）市场供求变化的调查，了解需求者的变化趋势，分析不同销售战略引起的变化趋势，推测竞争者的反应并及时做出战略调整。

3）物流需求特点的调查，着重了解物流客户的需求和购买偏好。

（2）物流服务与定价调查。

1）调查企业所提供的物流服务成本及变动趋势。

2）调查市场中同类物流服务的价格、定位、市场需求、数量和客户对相关服务的评价、反馈情况等。

3）调查消费者熟悉并信任的物流信息传播渠道、竞争企业的促销方式、促销费用、广告宣传的效益等促销信息。

4）找出影响市场价格的因素，分析同类物流服务的定价和供求状况，类比可替代物流服务的供需情况，确定不同物流方案的定价和服务群体。

（3）客户资源调查。

1）调查主要服务客户的数量、行业分布、结构分布，客户的信任度与知名度，主要服务客户的行业层次和地位等。

2）了解主要客户的物流需求状况和市场特征、结构，为分析并拟定目标市场战略奠定基础。

（4）物流流量和流向调查。

1）调查企业选择的仓储方式以及库存货物的入库、出库情况，了解服务客户主要的运输方式。

2）调查商品资源的离散程度，以及物流的具体流向、流量，掌握商品流通的覆盖区域。

（5）竞争者信息调查。

了解竞争者的现有客户资源和物流资源，掌握其今后的物流服务发展规划，系统地收集、整理和分析现有及潜在竞争者的信息，从中汲取经验和教训，以便做出战略调整和准确定位未来的发展规划。

二、物流营销市场调查的步骤

物流营销市场调研是一项有目的、有组织、复杂而艰巨的工作，调查人员必须在大量、杂乱繁复的信息中提取、整理和加工所需要的有价值的信息，因此调查工作必须遵循科学的程序，按照一定的步骤才可以达到既定的目标。营销调查的过程一般按照图 2－1 所示的五个步骤进行。

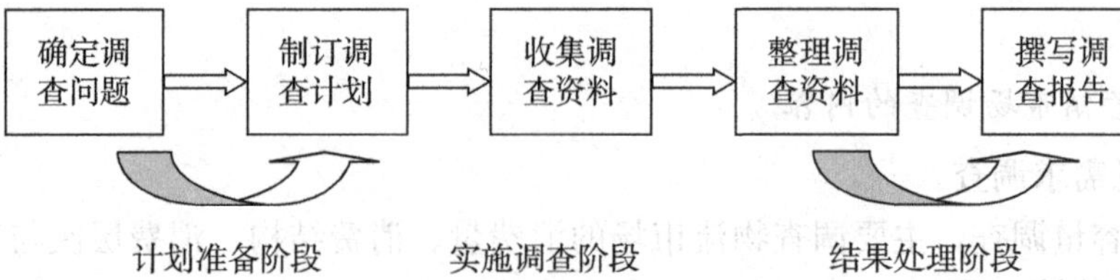

图 2－1　物流营销市场调查的阶段和步骤

1. 确定调查问题

市场调查的主要目的在于通过收集和整理资料，分析解决企业在市场营销中的种种问题，并制定出切实可行的解决方案，因此，物流营销人员必须明确所要调研的问题和调查范围。调查问题一般分为以下四大类，如表 2－1 所示。

表 2-1　调查问题的类型

类型	含义	标志	举例
探索性问题	适用于当企业对市场状况知之甚少时，通过收集资料进行分析为使问题更加明确而进行的小规模调查活动	可以做什么	服务投诉率上升是因为物流企业的服务质量下降、消费者需求的变化还是因为市场竞争
描述性问题	说明某些具体情况，针对专门问题进行调查，并收集说明该问题的佐证材料	是什么	荷兰快递公司 TNT 快递的业务范围是什么、市场份额是多少
因果性问题	检验某种假设或者某一问题和现象之间的因果关系	为什么	企业销售额减少的主要原因是什么
预测性问题	利用各种资料和计算方法对未来的市场需求、变化趋势进行估计和预算	将来如何	物流企业未来一年的生鲜产品配送量预计是多少

2. 制订调查计划

(1) 需求调查人员确定的问题如下：

1) 收集资料：收集第一手资料，还是第一手、第二手两种资料同时收集。

2) 调查方法：用什么调查方法进行调查。

3) 调查对象：提供资料的一方。

4) 调查时间：选择什么时间进行调查最合适。

5) 调查地点：在什么地方进行调查。

6) 调查次数：调查一次还是多次。

(2) 资料的来源主要有：文案资料和现场实地调查。文案资料主要指现有的市场信息资料，例如，报纸、行业杂志、期刊、企业的统计报表、行业年鉴等。现场实地调查是指调查人员直接通过生产企业、客户、中间商等途径进行实地调查，收集第一手资料。现场实地调查结果的正确性很大程度依赖于调查人员的素质、能力和水平，因此必须重视现场调查人员的选择与培训工作。

调查人员应填写市场调查申请表（见表 2-2）、市场调查计划书，上报相关部门领导审批，并制定合适的调查方案。

表 2-2　市场调查申请表

类别：　　　　　　　　　　　　　　　　　　　　日期：　年　月　日

申请部门		申请人		期望时间	
调研主题					
调研目的					
调研内容					
调研对象					
调研所需					
申请批示	申请部门负责人： 日期：		调研部门负责人： 日期：		经理： 日期：

说明：本表一式两份，申请部门一份，调研部门一份。

[资料链接]

市场调查计划书是企业为顺利开展市场调研活动而设计的计划类文书。计划类文书要注重有效性、时效性、真实性。市场调查计划书必须对现有客户、产品、销售对象、定价、促销活动、分销策略以及支持服务等有明确的调研步骤及目标。通常，市场调查计划书主要包括以下几方面的内容：

（1）调查名称；

（2）调查目的；

（3）调查内容；

（4）调查范围及对象；

（5）调查方法；

（6）调查日程安排；

（7）调查预算。

3. 收集调查资料

收集调查资料是实施调查阶段关注的重点，凡是与市场发展状况有关的资料和经营成败的资料都可以称为市场资料，从来源看包括第一手资料和第二手资料。

（1）第一手资料又称为原始资料，是调查人员通过对现场实地分析、收集得来的资料，可以通过实验法、询问法、观察法直接得到物流客户的信息、需求、意见等，是进行市场调查的直接产物。

（2）第二手资料又称为现有资料，往往是他人收集、整理过的资料，为市场调查提供直接或者间接的依据。

资料还涵盖国家经济形势、政策导向、法律环境、市场供需变化、产业结构等诸多内容，尤其要注意国家对于行业的政策意见、法律法规，政策对行业的发展充当着风向标的作用。

[资料链接]

1. 2016 年 1 月中央一号文件——《中共中央国务院关于落实发展新理念加快农业现代化实现全面小康目标的若干意见》

政策内容：文件不仅首次将实施“快递下乡”工程写入其中，还提出“加强农产品流通设施和市场建设，完善流通骨干网络，开展降低农产品物流成本行动，完善乡村物流体系”等系列政策，农村物流获重大利好。

2. 2016 年 2 月商务部发布《关于确定商贸物流标准化专项行动重点推进企业（协会）的通知》

政策内容：京东、苏宁等 100 余家商贸物流企业入围该名单，而入围的 61 家第三方物流企业当中，包括招商局物流集团、中国物资储运总公司、中国远洋物流有限公司等国企物流巨头，也纳入了宅急送等民营快递类企业。

3. 2016 年 3 月商务部等六部委发布《全国电子商务物流发展专项规划（2016—2020 年）》

政策内容：打造电商物流标准化工程；打造电商物流公共信息平台工程；扶持农场

电商物流计划；扶持“最后一公里”社区物流工程；推动电商冷链物流工程；全面推动跨境电商物流体系建设和扶持。

4.2016年4月国务院办公厅印发《关于深入实施“互联网+流通”行动计划的意见》

政策内容：从推动流通转型升级、加强智慧流通基础设施建设等12项内容进行部署；明确加大物流基地建设等扶持力度，整合各类物流资源，提高物流效率，降低物流成本；支持建设农产品流通全程冷链系统。

5.2016年7月交通部印发《综合运输服务“十三五”发展规划》

政策内容：重点围绕建设集约高效的货运物流体系、发展先进适用的运输装备技术、推动“互联网+”与运输服务融合发展等11个方面，全力打造综合运输服务升级版。

6.2016年8月国家邮政局发布《推进快递业绿色包装工作实施方案》

政策内容：要求“十三五”期间基本建立快递业包装治理体系，到2020年基本淘汰有害包装物料，建成快递包装回收体系。为此，提出探索快递业包装可循环使用、实施绿色包装试点工程等五大重点任务。

7.2016年9月国务院办公厅转发国家发改委《物流业降本增效专项行动方案（2016—2018年）》

政策内容：通过全面推开营改增试点，进一步消除重复征税，扩大交通运输业进项税抵扣范围；结合增值税立法，积极研究统一物流各环节增值税税率问题；支持依托互联网平台的无车承运人发展；完善支撑物流高效运行设施和标准体系，降低物流企业运输收费。

4. 整理调查资料

收集到信息之后就进入了结果处理阶段，即把调查情况进行分类、编辑归档、制表、制作数据库，去粗取精、去伪存真，具体的步骤如下：

（1）分类。根据调查目标，将相同性质的资料归类整理到一起，并对资料分门别类地编号以方便查找，引用的资料要标明出处。

（2）编辑归档。剔除错误资料和含糊不清的内容，对经过筛选的资料认真比对，本着准确性、完整性、时间性、可比性的原则，选取有效、真实、有价值的资料编号、归档，保障资料的系统和完整。

（3）制表。将分类好的资料绘制统计图、表并加以系统分析，一目了然、节省时间又反映问题，便于研究。

（4）制作数据库。充分利用Excel、Access制作数据库表格，方便查询信息、添加记录、删除信息等。

5. 撰写调查报告

调查人员应向主管提交调研报告，调查结果能够提出改进建议或者措施，为决策提供参考和依据，这是组织该次物流调研活动的核心目的。

调查报告应该突出重点、紧扣调查主题、简明扼要、观点清晰、文字简洁、分析有条理性，尽量采用图解的方式阐明问题，方便企业决策者在最短的时间内获得报告的主要内容。如果调查报告的内容繁杂，可根据调查目的分为主报告和专题报告，在主报告中系统地反映调查对象、问题、成果展示等；专题报告则针对某个方面或者其中一部分内容详细展开论述与研究。

物流市场调查报告虽然没有固定的格式，但一般格式由标题、目录、概述、正文、结论与建议、附件等几部分组成，也可用表格形式表示，如表 2-3 所示。其基本内容包含以下几个方面：

（1）说明调查目的及所要解决的问题。

（2）介绍市场背景资料。

（3）分析的方法。如样本的抽取，资料的收集、整理，分析技术等。

（4）调研数据及对其进行的分析。

（5）提出论点。即提出观点和看法。

（6）论证所提观点的基本理由。

（7）提出解决问题可供选择的建议、方案和步骤。

（8）预测可能遇到的风险、对策。

表 2-3　　市场调研报告表

呈部门经理： 以下自　月　日开始的市场调研分析报告，请阅读后给予反馈意见			
调研内容（包括区域经营情况、行业现状等）			
调研目标（本次调研的主要目标群体）			
调研流程（包括调查路线、计划、方法等）			
调研对象情况			
动向			
初步结论（对市场情况的总体评价、对个别客户情况的初步分析等）		图解	
后续事项及其他（是否需要进一步调查及原因）			
业务主管督导意见			

三、物流营销市场调查的方法

1. 观察法

观察法是调查研究的最基本的方法，物流调查人员可以通过被调查对象的情况、事件发生场所的情况，利用感官直接观察或者仪器设备间接观察来收集所需要的资料，包括亲身经历观察法、直接观察法、测量观察法、行为记录法等。例如物流调查人员可以四处询问客户对于公司的意见和评价，了解公司的服务水平和质量；调查人员可以扮演顾客亲身体验物流服务，利用亲身经历作为调研的第一手资料；调查人员还可以观察快递流通的速度、效率，客户的基本特征和满意度。该方法的优点在于收集到的资料准确清晰，可信度高；缺点在于花费较高，测量工具的结果只具有参考性，无法深入了解问题的本质。

2. 实验法

实验法是指在物流调查人员根据调查的目的，将调查对象控制在特定的环境之下，用实验的方式对其进行观察，试图获得相应的信息的方法。实验的目的在于展示变量之间的因果关系，为企业的营销决策提供参考意见。实验法在收集研究资料时应用广泛，特别是在可控的条件下观察物流市场营销的变化，可以揭露在自然条件下难以发生的环境反应。

3. 询问法

询问法又称为访问法、直接调查法，该法是将所需调查的问题通过电话、邮寄、面谈等询问的形式向被调查者提出，从而了解市场情况，收集相关资料。具体包括五个类型，如表 2-4 所示。

表 2-4 询问法的类型

名称	内容
面谈访问法	调查者与被调查对象面对面访谈，可以预先设置提纲或问卷
电话访问法	调查者通过电话向被调查者询问了解问题，应避免语音歧义
邮寄调查法	被调查者填写邮寄收到的调查问卷并寄回被调查公司
街头拦截访问法	在街头某个计划好的地点临时拦住受访者，随机访问调查
网络调查法	将调查问卷通过 E-mail 或者网址发送，被访者填完后发回

4. 问卷调查法

在实地调查中，问卷调查法的应用最广泛，是通过设计调查问卷，让调查对象填写来收集所需信息的方法。采用该法可以了解客户的需求、偏好、满意程度、认识等情况，其关键在于问卷的设计合理、条理清晰、目的明确、具有代表性。

四、物流营销市场调查的技术

物流营销市场调查的技术是指根据调查问题，应用合理的问卷调查技术、抽样调查技术和数据分析技术，获取所需的信息。

1. 调查问卷设计

(1) 问卷设计的结构。

一份完整的物流营销调查问卷一般包括标题、问卷说明、被调查者基本情况、调查的主要问题、编码、调查者情况、结束语等部分。

1) 标题。问卷标题应该简明扼要，概括说明调查问卷的主题。标题容易引起调查对象的兴趣，通过阅读标题可以使被调查者对所要回答的问题有个大致的了解。例如采用“快递企业服务质量调查问卷”“物流企业营销现状调查问卷”“关于大学生网购中物流配送的满意度调查问卷”“物流企业基本状况调查问卷”等标题，而不能仅仅采用“调查问卷”这样极简单的标题，这样容易受到被调查对象的拒绝。

2) 问卷说明。问卷说明又称为前言或者开场白，主要向调查对象说明该问卷的调查目的和意义，一般放在问卷的开头，用来解释说明调查项目，并对调查对象的作答提出相应的要求。该部分力求简洁清晰、开门见山，引起调查对象的关注。

小案例

1. “首先感谢您在百忙之中抽空填写此问卷。我是大连海事大学交通运输管理学院的学生，现阶段正在撰写本人的毕业论文‘基于淘宝网物流服务商市场研究’。文中需要调查淘宝网用户对快递公司各项服务属性的重要性和满意度程度。本问卷需借助您的专业知识和经验来完成，因此希望能获得您的协助，现请您抽出几分钟的时间回答问卷中的问题，不吝赐教。本研究为匿名性质，您的宝贵意见将仅供研究分析之用，对于问卷内容将绝对保密，敬请您放心作答。您的每一分意见对我来说都非常宝贵，再次对您给予的热心帮助致以最诚挚的谢意。”

2. “亲爱的同学：你好！非常感谢你在百忙之中抽出时间填写这份问卷！这份问卷是针对网购中物流配送问题满意度的问卷调查，调查的对象是特殊的消费群体——大学生，其消费观有着举足轻重的影响。为了了解大学生在网购中感受到物流配送的情况和存在的问题，策划了这次调查，感谢你的合作！”

3. “亲爱的同学：您好！感谢您在百忙之中参与我们此次校园快递的问卷调查，为了了解同学们的校园快递的消费情况，同时监督并促进校园快递更好地为我们服务，特进行此调查。真诚地感谢您对本次调查的支持。”

3）被调查者的基本情况，主要指被调查者的基本特征。例如，在以消费者为调查对象时，包括消费者的性别、年龄、文化程度、从事职业、工资待遇、婚姻状况、所在地区、工作单位、消费偏好、消费需求等；在以企业为调查对象时，包括该企业的名称、性质、通信地址、联系方式、员工人数、产品类型、市场占有率、消费者满意度、竞争战略等。

4）调查的主要问题，是调查问卷的主体部分，也是调查者想要了解的基本情况。问题的设计水平和内容是整个调查成功与否的关键。

5）编码。由于调查问卷的内容复杂，大多数调查问卷需要加上编码以方便整理。通常在每一个调查项目的最左侧进行编码，易于计算机统计、分析与处理信息。

6）调查者情况。调查问卷的下方可以附上调查单位、联系方式、调查人员的姓名、访问时间等内容。如有必要，还可以写上被调查者的基本情况，以便于查阅、审核和追踪调查。

（2）问卷设计的程序，如图 2－2 所示。

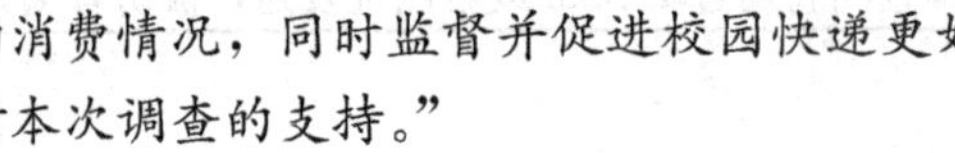

图 2－2　问卷设计的程序

1）准备阶段。根据调查目的确定收集资料的具体内容和提出的问题，确认提问的方式、措辞，确认每一个问题之间的前后顺序。

2）初步设计。从总体上设计调查问卷的初稿，拟定并编排问题。

3）修改和试答。将调查问卷初稿呈送同行、专家、学者审阅，收集意见并全面修改，然后组织在小范围内进行试验性调查，以便弄清楚初稿中存在的问题，了解调查对象的态度和反应。试答的主要目的并非要获得完整的答卷，而是要根据试答者提出的意见进行修改。

4）定稿和复印。问卷在试答之后若存在多处修改内容，应该在修改后再做一次试答，直至问卷内容固定，没有修改之处。最后定稿，按照调查工作的需要打印、复印，制成正式问卷。

（3）问卷设计应注意的事项：

1）问题的设计必须简洁明了，如果一个问题有两个以上的问号，最好分题提问。

2）问卷设计要简短，重点问题设计在问卷的前面部分。注意合理安排时间，以免作答时间过长招致调查对象反感。未作答完毕则形成无效问卷。

3）避免有暗示性或者诱导性的词语。例如，“客户普遍感觉我公司的服务水平是行业一流的，您觉得呢？”

4）避免使用不确切的词，例如“经常”“或许”“大概”，这些词语表述的含义不够清晰，往往会引起他人的误解。又如，“您是否经常寄送快递？”显然答题者并不明确这里界定的时间是一年、一个月还是多久。可以将问题更改为“最近一个月内，您一共寄送了多少次快递？”

5）避免断定性问题。例如，“您认为我公司的上门服务水平如何？”该问题对于没有使用过上门服务的消费者来说显然无法作答，因此属于断定性的问题，可以改为“您使用过我公司的上门服务吗？”如果回答“否”则提问中断，回答“是”则继续提问。

6）避免提问没有意义的问题。一般性的问题往往对于实际调查工作没有任何意义，例如“您觉得目前的物流公司怎么样？”这样的问题太笼统，不方便调查对象作答，可以改为“在选择物流公司时，您比较注重哪些方面？”

（4）提问方法。

常用的提问方法分为开放式和封闭式的提问方法。第一，封闭式提问，是指事先预设能收集到的问题答案，让被调查者在现有答案的基础上进行选择，方便统计答案。第二，开放式提问，是指调查人员提出问题，不设置备选答案，要求受访者自己给出意见，这种方式便于收集到更多信息。

1）封闭式提问。封闭式提问可分为是否法、排序法和语义差别法三种。

第一，是否法。调查人员针对一个问题，预设答案“是”“否”或者“有”“没有”，便于调查者判断和作答，但是此类提问无法表达意见的程度。

小案例

1. 您居住地有中通快递服务区吗？

◎有　　　　◎没有

2. 您的购物经历中是否只选择过一家快递公司？

◎是　　　　◎不是

3. 您是否因为快递问题与买家或卖家发生过纠纷？

◎有　　　　◎没有

第二，排序法。调查人员为作答者制定多个答案，作答者根据题目要求定出先后顺序。

小案例

物流公司让你投诉的原因是什么？请根据情节轻重进行排序（　　）。

A. 服务态度不好　B. 发生破损或丢失事故　C. 到货期晚点

D. 网络协调弱，异常反馈不及时　　　E. 服务事故处理慢

小案例

你最关心的物流问题是（　　）。

A. 不知道该选择哪家公司合作，各家的优劣自己不清楚

B. 物流公司上门取货不及时，派送延误

C. 物流公司取件人员态度恶劣，投诉无用

D. 经常出现货物丢失和破损的情况

E. 出现货物丢失破损后，理赔非常麻烦，货物的安全性没有保障

F. 物流费用太高

G. 其他

第三，语义差别法。将语义相同的语句进行程度的划分，或者将语义相反的两个语句加上若干的标值，让调查对象选择。

小案例

在快递服务各项指标中，您认为“企业形象”是否重要？并请您针对“企业形象”这项指标，为您选择的快递服务质量打分。

◎非常不重要　◎不重要　◎一般重要　◎非常重要

◎非常不满意　◎不满意　◎一般满意　◎非常满意

2）开放式提问。开放式提问可分为自由作答法和语句联想法。

第一，自由作答法。调查人员提出问题，由被调查者自由回答，充分发表意见。这种方法收集到的意见不方便整理，一般数量较少，常见于问卷的最后。

小案例

1. 您认为是我公司哪些方面会导致您不愿意分享信息？

____

2. 您已经完成本次满意度的问卷调查，如果您对我公司的服务或本次满意度调查还有其他意见和建议，请进一步说明。

____

第二，语句联想法。调查人员提供不完整的语句让调查对象填写完整，借以分析其内心隐藏的动机；或调查人员罗列部分词汇，让调查对象将联想到的内容填写清楚。

开放式提问的设置不易太多，因为此类问题回答起来比较麻烦，需要被调查对象组织语言，过多的开放式提问会招致调查对象的反感，从而错失调查样本。

小案例

1. 当您提到如下快递公司服务的时候，您会首先联想到什么？

申通________圆通________中通________汇通________韵达________

顺丰________宅急送________天天快递________EMS________

2. 当您走进某物流公司，发现其提供的服务品种增加了两种，价格也很优惠，您首先想到的是____

[资料链接]

尊敬的先生/女士：

您好！我们是河北金融学院的调查员。为全面了解全国物流企业基本经营情况、人力资源情况、基础设施等备受关注的问题，我们组织了这次面向全国的物流企业调研。

——河北金融学院物流企业调查组

物流企业调查问卷

请您在最符合贵公司情况的方框内画“√”，另有说明的题目除外。

一、企业基本经营情况

1. 企业位于________省（直辖市），所有制性质为：

□ 国有企业　□ 外商独资企业　□ 中外合资/合作企业　□ 民营企业

2. 企业从事的主要业务为________；2016 年新增业务为　[可多选]

a. 运输　b. 装卸　c. 仓储管理　d. 流通加工　e. 配送　f. 物流信息技术

g. 物流金融　h. 物流地产　i. 物流与供应链咨询、设计

j. 其他________（请注明）

3. 请选择企业的业务辐射范围：[可多选]

□ 本市　□ 本省（直辖市）　□ 本省及周边省区　□ 全国　□ 跨国境

4. 企业主要客户的所有制性质为________；2016 年新增客户为________。[可多选]

a. 国有企业　b. 外商独资企业　c. 中外合资/合作企业

d. 民营企业　e. 事业单位　f. 其他________（请注明）

5. 企业与客户的合作主要采取哪种形式？[可多选]

☐ 签订合同　☐ 战略联盟　☐ 客户持有本公司股份

☐ 相互持股　☐ 其他________（请注明）

6. 企业与客户签署合同的期限一般为：[可多选]

☐ 临时合同　☐ 半年合同　☐ 年度合同　☐ 长期合同（一年以上）

二、企业人力资源状况

1. 企业在岗员工总人数________人，中层以上管理人员占________%，基层员工占________%。

☐100 人以下　☐101～200 人　☐201～500 人　☐501～1 000 人

☐1 000 人以上

2. 中层以上管理人员的平均年收入是多少？

☐18 000 元及以下　☐18 000～30 000 元　☐30 000～42 000 元

☐42 000～54 000 元　☐54 000 元以上

3. 基层员工的平均年收入是多少？

☐10 000 元及以下　☐10 000～16 000 元　☐16 000～26 000 元

☐26 000～36 000 元　☐36 000 元以上

4. 企业最紧缺的物流人才是：________。[可多选]

☐ 综合性物流管理　☐ 物流信息管理　☐ 库存管理　☐ 营销管理

☐ 国际物流业务管理　☐ 运输管理　☐ 特种作业　☐供应链设计

☐ 其他________（请注明）

5. 企业如何进行物流人才培训？[可多选]

☐ 资助员工进行专业深造　☐ 企业定期组织培训　☐ 企业不定期组织培训

☐ 资助参加社会机构认证培训与考试　☐ 个人参加社会培训

☐ 其他________（请注明）

三、企业的基础设施情况

1. 企业营运车辆的平均利用率是多少？

☐ 20%以下　☐ 21%～50%　☐ 51%～70%　☐ 71%～90%　☐ 90%以上

2. 企业营运仓库的平均利用率是多少？

☐ 30%及以下　☐ 31%～50%　☐ 51%～70%　☐ 71%～90%　☐ 90%以上

3. 企业仓库的运作方式是：________。[可多选]

☐ 机械化作业，信息处理用人工　☐ 以手工作业为主

☐ 机械化作业，信息处理计算机化　☐ 全自动无人作业

4. 企业的物流信息系统可以实现的功能包括：________。[可多选]

☐ 运输管理　☐ 仓储管理　☐ 财务管理　☐ 设备管理

☐ 订单处理　☐ 配送管理　☐ 销售管理　☐ 采购管理

☐装配和包装管理　☐ 车辆监控　☐客户查询、管理

☐其他________（请注明）

5. 企业的客户能否访问本企业的网络数据？

□ 能　　　　□ 不能

6. 企业采用了哪些物流信息技术与设备？[可多选]

□ EOS 系统（电子自动订货系统）　□ 条形码技术　□ ASS（自动分拣系统）

□ EDI 系统（电子数据交换系统）

□ GPS（全球卫星定位系统）与 GIS（地理信息系统）

□ RFID（射频识别）　　　　　　□ 其他________（请注明）

7. 企业未来计划投资哪些物流信息技术与设备？[可多选]

□ EOS 系统（电子自动订货系统）　□ 条形码技术　□ ASS（自动分拣系统）

□ EDI 系统（电子数据交换系统）

□ GPS（全球卫星定位系统）与 GIS（地理信息系统）　□ RFID（射频识别）

□ 其他________（请注明）

四、企业的经营环境

1. 请对下列影响企业经营的环境因素，按照重要性程度对以下选项画“√”。

	弱				强
因素 1：政策法规体系建设	□	□	□	□	□
因素 2：提高服务效率	□	□	□	□	□
因素 3：规范市场	□	□	□	□	□
因素 4：完善物流公共信息平台	□	□	□	□	□
因素 5：加强物流基础设施	□	□	□	□	□
因素 6：推进物流标准化	□	□	□	□	□
因素 7：其他________（请注明）	□	□	□	□	□

2. 企业与同行业其他企业是否存在合作？

□ 是　　　□ 否

3. 若存在合作，其合作形式为：________。[可多选]

□ 签订合同　□ 战略联盟　□ 参股　□ 口头约定　□其他________（请注明）

4. 若签署合同，其期限一般为：________。[可多选]

□ 临时合同　□半年合同　□年度合同　□长期合同（一年以上）

五、企业财务状况

1. 企业的年营业收入为________。

a. 300 万元及以下　b. 300 万元～1 000 万元　c. 1 000 万元～2 000 万元

d. 2 000 万元～5 000 万元　e. 5 000 万元以上

2. 企业的年平均利润率为________；年平均增长率为________。

a. 亏损　　b. 1%～3%　　c. 3%～5%　　d. 5%～10%　　e. 10%以上

3. 2016 年影响企业利润的主要因素是什么？[可多选]

□ 物流有效需求不足　　□ 市场竞争　　□ 运营成本的变动

☐ 外汇汇率的波动　　☐ 国际金融危机　　☐ 其他________（请注明）

六、企业的前景预测

1.2016 年本企业的规模将________。

☐ 快速扩张　☐ 缓慢扩张　☐ 基本不变　☐ 缓慢减少　☐ 急剧缩小

2. 企业未来需要重点加强的工作有哪些？[可多选]

☐ 降低运作成本　☐ 优化业务运作网络　☐ 提高信息化水平

☐ 加强市场营销　☐ 拓展业务领域、增加服务项目　☐ 提高员工素质

☐ 与上、下游客户建立更紧密的合作关系　☐ 其他________（请注明）

2. 抽样调查技术

物流企业在向调查对象收集信息、了解情况时，不能根据少数几个客户的情况轻易下结论，也没有必要对每个调查对象进行调查。为了节省调查成本，可以在保证调查科学性和可靠性的基础上，尽量减少调查对象的数量。因此，应用抽样调查十分必要，抽样调查可以分为随机抽样和非随机抽样两种类型。

（1）随机抽样。

随机抽样按照随机的原则进行样本的提取，保证每一个样本被抽到的概率是相等的。由于随机抽样可以排除人员的有意识选择，因此所抽选的样本具有很好的代表性。常见的随机抽样方法有分层随机抽样、简单随机抽样、分群随机抽样等。

（2）非随机抽样。

非随机抽样根据调查的目的和要求，按照一定的标准来选择样本，在整体中不是每一个个体都会被抽中作为样本。常见的非随机抽样方法有任意抽样、配额抽样、判断抽样等。

3. 数据分析技术

在形成大量的数据之后，调查人员还要完成利用 SPSS 等专业的统计软件进行数据整理、数据统计、数据分析的工作。例如，进行数据合并、分类汇总、加权处理、方差分析、相关分析、回归分析等工作。

任务二　物流营销市场分析

[案例引入]

富亚涂料的营销活动

背景描述：

北京富亚涂料公司为了推广自己生产的涂料产品，证明自己的产品无毒，策划了一次“小猫小狗喝涂料”活动。为了吸引公众的注意力，公司提前在媒体上做了广告。活动当天来了许多记者和公众，公司老板亲自主持该活动。但正当活动要开始，准备让猫、狗喝

涂料的时候，绿色和平组织召集了许多成员来到活动现场，大谈该活动多么的不道德、不仁义，谴责该企业的做法，并采取一切措施阻止该活动的进行，现场乱作一团，猫、狗被绿色和平组织成员保护起来了。公司老总一看所有的花费及付出马上要打水漂了，情急之下自己咕咚咕咚把涂料喝了下去。这又引发了媒体的一场大争议，同情有之，批评有之，但该企业歪打正着，达到了扩大影响的目的。

思考题：

1. 该案例中对企业营销活动产生影响的因素有哪些？
2. 对照该案例，你对物流企业面临的环境有怎样的认识？

［相关知识］

一、物流营销市场分析概述

物流营销市场分析是物流企业制定和开展具体营销策略的依据，也是物流企业开展营销工作的前提条件，有利于发展营销机会、避免营销威胁。物流营销市场分析是一个动态过程，包括三个阶段：市场因素调查、市场因素评价和市场因素预测，如图2-3所示。

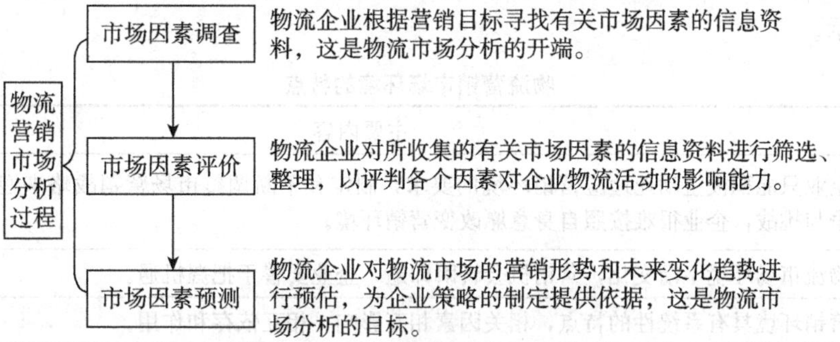

图2-3　物流营销市场分析过程

二、物流营销市场环境分析

1. 物流营销市场环境的含义

美国市场营销专家菲利普·科特勒将市场营销环境定义为：“企业的营销环境是由企业营销管理职能以外的外部因素和力量组成的，这些因素和力量影响营销管理者成功地保持及发展同其目标市场顾客的关系的能力”。

物流营销市场环境是指影响物流企业市场营销活动及目标实现的各种因素。任何事物的运动变化都要受到环境的影响，企业的营销活动也不例外，除了自身条件的制约以外，企业的营销活动无时无刻不受到环境条件的制约，因此研究企业所处的市场环境至关重要。

物流营销市场环境可以分为微观环境和宏观环境两种。微观环境是指与物流企业紧密联系，直接影响公司为用户提供产品或服务能力的行动者，它包括物流企业的内部环境、供应商、营销中介、顾客、竞争者、公众，是企业在一定程度上可以影响的环境。宏观环境是指对物流企业的营销活动起到间接影响的一系列社会力量因素的综合，它包括政治法律环境、经济环境、科学技术环境、社会文化环境、人口环境、自然环境等内容，企业在一定程度上只能适应，很难对这些环境变化产生影响。具体关系如图 2-4 所示。

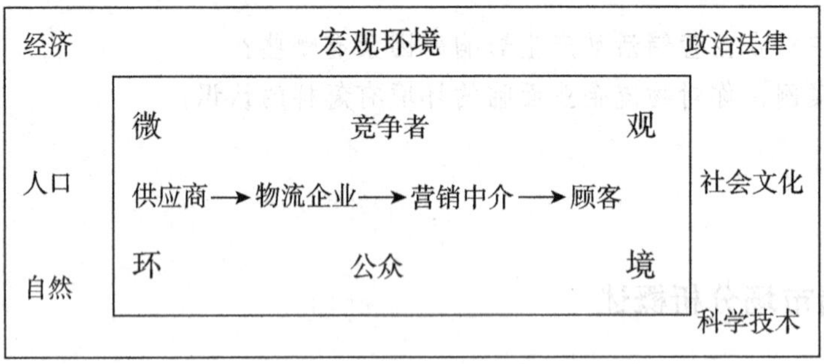

图 2-4　物流营销环境的影响力结构图

2. 物流营销市场环境的特点

物流营销市场环境的特点分为客观性、动态性、相关性、差异性和不可控性，如表 2-5 所示。

表 2-5　物流营销市场环境的特点

特点	主要内容
客观性	企业只能积极主动地适应营销环境的要求，制定和不断调整市场营销战略来迎接市场的竞争与挑战，企业很难按照自身意愿改变营销环境。
动态性	物流市场环境不断变化，营销机会转瞬即逝，企业要善于把握机遇。
相关性	营销环境具有系统性的特点，相关因素相互影响、相互依存和作用。
差异性	不同物流企业所处的营销环境不同，同一因素的变化对企业的影响也不同，因此企业的营销策略要灵活，这样才能保证企业目标的实现。
不可控性	科技对物流营销活动的影响力增长，物流营销活动的变化速度不以企业意愿为转移。

3. 物流企业微观营销环境分析

(1) 供应商。物流供应商是指物流企业从事物流活动所需资源和服务的提供者，供应商对物流企业的影响体现在：第一，供应的可靠性；第二，供应商资源的质量水平；第三，资源供应的价格及其变动趋势。

(2) 物流企业的内部环境。物流企业自身的内部环境是决定企业成功与否的关键。物流企业的人才资源、信息资源、装卸搬运设备、储存设备、资金能力、运输设备等自身条件对企业能否为客户提供高质量的物流产品与服务起着重要的作用，因此营销部门也应按照企业高层管理者的规划来做出决策，创造良好的内部环境。

(3) 营销中介。物流营销中介是指协助物流企业将产品从供应地顺利运送至接受地的活动过程中的企业或者个人，包括各类中间商、营销服务机构、物流机构、金融机构。

1) 中间商是协助企业寻找顾客或者直接与企业进行交易的商业企业。例如，商人中间商、代理中间商。

2) 营销服务机构能够为企业选择合适的市场，帮助企业向选定的市场推销产品。例如，营销调研公司、广告咨询策划公司。

3) 物流机构是协助企业储存产品并将产品运送至销售地点的机构，其可以帮助企业节省运输成本。例如，储运公司、货运公司。

4) 金融机构是指保证企业资金供应渠道畅通的企业或者单位。例如，银行、保险公司、信贷公司等。

(4) 顾客。顾客是物流企业服务的对象，也是物流企业一切营销活动的起点和归宿，顾客需求的不断变化，制约着物流企业的营销决策和服务能力。

(5) 竞争者。竞争者主要是在物流企业的营销活动中，与本企业提供相同产品或者类似服务，拥有相同市场、相似价格和目标顾客的企业。从消费需求的角度可以将竞争者细分为愿望竞争者、品牌竞争者、产品形式竞争者、平行竞争者。

(6) 公众。公众是指对物流企业实现其营销目标的能力有着实际或者潜在影响力的群体，包括媒体公众、政府公众、社区公众、金融公众、社团公众、一般公众、企业内部公众。

4. 物流企业宏观营销环境分析

宏观环境分析通常采用 PEST 分析法，主要包括政治（Politic）、经济（Economy）、社会（Society）、技术（Technology）四个构成要素，如图 2－5 所示。

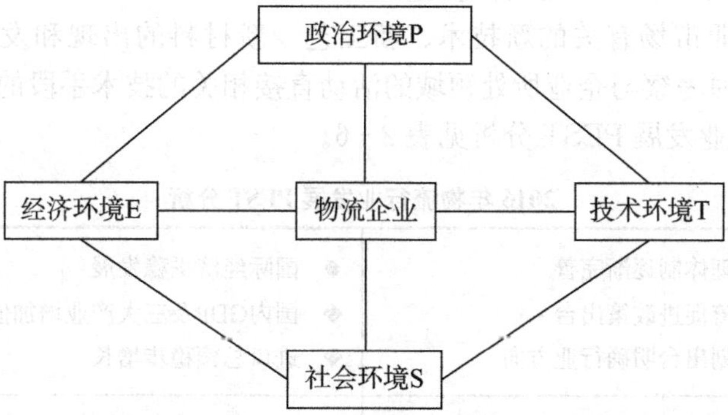

图 2－5　PEST 分析图

(1) 政治环境（Political Factors）。政治环境是指物流企业市场营销的外部政治形势，包括执政党的性质，政府的方针、政策、法令以及对营销活动有直接影响的各种政治因素。法律环境主要包括政府制定的有关物流方面的法律、法规。企业在从事市场营销活动时，要了解所在国政府在经济发展中的作用。在开展国际市场营销时，应了解政治冲突、政治权力对营销活动的影响。政治冲突表现在国际重大事件和冲突事件，政治权力表现为政府机构通过相关措施来约束外来企业。

[资料链接]

关于物流企业的法律法规

1. 综合法律:《中华人民共和国合同法》《中华人民共和国海商法》《中华人民共和国对外贸易法》。

2. 专业法规:《国际集装箱多式联运管理规则》《铁路集装箱运输规则》《铁路货物运输规程》《汽车货物运输规则》《国内水路货物运输规则》《港口货物作业规则》《中华人民共和国国际海运条例》《中国民用航空货物国内运输规则》《中华人民共和国进出口商品检验法》《中华人民共和国国际货物运输代理业管理规定》《商业仓库管理办法》。

3. 国际公约:1973 年多式联运单证统一规则、国际铁路联运规程、国际道路交通公约、关于统一提单的某些法律规定的国际公约、国际道路货物运输合同公约。

(2) 经济环境(Economic Factors)。经济环境是实现需求的重要因素,主要包括经济体制、经济发展阶段、货币流通状况、消费者收入、消费结构、GDP、利率水平、财政货币政策、通货膨胀、失业率水平、居民可支配收入水平、汇率、市场机制、市场需求等。

(3) 社会环境(Social and Cultural Factors)。社会环境包括一个国家或地区的居民教育程度、文化水平、宗教信仰、风俗习惯、审美观点、价值观念等。文化水平会影响居民的需求层次;宗教信仰和风俗习惯会禁止或抵制某些活动的进行;价值观念会影响居民对组织目标、组织活动以及组织存在本身的认可与否;审美观点则会影响居民对组织活动内容、活动方式以及活动成果的态度。

(4) 技术环境(Technological Factors)。技术环境指的是影响企业营销活动的科学技术因素和科学技术发展水平,它是社会生产力中最为活跃的因素。技术环境不仅包括发明,而且包括与企业市场有关的新技术、新工艺、新材料的出现和发展趋势以及应用背景。物流企业要及时考察与企业所处领域的活动直接相关的技术手段的发展变化。

2016 年物流行业发展 PEST 分析见表 2-6。

表 2-6　　2016 年物流行业发展 PEST 分析

政治	◆ 物流管理体制逐渐完善 ◆ 系列物流促进政策出台 ◆ 系列规划出台明确行业方向	◆ 国际经济平稳发展 ◆ 国内GDP及三大产业增加值平稳增加 ◆ 进口总额稳步增长	经济
社会	◆ 基础设施逐渐完善 ◆ 消费习惯改变、网上商城带来促销作用 ◆ 气候异常带来阻力	◆ 国际物流技术发展迅速,朝着信息化、自动化、智能化、机械化方向发展 ◆ 国内技术暂时落后,但发展速度较快	技术

5. 物流营销环境 SWOT 分析法

(1) 物流营销环境 SWOT 分析法的定义。目前,SWOT 分析法是最常见的物流营销环境分析方法,它主要是指基于内外部竞争环境和竞争条件下的态势分析,就是将与研究对象密切相关的各种主要内部优势、劣势和外部的机会及威胁等,通过调查列举出来,并依照矩阵形式排列，然后用系统分析的思想，把各种因素相互匹配起来加以分析，从中得出一系列相应的结论的方法（见表 2－7）。SWOT 分析法所得结论通常带有一定的决策性。

表 2－7　　SWOT 分析

优势 S (Strengths)	劣势 W (Weaknesses)
机会 O (Opportunities)	威胁 T (Threats)

按照企业竞争战略的完整概念，战略应是一个企业“能够做的”（即组织的强项和弱项）和“可能做的”（即环境的机会和威胁）之间的有机组合。分析企业外部环境产生的机会和威胁，对于有利因素可以加以利用；分析企业的内部因素优势和劣势，努力回避或者改进。运用这种方法，可以对研究对象所处的情景进行全面、系统、准确的研究，从而根据研究结果制定相应的发展战略、计划以及对策等。

（2）物流营销环境 SWOT 分析的步骤。

1）分析环境因素。SWOT 分析的前提是正确识别出优势、劣势、机会与威胁因素（如表 2－8 所示）。评价某种因素优劣与否，该因素预示着机会还是威胁，取决于企业的生存环境，而企业的生存环境主要由行业背景与主要竞争对手构成。

表 2－8　　SWOT 分析的含义和内容

SWOT	含义	内容
优势 S	一个企业超越其竞争对手的能力，或者指公司所特有的，能提高公司竞争力的东西，是物流企业的内部因素	企业的技术水平；有利的竞争态势；规模经济；充足的财政来源；产品质量；良好的企业形象；广告攻势；市场份额；人力资源优势等
劣势 W	企业缺少或做得不好的方面，或指某种会使企业处于劣势的条件，也是物流企业的内部因素	资金短缺；市场竞争力低；管理混乱；运输效率低下；客户投诉率高；物流服务水平低；经营不善等
机会 O	管理者应当确认每一个机会，评价其成长和利润前景，选取那些可与公司财务、组织资源匹配、获得竞争优势潜力最大的机会，是影响公司战略的重大因素	客户群的扩大趋势或产品细分市场；竞争对手失误；市场需求增长强劲，可快速扩张；市场进入壁垒降低、获得购并竞争对手的能力
威胁 T	某些对公司的盈利能力和市场地位构成威胁的因素，公司管理者应当及时确认危及公司未来利益的威胁，做出评价并采取措施来抵消或减轻其产生的影响	出现将进入市场的强大的新竞争对手；市场需求减少；行业政策变化；经济衰退；客户偏好改变；突发事件；容易受到经济萧条和业务周期的冲击

2）构造 SWOT 矩阵。将调查得到的因素按照影响程度等进行排序，将优势、劣势与机会、威胁相组合，形成 SO、ST、WO、WT 矩阵，如图 2－6 所示。

	优势(S)	劣势(W)
机会(O)	SO分析(增长型战略)	WO分析(扭转型战略)
威胁(T)	ST分析(多种经营战略)	WT分析(防御型战略)

图 2－6　SWOT 矩阵图

3）制订行动计划。在完成环境因素分析和SWOT矩阵的构造后，便可以制订出相应的行动计划。制订计划的基本思路是：发挥优势因素，克服弱点因素，利用机会因素，化解威胁因素；立足当前，考虑过去，着眼未来。运用系统分析的综合分析方法，将排列与考虑的各种环境因素相互匹配起来加以组合，得出一系列公司未来发展的可选择对策。

对策分析：

首先，优势与机会对策（SO分析）：可以利用企业内部优势结合外部机会，采取开发新市场等增长型战略。

其次，劣势与机会对策（WO分析）：物流企业采用扭转型战略，积极进行内部调整，加强内部实力，借外部机会克服企业弱点。

再次，优势与威胁对策（ST分析）：物流企业采用多种经营战略，利用多元化的优势回避或者减轻外部威胁的影响，拓展长远发展的机会。

最后，劣势与威胁对策（WT分析）：利用业务流程重组、企业兼并等防御型战略，设法消除劣势，避开威胁。

下面列举对申通快递的SWOT分析，如表2-9所示。

表2-9　　申通快递的SWOT分析

优势	劣势
√品牌资深 √硬件专业 √服务良好 √政府肯定 √规模强大及人力资源充足	√人力资源虽然很充足，但员工各方面的素质还有待提高，公司的人力资源部门的要求也有待提高
机会	**威胁**
√科技的创新和发展，网络越来越普遍地应用于生活 √网上购物逐渐成为消费习惯 √网络销售成为销售的一个重要手段和环节	√国内外市场竞争都非常激烈，国内有中通、圆通、汇通、天天、韵达、EMS、顺风等，国外有联邦物流等 √快递价格趋同，服务趋于完善

三、物流营销客户分析

1. 物流企业客户的范围

客户是企业服务的对象，是物流企业的目标市场。按照物流企业客户的需求和目的的不同，可以将市场细分为消费者市场、生产者市场、中间商市场、政府市场和国际市场。按照对物流企业的依赖程度，客户可以分为完全物流客户、拥有部分物流系统的客户、接受外部物流业务的客户和需要联合开展业务的客户。

按照客户为物流企业创造的效益和价值，客户可以分成三种：第一，一般客户，所占比例较高，约占客户比重的80%，但是利润贡献率仅为5%；第二，潜力客户，希望从与企业的关系中提高和增值，约占客户比重的15%，实际贡献利润率约为15%；第三，关键客户，即VIP客户，总体数量不多，仅占客户比重的5%，但是创造的经济效益高达80%。

物流服务的内容广泛，物流业务内容的变动带动客户群也相应变动，因此只有准确了解和把握客户的需要、购买心理和基本的决策过程，才能取得良好的营销效果，达到预期收益。

2. 企业客户购买行为分析及决策

（1）影响企业客户购买行为的主要因素：

1）个人因素。这是最直接的影响因素，生产者市场购买行为是组织行为，最终要依靠个人做出决策方能实施。例如，客户所处的不同年龄与人生阶段、职业、收入、生活方式、个性、偏好不同从而购买行为也不尽相同。

2）心理因素。不同客户的购买动机、学习、知觉、购买态度、消费信念等都影响客户的最终选择。

3）文化因素。文化是人类从生活实践中建立起来的价值观念、道德、理想和其他有意义的象征的综合体。个人是在一定的社会文化环境中成长，通过家庭和其他主要机构的社会化过程学到和形成了基本的文化观念。文化是决定个人欲望和行为的基本要素，风俗、习惯、宗教、道德等文化的差异引起消费行为的差异。

4）社会因素。个人所处的生活群体、家庭成员、社会阶层、社会角色、地位等参照群体可以影响到个体的消费和态度。

（2）企业客户购买的决策过程。在物流购买活动中，客户购买决策过程由引起需要、收集信息、评价方案、决定购买和购后行为五个阶段构成，如图 2－7 所示。

图 2－7 企业客户购买的决策过程

客户信息来源主要有个人来源（如家庭、朋友、邻居、熟人）、商业来源（如广告、推销员、经销商、包装、展览）、公共来源（如大众传播媒体、消费者评审组织等）、经验来源（如物流服务的亲身体验、使用相关产品）等。

四、物流营销竞争者分析

《孙子·谋攻篇》中说：“知己知彼，百战不殆。”竞争者分析是指企业通过某种分析方法识别出竞争对手，并对他们的目标、资源、市场力量和当前战略等要素进行评价。其目的是准确判断竞争对手的战略定位和发展方向，并在此基础上预测竞争对手未来的战略；准确评价竞争对手对本组织的战略行为的反应，估计竞争对手在实现可持续竞争优势方面的能力。对竞争对手进行分析是确定组织在行业中战略地位的重要方法。

1. 影响物流企业竞争的因素

波特五力模型是迈克尔·波特（Michael Porter）于 20 世纪 80 年代初提出的，波特认为行业中存在决定竞争规模和程度的五种力量，这五种力量综合起来影响产业的吸引力以及现有企业的竞争战略决策。这五种因素分别为同行业内现有竞争者的竞争能力、新进入者的能力、替代品的替代能力、供应商的讨价还价能力、购买者的讨价还价能力。五种因素相互作用、彼此联系，如图 2－8 所示。

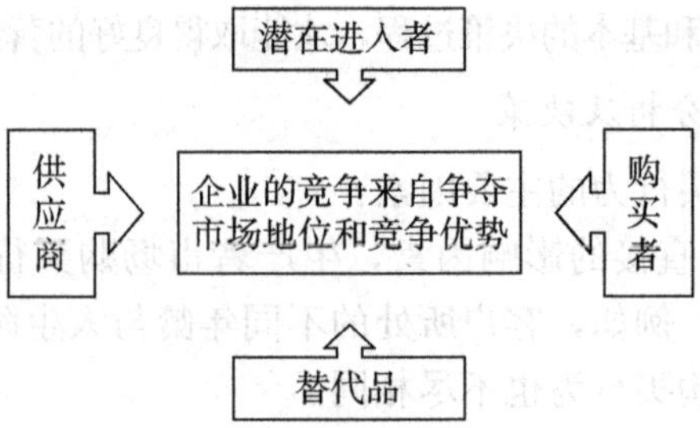

图 2-8　波特五力模型

2. 企业竞争者分析的内容

（1）从市场和行业两个角度识别企业的竞争者。

（2）识别企业竞争者的策略。

（3）判断竞争者的目标。

（4）评估竞争者的优势和劣势。

（5）确定竞争者的战略。

（6）判断竞争者的反应模式。竞争者的反应模式通常有四种，如表 2-10 所示。

表 2-10　竞争者的反应模式

类型	表现	原因
从容型竞争者	对某一特定竞争者的行动没有迅速反应或反应不强烈	对竞争者主动行动的反应迟钝，缺少做出反应的资金，对客户忠诚度有信心
选择型竞争者	可能只对某些类型的攻击做出反应，而对其他类型的攻击则无动于衷	证明企业自身的强大竞争力和抵御压力的能力，阻止竞争对手的策略实施
凶狠型竞争者	对向其所拥有的领域所发动的任何进攻都会做出迅速而强烈的反应	显示企业在市场中的实力和控制力，阻止对手进入该市场
随机型竞争者	在任何特定情况下可能会也可能不会做出反击	能承受竞争时站在前沿，不能承受时退后静观其变

任务三　物流营销市场预测

[案例引入]

京东的市场调查

背景描述：

京东于 2015 年 4 月成立 O2O（Online to Offline）项目——京东到家。京东到家以超市生鲜为切入点，实现2个小时送达。其提供的服务项目包括3千米范围内生鲜、超市产品、鲜花、外卖送餐以及健康、按摩等。京东到家目前是京东集团的独立子公司，且独立运营。

京东到家的两个核心：其一，京东到家是本地商圈的互联网流量整合者，力图为用户打造一个生活服务一体化的平台。目前市面上能有的上门服务和商品，都可以在京东到家上找到；其二，京东众包物流极速送达体验，力图做到3千米最多2小时送达的业态。

京东通过市场调查发现，目前中国的零售市场已赶超美国，成为世界上最大的网络零售商，并且连续5年的增长速度超过了40%。因此，京东格外看中超市生鲜这个万亿级别的市场，对于超市生鲜服务的未来趋势进行了积极的预测：

第一，用户向线上迁移最终会带动所有品类都电商化。

第二，互联网会促使零售行业形成“赢者通吃”的结构。一个领域只剩下1～2名超大型玩家，小的局域网因为效率低下会被吞并。

第三，接下来的竞争将是生态体系的竞争，而不是公司之争。

因此，通过科学的市场调查预测，京东集团在2015年做了一个整体的O2O项目，就是现在的京东到家。目前，京东到家与京东商城共享整个会员用户体系，依靠京东超过1亿的购买用户，吸引线下创业者、资源商跟京东一起去创造整个领域平台。

思考题：

京东到家取得成功的原因是什么？

[相关知识]

物流市场供需瞬息万变，科学的营销决策离不开市场营销调查的准确定位，而且要对市场需求进行积极预测，以此来保证企业的领先地位和战略眼光。预测活动联结企业经营的过去和未来，能够帮助物流经营者制定适合的市场行动方案，使企业在竞争中立于不败之地，对于运营活动的成败至关重要。

物流市场预测就是本着为企业经营战略的制定、目标市场的选择提供参考和依据的目的，运用科学的预测手段和模型，根据物流企业营销部门获取的信息资料，对影响物流企业市场营销活动各种因素的未来发展趋势、变化状况进行积极有效的预测的活动。区别于市场调查活动主要针对企业发展现状和过去的认知，主要侧重点在于物流市场的未来。

预测活动可以指明企业物流服务产品的生命周期所处的具体阶段，为新产品的研发提供市场分析，可以作为引进新工艺、新流水线、新技术的依据，还可作为扩大企业战略投资、完善人力资源计划的参考，积极调整产品和服务的定价。

一、物流营销市场预测概述

1. 物流营销市场预测的含义

物流营销市场预测是在对影响物流市场变化的诸多因素进行研究的基础上，利用科学的方法，研究未来市场物流需求变化发展的趋势和相关因素的变化，最后进行统计、分析和判断的过程。

物流营销市场预测可以分为市场需求预测、市场商品价格预测、市场供应预测、市场竞争形势预测、市场经营战略预测等，其中市场需求预测最为重要。

2. 物流营销市场预测的基本原则

物流营销市场预测的基本原则如图 2－9 所示。

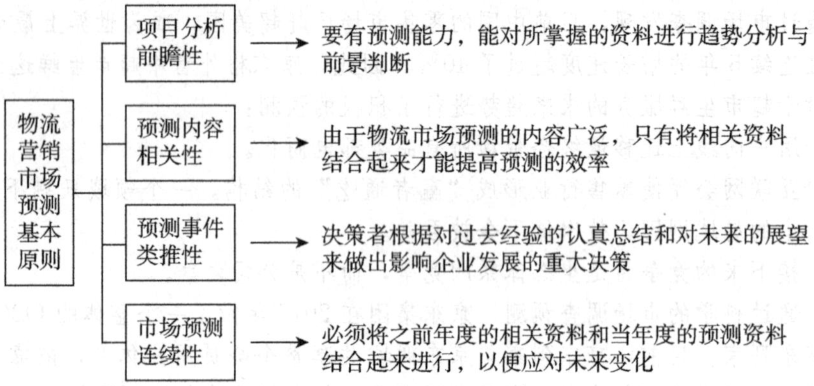

图 2－9　物流营销市场预测的基本原则

二、物流营销市场预测的步骤

物流营销市场预测的程序主要包括八个基本的步骤，每一个步骤的分工如图 2－10 所示。预测步骤的基本内容如表 2－11 所示。

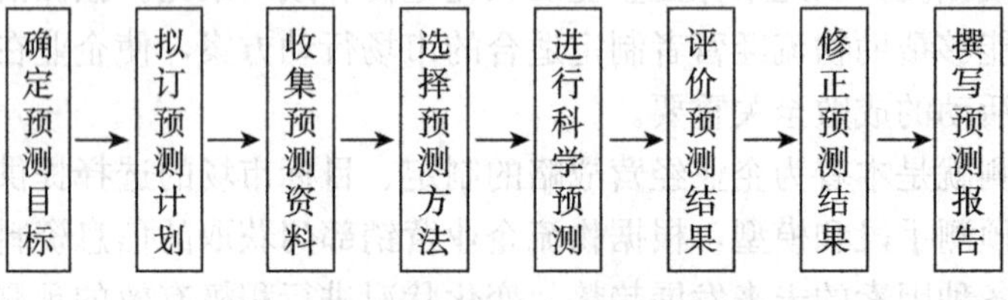

图 2－10　物流营销市场预测的程序

表 2－11　各个预测步骤的基本内容

预测步骤	基本内容
确定预测目标	确定营销预测要解决的问题，便于把握整个营销工作的中心
拟订预测计划	根据预测的目标确定实施的方案，比如收集材料的要求、如何收集资料资料、采用的预测方法、编制预测预算、预测流程等
收集预测资料	对根据预测的目标收集的材料进行认真审核，对不完整的资料进行补充与调整，确保资料真实性、完整性、系统性和可靠性

续前表

预测步骤	基本内容
选择预测方法	综合考虑企业的财力、预测目标，选择科学的预测方法，常常采用定性和定量分析的方法进行预测，或多种方法相互印证
进行科学预测	对于定量预测法，要将收集的数据输入数学模型，通过运算得出结果；对于定性预测法，要建立逻辑推理模型
评价预测结果	若通过模型得出的结论与实际有较大出入，要将定量和定性预测的结果进行比较，分析其可信度，找出造成误差的原因
修正预测结果	对预测值的误差进行调整，如遇误差较大，可以更换预测方法
撰写预测报告	预测报告是对营销预测工作的总结，报告中要如实记录预测步骤和结论，提出建议，确保预测报告的严谨与可行

小案例

Sun公司的预测分析小组

杰出的战略家深谙先发制人之道，做到这一点的确需要远见卓识。Sun公司成立了自己的需求分析小组，致力于更精确地预测市场对系统的需求量以及与之相应的元器件采购。该小组的目标是对潜在需求做出一个预测范围，而不是一个精确数字，并且对公司能真正实现这些需求预测的概率做出估计。

该公司旨在超越传统的预测方法，不仅仅考虑内部计划和预测，而是着眼于更多的影响因素。所做的预测把不同来源的数据都考虑进去了，包括来自内部规划、市场调研、用户调查和供应商提供的信息。考虑的变量则包括市场上同类竞争产品的数量、季节周期、消费周期和市场增长速度与规模。

这个成立不到一年的小组还利用了来自主要客户的信息，他们会问客户计划购买什么样的产品以及希望这些产品有哪些功能。他们并不是光靠内部信息做预测，那样往往会自说自话。他们花了不少钱做问卷，向客户询问对于一个给定产品哪些性能最重要，以及他们打算购买什么样的产品。

有时问卷统计结果会大大出乎Sun公司营销部和销售部人员的预料，预测小组遇到过一个产品的市场潜力比Sun公司营销部门预计大的实例。有些时候，内部压力会使预测数字偏低。有好几次，他们都依据分析调高了生产计划。

为了能充分利用先进的预测方法，Sun公司聘请了数名专家来进行复杂的统计分析。他们请了三位博士利用复杂算法获取市场调研和市场份额数据，进行竞争分析，并请他们计算一些基于不可控因素的期望值和概率区间。

三、物流营销市场预测的方法

物流营销市场预测最主要的是需求预测，常见的预测方法分为两大类：定性预测法和定量预测法。

1. 定性预测法

定性预测法是指预测者通过调查了解实际情况，凭借专家的经验、主观判断能力和综合分析能力，预测物流市场未来的变化趋势的方法，也叫作判断预测。这种方法灵活多样，耗费的人力、物力、财力相对较少，特别适合对预测对象历史和现实的数据资料掌握不充分，或影响因素复杂，难以用数字描述，或对主要影响因素难以进行数量分析等情况。定性预测法包括一般预测法、专家会议法、德尔菲法、领先指标法、群众评议法等。

[资料链接]

“德尔菲”这一名称起源于古希腊有关太阳神阿波罗的神话。传说中阿波罗具有预见未来的能力。因此，这种预测方法被命名为德尔菲法。1946 年，兰德公司首次用这种方法进行预测，后来该方法迅速被广泛采用。

德尔菲法依据系统的程序，采用匿名发表意见的方式，即专家之间不得互相讨论，不发生横向联系，只能与调查人员发生联系，通过多轮次调查专家对问卷所提问题的看法，经过反复征询、归纳、修改，最后汇总成专家基本一致的看法，作为预测的结果。这种方法具有广泛的代表性，较为可靠。

2. 定量预测法

定量预测法是根据已掌握的比较完备的历史统计数据，运用一定的数学方法进行科学的加工整理，借以揭示有关变量之间的规律性联系，用于预测和推测未来发展变化情况的一类预测方法。其主要特点是利用统计资料和数学模型来进行预测。常见的方法包括时间序列预测法和因果分析预测法。

(1) 时间序列预测法。该方法是以一个指标本身的历史数据的变化趋势为起点，去寻找市场的演变规律，作为预测的依据，即把未来作为过去历史的延伸。这种方法的特点是：一是考虑了事物发展的连续性，即通过对过去事物的分析对未来事物的发展做出判断与预估；二是考虑到事物发展的偶然性和不规律性，采用加权平均或者数学平均消除这种偶然性。常见的时间序列法有简单平均法、加权平均法、移动平均法、指数平滑法。

(2) 因果分析预测法。该方法是从事物变化的因果关系质的规定性出发，用统计方法寻求市场变量之间依存关系的数量变化函数表达式的一类预测方法。这类预测方法，在市场预测中常用的方法有两种：回归分析法和经济计量模型法。

[资料链接]

因果分析法是通过因果图表现出来，因果图又称特性要因图、鱼刺图或石川图。它是 1953 年在日本川琦制铁公司，由质量管理专家石川馨最早使用的，是为了寻找产生某种质量问题的原因，发动大家谈看法，做分析，将群众的意见反映在一张图上，即因果图。用此图分析产生问题的原因，便于集思广益。因为这种图反映的因果关系直观、醒目、条例分明，用起来比较方便，效果好，所以得到了许多企业的重视。

定性预测法和定量预测法的区别是：定性预测法是以市场调研为基础的经验来判断预测，定量预测法是以历史统计资料为基础的分析计量方法，两者的评价依据不同。

项目小结

1. 介绍了物流营销市场调查的含义、内容，进行物流营销市场调查的步骤，物流营销市场调查的主要方法，以及物流营销市场调查的技术。

2. 物流营销市场分析是一个动态过程，包括市场因素调查、市场因素评价和市场因素预测三个阶段。物流营销市场环境从微观和宏观两个方面分析，宏观环境分析通常采用PEST 分析法，主要包括政治（Politic）、经济（Economy）、社会（Society）、技术（Technology）四个构成要素。物流营销环境分析主要采用 SWOT 分析法。物流营销客户分析主要讲述企业客户购买的决策过程，影响物流企业竞争的因素是迈克尔·波特的五力模型。

3. 掌握物流营销市场预测的含义、基本原则，物流营销市场预测的程序主要包括八个基本步骤，物流市场预测最主要的是需求预测，常见的预测方法分为两大类：定性预测方法和定量预测方法。

知识测试

一、单项选择题

1.（　　）是指物流调查人员可以通过被调查对象的情况、事件发生场所的情况，利用感官直接观察或利用仪器设备间接观察来收集所需要的资料。

A. 询问法　B. 实验法　C. 观察法　D. 问卷调查法

2. 调查者与被调查对象面对面访谈，可以预先设置提纲或问卷是询问法中的（　　）。

A. 电话访问法　B. 面谈访问法

C. 网络调查法　D. 邮寄调查法

3. Q：你选择网络购物的主要原因是（　　）。

○方便快捷，节省时间　○品种齐全　○价格便宜

○时尚有趣　○实体店难以买到　○网购时间不受限制

以上调查问卷的提问方式采用的是（　　）。

A. 是否法　B. 语义差别法　C. 排序法　D. 多项选择法

4. 以下哪项不属于物流营销市场环境的特点（　　）。

A. 客观性　B. 相关性　C. 差异性　D. 稳定性

5. 物流营销的微观环境不包括（　　）。

A. 法律　B. 竞争者　C. 营销中介　D. 供应商

6. 客户群的扩大趋势或产品细分市场；竞争对手失误；市场需求增长强劲，可快速扩张；市场进入壁垒降低，获得购并竞争对手的能力，主要指的是企业面临的（　　）。

A. 优势　B. 劣势　C. 机会　D. 威胁

7. 针对物流企业面临的劣势与机会分析，应当采用的对策是（　　）。

A. 扭转型战略　　B. 多种经营战略

C. 增长型战略　　D. 防御型战略

8. 总体数量不多，仅占客户比重的5%，但是创造的经济效益高达80%的客户称为（　　）。

A. 一般客户　　B. 关键客户

C. 潜力客户　　D. 特殊客户

9. 竞争者对某一特定竞争者的行动没有迅速反应或反应不强烈是指反应类型中的（　　）。

A. 随机型竞争者　　B. 从容型竞争者

C. 凶狠型竞争者　　D. 选择型竞争者

10. 预测者通过调查了解实际情况，凭借专家的经验、主观判断能力和综合分析能力，预测物流市场未来的变化趋势的方法，称为（　　）。

A. 定性预测法　　B. 定量预测法

C. 因果分析预测法　　D. 时间序列预测法

二、多项选择题

1. 下列属于物流营销市场调查的内容主要有（　　）。

A. 市场需求调查　　B. 客户资源调查

C. 竞争者信息调查　　D. 物流服务与定价调查

2. 物流营销需要调查问题的类型有（　　）。

A. 探索性问题　B. 描述性问题　C. 预测性问题　D. 因果性问题

3. 整理分析调查资料具体的步骤有（　　）。

A. 分类　B. 制作数据库　C. 归档　D. 制表

4. 调查问卷设计的程序有（　　）。

A. 修改和试答　B. 定稿和复印　C. 构思阶段　D. 制定实施

5. 常见的调查问卷的提问方式主要有（　　）。

A. 提问回答式　B. 自由回答式　C. 开放式　D. 封闭式

6. 非随机抽样方法包括（　　）。

A. 任意抽样　B. 配额抽样　C. 分类抽样　D. 判断抽样

7. 物流营销市场分析是一个动态过程，包括（　　）阶段。

A. 市场因素计划　　B. 市场因素调查

C. 市场因素预测　　D. 市场因素评价

8. 宏观环境分析通常采用PEST分析法，主要包括的构成要素（　　）。

A. 技术　B. 政治　C. 经济　D. 社会

9. 影响企业客户购买行为的主要因素有（　　）。

A. 家庭因素　B. 心理因素　C. 文化因素　D. 社会因素

10. 客户购买决策过程由（　　）和购后行为的阶段构成。

A. 引起需要　B. 收集信息　C. 评价方案　D. 决定购买

三、判断题

1. 调查人员针对一个问题，预设答案“是”“否”或者“有”“没有”，是一种开放式的提问。（ ）

2. 原始资料又称为第一手资料，是调查人员通过对于现场实地分析、收集得来的资料。（ ）

3.“荷兰快递公司 TNT 快递的业务范围是什么？市场份额是多少？”等调查问题属于探索性问题。（ ）

4. 物流营销活动受科技的影响而增长，其变化速度不以企业意愿转移，指的是物流营销环境的客观性的特点。（ ）

5. 物流营销中介包括各类中间商、营销服务机构、物流机构、金融机构。（ ）

6. 在物流购买活动中，客户购买决策过程由引起需要、收集信息、评价方案、决定购买和购后行为五个阶段构成。（ ）

7. 波特五力模型的五种因素分别为同行业内现有竞争者的竞争能力、新进入者的能力、替代品的替代能力、供应商的讨价还价能力、购买者的讨价还价能力。（ ）

8. 随机型竞争者是为证明企业自身的强大竞争力和抵御压力的能力，阻止竞争对手的策略实施。（ ）

9. 物流市场预测可以分为市场需求预测、市场商品价格预测、市场供应预测、市场竞争形势预测、市场经营战略预测等。（ ）

10. 定性预测法和定量预测法的区别是：定量预测法是根据市场调研为基础的经验来判断预测，定性预测法是以历史统计资料为基础的分析计量方法，两者的评价依据不同。（ ）

四、简答题

1. 物流营销市场调查的步骤有哪些？
2. 物流营销市场调查的方法有哪些？
3. 调查问卷的提问方法有什么？
4. 什么是 PEST 分析法？
5. 企业客户购买的决策过程有哪些阶段？
6. 什么是物流营销环境 SWOT 分析？
7. 影响企业客户购买行为的主要因素包括什么？
8. 什么是迈克尔·波特的五力模型？
9. 物流营销市场预测的方法有什么？
10. 物流营销市场预测的步骤是什么？

能力训练

2016 年电商物流运行分析和 2017 年展望

一、案例

电商物流是围绕电子商务需求衍生出的一系列物流活动，具有时效性强、服务空间广、供应链条长等特点。2016 年电商物流行业秉持创新开放共享理念，继续保持快速增长势头，东中西部发展良性互动，农村电商继续领跑业务量增长，跨境电商持续繁荣，物流整体运作效率有效提升，以电商物流为代表的新兴经济亮点纷呈、快速发展，已经成为消费领域最具影响力和活力的组成部分，也是推动经济增长的重要引擎。

1. 2016 年电商物流运行情况

2016 年是“十三五”开局之年，宏观调控坚持稳中求进主基调，克服困难挑战，积极推进供给侧结构性改革，适当扩大总需求，经济总量保持了平稳增长，三次产业结构继续优化，宏观经济稳中有进、稳中提质。据国家统计局初步核算，国内生产总值 74.4 万亿元，同比增长 6.7%。第三产业增加值 38.4 万亿元，增长 7.8%，占 GDP 比重为 51.6%，比 2015 年提高 1.4 个百分点。第三产业对国民经济增长的贡献率为 58.2%，比上年提高 5.3 个百分点，比第二产业高出 20.8 个百分点。服务业对国民经济增长的贡献率进一步提高。

社会物流需求稳中有升，初步预计全年社会物流总额可达 230 万亿元，同比增长约 6%，社会物流总费用增长 3%左右，增速与上年基本持平。社会物流总费用与 GDP 的比率有望降至 15%以内，物流运行质量和效益稳步提升。以电商物流为代表的新兴经济方兴未艾，日趋繁荣，逐步成长为经济新动力。2016 年全国社会消费品零售额 33.2 万亿元，同比增长 10.4%。全国电子商务交易额达到 26.1 万亿元，比上年增长 19.8%；其中实物商品网上零售额比上年增长 25.6%，比社会消费品零售总额增速高出 15.2 个百分点，实物商品网上零售额占社会消费品零售总额的比重为 12.6%，比上年提高 1.8 个百分点。在实物商品网上零售额中，吃、穿和用类商品分别增长 28.5%、18.1%和 28.8%。电商物流强有力地支撑了消费领域物流需求的增长，初步预计 2016 年单位与居民物品物流总额同比增长 43%左右。从中国物流与采购联合会与京东集团联合调查的中国电商物流运行指数来看，电商物流行业呈现以下特点：

（1）业务量增长保持较高增速。电商物流已经深度融入社会生产生活各个领域，业务量规模反映的是消费过程中实实在在的物流业务订单，这与以往的虚拟互联网经济有着本质的不同，因此电商物流成为实体经济的一部分，业务量增长变化也是实体经济的客观反映。同比指数显示，2016 年总业务量指数平均达到 156.1 点，反映出全年电商物流业务量增速超过 50%。定比指数显示，以 2015 年 1 月份为基期 100 点，2015—2016 年总业务量定比指数呈高速增长态势，2016 年 12 月份达到 228.1 点，反映出经过两年的增长，总业务量达到基期两倍以上。

（2）全年出现三大业务量高峰。整体来看，电商物流行业呈现全年无淡季、旺季更旺的运行特征。一是圣诞、元旦、春节等节庆消费旺季，据统计数据显示，淘宝 2017 年春节期间年货成交额增长 36%。二是 6—7 月年中消费旺季，以京东“618”大促为例，6 月 1—18 日京东累计订单过亿，6 月 18 日消费者下单空前高涨，业务量集中爆发，当日订单量同比增长超过 60%，其中移动端下单量占比达到 85%，是去年同期的 2.2 倍。三是依托“金九银十双十一”的全民消费旺季，数据显示，2016 年“双十一”期间总业务量指数比去年增加 142.6 点，增长 45.7%，单日再创历史新高，11 月 11 日当天的总业务量指数为 1 313.3 点，比去年同期高 492.5 点，增长 60%。电商平台交易额也创新高，“双十一”期间，京东交易额同比增长 60%。

(3) 农村电商物流发展迅猛。2016 年农村业务量指数平均为 191.5 点，反映物流业务量增长速度接近 200%，比同期总业务量指数高出 35.4 点，意味着增速比总业务量高出 30 个百分点以上。分地区来看，农村业务量指数东部地区 180.1 点、中部地区 209.7 点、西部地区 202.3 点、东北地区 212 点，业务量与去年全年相比均保持了一倍以上甚至两倍的增速。京东大数据显示，由江苏、河北、浙江、山东、广东、四川、河南 7 省组成的农村电商网购第一梯队，中西东北地区均有省份上榜，合计占全国农村业务量一半以上，反映出随着互联网普及和农村物流网络的完善，制约农村物流信息、物流基础等瓶颈问题在一定程度上得到缓解，中西部特别是偏远地区的消费需求有效释放。各级政府、电商企业加大电商物流支持力度，宁夏、浙江、河北打造电商物流示范基地，江苏、湖北积极推进城镇乡村网点建设实现全区县覆盖，淘宝村、苏宁易购服务站、圆通“通乡镇、通村组”、申通“千县万镇”、韵达“乡镇拓展”等计划，积极将渠道向西向下布局。2016 年全国有淘宝村 1 311 个、淘宝镇 135 个，比 2015 年增长 68.1% 和 90%，产品“进城”和商品“下乡”双向流通格局正在加紧形成。

(4) 电商物流行业服务能力稳步提升，满意度保持较高水平。在业务量高速增长的压力下，电商物流和快递企业加大基础设施投入和新技术应用，加强网络布局和资源共享，不断提升消费旺季和尖峰时刻的应对能力，服务能力与旺盛需求形成了良性互动，成长出一批规模大、能力强、效率高、有口碑的电商物流和快递企业，行业物流时效、履约水平和运作效率都有明显提高。2016 年物流时效指数平均为 114.8 点（如图 2－11 所示），比 2015 年回升 16.7 点，物流送达时效提高 17%，反映出从下订单到送达客户的物流时间缩短，物流时效性明显增强。2016 年 11 月，京东推出“京准达”服务，客户可在指定时段收货，反映出电商物流在追求更快的同时，更加专注个性化客户的物流需求。2016 年履约率指数平均为 103.3 点（如图 2－12 所示），比 2015 年略有提升，反映出电商物流企业按照约定时间送达订单的比例进一步提高。2016 年实载率指数平均为 111.5 点（如图 2－13 所示），比 2015 年提高约 10%，反映出物流运输设备的利用效率总体保持提升态势。总体来看，电商物流服务能力得到了消费者的充分认可，2016 年电商物流满意度指数为 100.7 点，保持 100 点以上的较高水平。

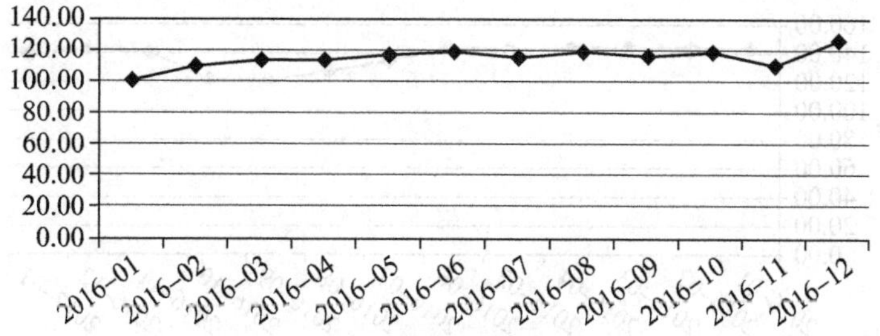

图 2－11 2016 年物流时效指数

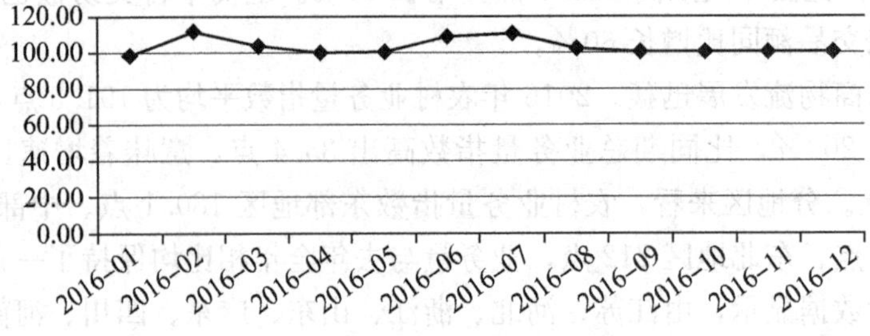

图 2-12　2016 年履约率指数

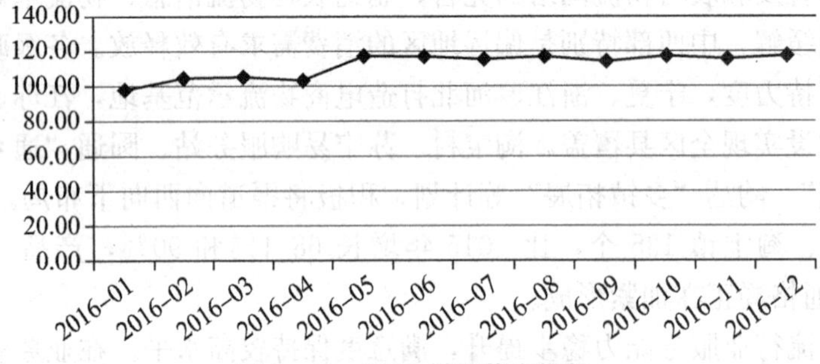

图 2-13　2016 年实载率指数

（5）吸纳从业人员规模不断扩大。2016 年，从业人员指数平均为 136.9 点（如图 2-14 所示），反映出电商物流行业从业人员规模比去年全年增长 30%以上，其中上半年基本都在 140 点以上高位，三季度有所回落，9 月份 119.1 点触底反弹，四季度随着消费旺季的来临，电商物流岗位需求迅速增长，各大电商不仅安排了大量的临时性一线人员，还加大了对一线作业岗位的支持力度，年底两月从业人员指数分别回升到 140.7 点和 143 点。尽管 1 月份春节放假等因素导致了短暂的劳动力供需缺口，但从业人员增长依然达到 38.6%。

据悉，2017 年春节期间电商物流从业者特别是一线人员任劳任怨、兢兢业业、克服疲劳努力完成订单，给广大消费者捎去温暖和方便。春节期间，湖北襄阳南漳一名快递人员，在相隔 260 千米的两个镇之间往返送货，八天配送总里程达到 2 045 千米，相当于从北京到广州的距离。山东省济宁市任城的一名快递人员单日配送单量高达 822 单，相当于平均不到 2 分钟就要送出一单。

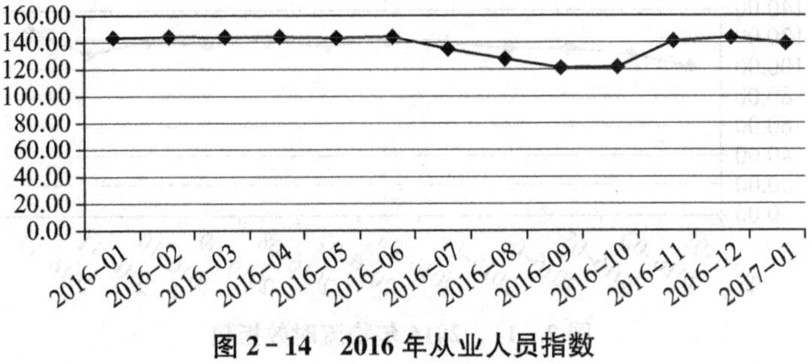

图 2-14　2016 年从业人员指数

（6）跨境电商物流高速增长。2016年全国共有60个城市开展了跨境电商业务，其中10个城市经批准开展跨境电商进口业务，批准设立杭州、天津、上海、重庆、合肥、郑州、广州、成都、大连、宁波、青岛、深圳、苏州13个国家跨境电商综合试验区。2016年政府工作报告中明确指出，鼓励商业模式创新，扩大跨境电商试点，支持企业建设出口产品“海外仓”，4月份之后跨境电商新政迅速调整并设立了缓冲期，明确了行业未来发展的税收政策取向，跨境电商竞争环境更加公平有序，对行业健康可持续发展来说是长期利好。随着自贸区、综合试点城市和综合试验区相继出台贸易便利化措施，简化进出口报关流程，统一跨境电商进口信息系统，释放出制度创新红利。受需求和政策利好双重推动，跨境电商企业数量不断扩大，一些企业加快海外物流网络布局。菜鸟网络物流覆盖全球200多个国家和地区，全球跨境物流日处理能力超过400万单，顺丰速运直发业务覆盖全球近250个国家和地区，洋码头布局全球物流中心，大龙网启动中国在欧洲最大跨境电商产业园。跨境电商物流业务出现爆炸式增长，成为我国外贸重要的增长点。海关数据显示，2016年全国跨境电子商务进出口总值499.6亿元，比上年同期增长38.7%，增速比全国进出口总值增速高出37.6个百分点。

（7）开放、共享、融合、创新成为电商物流发展常态。共建共享成为基本趋势。随着成本的上升和个性化物流需求的增长，单一物流体系支撑整个供应链运营不仅耗费资源，而且难度极大，资源共建共享以及整合协同将是电商物流发展的基本趋势。2016年京东物流启动开放战略，依托自建物流网络，为社会商家提供仓配一体化物流服务。菜鸟网络联合快递企业成立菜鸟联盟，用平台生态的方式形成物流生态平台。顺丰全面打入医药、冷链、生鲜电商物流市场。

全面提升物流供应链服务能力。加强全产业链的掌控和服务能力成为凸显电商物流服务价值的必然选择。京东物流向社会推出了仓、配、客、售后全供应链一体化服务，为京东平台商家、品牌商、垂直平台等提供线上线下、全渠道的供应链整体解决方案，发挥前台供应链优势，优化整个供应链的效率。苏宁物流加速在供应链物流、仓配物流、电商配送、冷链物流、跨境物流以及农村电商等业务的布局，全面提升物流供给和服务能力。

大力推进线上线下深度融合。沃尔玛增持京东，入股新达达，合作开展O2O业务，将沃尔玛线下需求导入京东平台，而京东物流将为沃尔玛山姆会员店提供统一高效的仓配一体化物流服务。京东入股永辉超市，加大物流末端网点建设，提升线下客户感知体验，促进线下线上紧密融合。苏宁布局建设改造一批新门店，提升实体门店的休闲、购物、售后、物流等线下综合服务能力，促进苏宁易购与实体门店的虚实互补、虚实结合。

“互联网＋”推进智能化、自动化、智慧化物流，破解降本增效难题。京东成立X事业部，专注于“互联网＋”物流，以技术和科技强化物流体系，为京东自动化分拣中心等物流仓储提供智慧支持。苏宁打造智慧物流基地，苏宁云仓在仓储规模、日出货量、自动化水平等整体科技能力和智能化水平方面处于领先水平，日处理包裹181万件的能力是同类仓库处理能力的4.5倍以上。

2. 2017年电商物流形势展望

2016年电商物流顺应经济社会发展结构优化、转型升级、创新发展大势，在经济存在下行压力下逆势增长，在改善有效供给、促进消费升级、稳定人员就业、扩大国际国内市场、降低运行成本、提高经济运行质量和效率方面发挥了突出作用。2017年，从宏观经济、政策红利和重点行业需求来说，电商物流发展已具备有利条件。

从经济基本面来看，经济复苏正处于新旧增长动能转换的关键阶段，逆全球化思潮和贸易保护主义不断抬头，但跨境电商物流与进出口一般贸易形成鲜明反差。以俄罗斯为例，仅去年一季度中国电商包裹占据了俄罗斯90%的市场，跨境电子商务发展潜力巨大，发展势头势不可挡，对于重塑国际贸易新格局、主导国际贸易新规则、打造产业国际竞争力具有十分重要的战略意义。国内宏观经济将坚持稳中求进工作总基调，保持定力，深入推进"三去一降一补"，着力破除实体经济发展的条块约束，降低各类交易成本，特别是制度性交易成本，释放制度红利，消费领域在国民经济中继续发挥关键力量，这些为电商物流的快速发展奠定了坚实基础。

从政策面来看，"十三五"专项规划相继发布，电商物流激励措施密集出台，2016年3月份《全国电子商务物流发展专项规划（2016—2020年）》发布，明确提出到2020年基本形成"布局完善、结构优化、功能强大、运作高效、服务优质"的电商物流体系。这是指导"十三五"时期我国电商物流发展的纲领性文件，标志着我国电商物流进入全新的发展阶段。《电子商务"十三五"发展规划》《商贸物流发展"十三五"规划》和《国内贸易流通"十三五"发展规划》也对电商物流提出了相关工作要求。国务院《全国农业现代化规划（2016—2020年）》明确要引导新型经营主体对接各类电子商务平台，健全标准体系和冷链物流体系，并提出到"十三五"末农产品网上零售额占农业总产值比重达到8%的目标。部分省市也出台适合本地区发展的"十三五"电商物流发展规划。随着电商物流服务规范、跨境商品电商经营服务规范相继实施，市场服务更趋规范。

从重点行业来看，随着"一带一路""走出去"等国家战略的深入实施，我国与世界其他国家贸易广度和深度不断增强，贸易便利化、海关、电子商务以及投融资合作等日益频繁，"全球买、全球卖"为我国电商物流国际化带来巨大发展机遇。我国生鲜电商市场发展迅速，年均增长率超过80%，而生鲜零售额占农产品零售总额的比例仅为3.4%。据有关机构预测，未来几年我国生鲜电商市场交易规模将突破1 000亿元，销售占比将达到7%，生鲜电商物流未来需求巨大。电商冷链物流需求广阔，据中物联冷链委预测，2016年全国冷链物流市场需求将同比增长22.3%，全国冷库总量预计达到4 015万吨，同比增长8.2%，但与欧洲冷链发达国家相比，我国人均冷库面积只有荷兰的7.3%，德国的43.3%，法国的54.1%。

总体判断，2017年国内外电商物流市场将持续繁荣，农村、冷链、医药、跨境等专业领域需求旺盛而迫切，包容、开放、共享、创新的发展思路继续引领行业发展，整体上看，电商物流将继续保持快速增长的良好态势。

问题：

1. 2016年电商物流运行的状况如何？
2. 2017年电商物流的发展形势怎么样？
3. 如何科学、有效地进行企业的分析和预测工作？

二、技能实训

查找资料，根据实际情况，为物流企业设计一份调查问卷。

项目三　选择物流目标市场

学习目标

知识目标：

1. 物流市场细分的概念及作用。
2. 选择物流目标市场的概念及条件。
3. 物流目标市场定位的概念。
4. 物流目标市场定位的步骤。

能力目标：

1. 物流市场细分的类型和依据。
2. 物流市场细分的方法、步骤和应考虑的因素。
3. 物流企业选择目标市场的标准。

学习重点与难点：

1. 物流市场细分标准。
2. 物流企业占领目标市场的方式。
3. 市场定位的策略。

任务一　细分物流市场

[案例引入]

顺丰快递市场细分

顺丰速运（集团）有限公司（以下简称“顺丰”）于 1993 年成立，总部设在深圳，是一家主要经营国内、国际快递及相关业务的服务性企业。自成立以来，顺丰始终专注于服务质量的提升，不断满足市场的需求，在大中华地区（包括港、澳、台地区）建立了庞大的信息采集、市场开发、物流配送、快件收派等业务机构，建立服务客户的全国性网络，同时，也积极拓展国际服务，目前已开通新加坡、韩国、马来西亚、日本及美国业务。

1. 顺丰速运的经营理念

(1) 积极探索客户需求，为客户提供快速安全的流通渠道。

(2) 不断推出新的服务项目，帮助客户更快更好地根据市场的变化做出反应。

(3) 缩短客户的贸易周期，降低经营成本，提高客户的市场竞争力。

2. 市场细分

(1) 地理区域。客户所处的地理位置不同，不同地理区域的经济规模、地理环境、需求程度和要求等差异很大，使进行快递活动的快递成本、快递技术、物流管理、快递信息等方面会存在较大的差异。不同区域的客户对快递公司的要求也各有特色，快递公司必须根据不同区域的快递需求制定不同的营销方案。按此标准，一般可以将快递市场分为区域快递和跨区域快递。显然，顺丰速运经历了由区域经营到跨区域经营，直至跨国经营的发展。

(2) 客户行业。同一行业的客户，其产品的构成差异不大，对快递的需求也具有一定的相似性。不同行业的客户，其产品的构成存在很大差异，对快递需求各不相同。按客户行业不同，一般可以将市场细分为农业、工业、商业和服务业等细分市场。顺丰速运专注于商业和服务业市场。

(3) 客户业务规模。按照客户对快递需求的规模细分市场，可以将客户分为：大客户、中等客户和小客户。顺丰快递致力于服务大客户、中等客户和中高端小客户。

(4) 客户所有制性质。客户所有制性质对企业开发市场的成本、合作的难易程度、客户维护成本、合作层面的决定和利润空间等都有直接的影响。

(5) 物品属性。快递公司在进行快递活动过程中，由于物品属性的差异，使得企业快递作业的差别也很大。顺丰速运一直定位于“小件快递”，不做大件。

(6) 服务方式。根据客户所需快递服务功能的实施和管理的要求不同而细分市场，按服务方式可将快递市场分为：综合方式服务和单一方式服务。顺丰速运针对不同的客户需求提供相应的服务方式，既有单一的，也有综合的。

(7) 外包动因。按客户选择第三方快递公司的动因进行细分，可将市场细分为：关注成本型、关注能力型、关注资金型和复合关注型。选择顺丰速运的客户，一般都是“关注能力型”。

思考题：

1. 顺丰的经营理念为什么正确？

2. 顺丰的经营理念对我们有何启发？

[相关知识]

一、物流市场细分的概念

物流市场细分是指企业根据客户需求的不同特征将整个市场划分成若干客户群的过程。每个客户群是一个具有相同特征的细分市场或子市场。企业针对不同的细分市场，采取相应的市场营销组合策略。

值得注意的是：第一，物流市场细分是对客户的需求进行细分，不是对产品（服务）进行细分；第二，物流市场细分是将具有相似需求特征的客户划分在同一个市场，并不意味着在这个细分市场内其他的需求差异不存在；第三，这些需求的差异性是客观存在的。

二、物流市场细分的作用和条件

1. *物流市场细分的作用*

物流市场的需求复杂多样，这些需求都有待于企业去满足。但是，任何企业都没有能力去一一满足这些需求。企业只有通过市场细分，才能选择最合适的市场来服务，这有利于企业发掘市场机会。物流市场细分的具体作用如下：

（1）有利于企业更加准确地认识客户的需要。企业通过对市场进行细分，不仅可以了解整个市场的状况，而且还可以具体了解不同细分市场的不同需要，包括客户的满足程度、现实需要和潜在需要，使企业能从客户的角度出发，提供客户所需要的服务，满足客户需求。

（2）有利于企业合理地利用资源。任何企业的资源都是有限的，企业要想利用有限的资源在市场竞争中取得竞争优势，只有通过市场细分，对客户的需求有较深入的了解，发现目标客户的需求特征，集中有限的人力、物力和财力，采取有针对性的营销策略，才可能在目标市场上取得更大的市场份额。

2. *物流市场细分市场的条件*

企业要使细分市场真正具有实用价值，保证细分市场能为企业制定有效的营销战略和策略服务，企业细分市场要具备以下条件：

（1）可衡量性。

可衡量性是指企业用以细分市场的标准是可以衡量的。主要包括以下三个方面：第一，客户对服务有不同的偏好，对企业的营销策略具有明显的不同反应；第二，企业必须能够获取客户的准确情报；第三，企业对于各细分市场能进行定量分析且便于对市场进行可行性研究，使企业能选择较好的目标市场。

（2）盈利性。

盈利性是指企业进入目标市场后能够获得预期的利润。如果物流市场的规模很小，不能为企业获取足够的盈利，就不值得进行细分。

（3）可行性。

可行性是指细分出来的市场，企业能够通过合理成本的营销组合达到。

（4）稳定性。

稳定性是指在一定时期内，细分市场的标志及细分市场保持相对不变。

三、物流市场细分的标准

企业应该如何进行市场细分呢？根据物流市场的特点，可以用以下几类标准进行细分。

1. 地理区域

按此标准，一般可以将物流市场分为：

（1）区域物流，指在一定的时空内，具有某种相似物流需求的一定区域，通常是指省内或省际的物流。

（2）跨区域物流，指在不同的区域内进行物流活动，包括省际、行政区之间和国际物流。

2. 客户行业

同一行业的客户，其产品的构成差异不大，对物流的需求也是具有一定的相似性。不同行业的客户，其产品的构成存在很大差异，对物流需求各不相同。按客户行业一般可以将市场细分为农业、工业、商业和服务业等细分市场。例如，上海的某民营物流公司在市区配送方面很有优势，它们的客户都是大型的食品企业。

3. 客户业务规模

按照客户对物流需求的规模细分市场，可以将客户分为：

（1）大客户，是对物流业务需求多的客户，是企业的主要服务对象。

（2）中等客户，是对物流业务需求一般的客户，是物流企业的次要服务对象。中等规模的客户，一般操作起来比较容易，而服务的利润空间比较高。

（3）小客户，是对物流业务需求较小的客户，是物流企业较小的服务对象。

4. 客户所有制性质

客户所有制性质对企业开发市场的成本、合作的难易程度、客户维护成本、合作层面的定位和利润空间等都有较直接的影响。根据客户所有制的性质，一般将客户分为：

（1）三资企业，指外商以合资、合作或独资的形式在大陆境内开办的企业。

（2）国有企业，指生产资料归国家所有的企业。

（3）民营企业，指生产资料归公民私人所有、以雇佣劳动为基础的企业。

（4）其他企业或组织，除以上三种形式以外的其他企业或组织。

5. 物品属性

物流企业在进行物流活动过程中，由于物品属性的差异，使得企业物流作业的差别也很大。按客户物品的属性将市场可分为：

（1）生产资料市场，指用于生产的物资资料市场，其数量大，地点集中，物流活动要求多且高。例如上海莲雄物流，在天津专门负责某化工集团的物流业务管理。

(2) 生活资料市场，指用于生活需要的物资资料市场，其地点分散，及时性要求高。

(3) 其他资料市场，指除以上细分市场以外的所有物质资料市场。

6. 服务方式

按服务方式细分就是根据客户所需物流服务功能的实施和管理的要求不同而细分市场。按服务方式可将物流市场分为：

(1) 综合方式服务，就是客户需要提供两种或以上的物流服务。例如，有实力的大企业在为其客户提供仓储、运输服务的同时，还为客户提供咨询服务。

(2) 单一方式服务，就是客户只需要提供某一种方式的服务。

四、物流市场细分的类型和依据

进行市场细分可参考如下标准（见表3-1）：

表3-1 市场细分的标准

细分标准	具体变量
地理环境	国别、城乡、气候、交通、地理位置等
人口因素	年龄、性别、职业、收入、教育程度等
心理因素	个性、兴趣、爱好、生活方式等
购买行为	购买动机、使用频率、品牌与商标的信赖程度等

1. 地理细分

即按地理环境特征细分市场，常见于食品业、服务业。

2. 人口细分

(1) 年龄细分，如：老年、中老年、中青年、青年、青少年、少年、儿童、婴幼儿。

(2) 性别细分，如：男、女。性别细分一直运用于服装、化妆品等。

性别细分的一个例子是汽车业：过去，汽车主要是为迎合男性设计的，随着拥有自己汽车的女性增多，一些汽车制造商正在设计吸引女性的汽车。

(3) 家庭细分，如：两口之家、三口之家、单身家庭。

(4) 家庭生命周期细分，如：单身、二人世界、有孩子但很小没上学的家庭、孩子在上学的家庭、孩子工作的家庭、孩子成家的家庭、又恢复到二人世界、丧偶。

(5) 收入细分，如：高、中上、中下、下、贫穷。

3. 心理细分

心理因素对消费者的爱好、购买动机、购买行为有很大影响。

(1) 生活方式细分，如：简朴、时髦。

(2) 个性细分，如：理智、冲动。

(3) 价值观，如：东方、西方。

4. 行为细分

在行为细分中，包括场合、追求的利益、品牌忠诚度、使用者地位、使用频率等。

(1) 使用动机细分，如：假日消费、平时消费。

(2) 利益细分，如：经济、实用、炫耀。

(3) 使用者细分，如：从未使用、曾经使用、潜在使用、首次使用、经常使用。

(4) 使用率细分，如：少量、中度、大量。

(5) 忠诚度细分，如：坚定、中度、游移、非忠诚者。

(6) 待购阶段细分，如：已知、有兴趣、想买、正在买。

(7) 态度细分，如：热情、积极、不关心、无视、敌视。

人口细分、心理细分、行为细分这三种细分体系几乎完全是建立在对构成细分市场人群的事后分析之上，依赖的是事后描述性变量，而非因果关系变量。因此，这三种细分变量体系并不能用来对未来购买者行为进行有效的预测，而未来购买行为才是营销人员所关注的焦点。

因此，有些营销学者坚信行为细分是研究细分市场最为行之有效的出发点和基本依据。

[案例解析]

牙膏市场的行为细分

美国营销学者拉塞尔·哈雷（Rusell Haley）曾经研究购买牙膏的消费者所寻求的利益，成功将牙膏市场进行了细分。

哈雷的调研揭示了牙膏利益细分市场。

根据利益细分原理，按照消费者所追求的利益，可将中国的牙膏市场分为五种类型：

第一种为经济型，购买者主要寻求的利益为低价，多为低收入成年人，高度自主，注重价值，这类购买者认为所有的牙膏都大同小异，因而对品牌无特殊偏好，只购买促销降价或低价品牌。

第二种为防蛀型，其主要寻求利益为预防龋齿，购买者多为有孩子的家庭（因龋齿在少年儿童多发），所偏好的主要品牌为佳洁士、洁诺、高露洁、两面针含氟牙膏等。

第三种为防治牙周病和牙齿过敏，这类购买者主要寻求治疗效果，多为中老年口腔和牙病患者，性格独立，多倾向保守，为牙膏的大量使用者，所偏好的品牌主要有两面针中药牙膏、冷酸灵、洁龈、蓝天六必治等。

第四种类型购买者主要注重牙齿洁白和美容化妆效果，此类购买者的主要寻求利益为洁白美观的牙齿，多为吸烟者，善于交际、性格外向的人，所偏好的主要品牌有中华超洁、黑妹加倍洁白等。

最后一种类型为味觉和外观爱好者，气味和外观是其主要寻求利益，品牌决策者通常是儿童，他们喜爱清凉薄荷及各种果味牙膏，这类牙膏在儿童中的使用量远远超过其他种类牙膏的平均使用量，所偏好的品牌主要有小白兔彩条、两面针儿童牙膏、喜乐儿童牙膏等。

无论是从细分的特点还是从标准来看，纳爱斯男女牙膏的细分都很难说是一种成功的细分。从销售的角度来说，消费者购买纳爱斯男女牙膏的理由，显然不是因为口腔环境不同就具有了足够的打动力，因为根本没有说清楚男女口腔环境到底有什么不同。所以，消费者不会因为这个理由而分别购买男女牙膏各一只，反而会觉得不知道该不该买而放弃购买原本想买的一种。

五、物流市场细分的方法

市场细分的方法有很多，但总体上来说，可以归纳为以下 3 种方法。

1. 单一因素细分法

所谓单一因素细分法，是指在影响顾客购买或者消费需求的多种因素中选择出一种主要因素作为市场细分的依据。如图 3-1 所示是以到达时间细分。

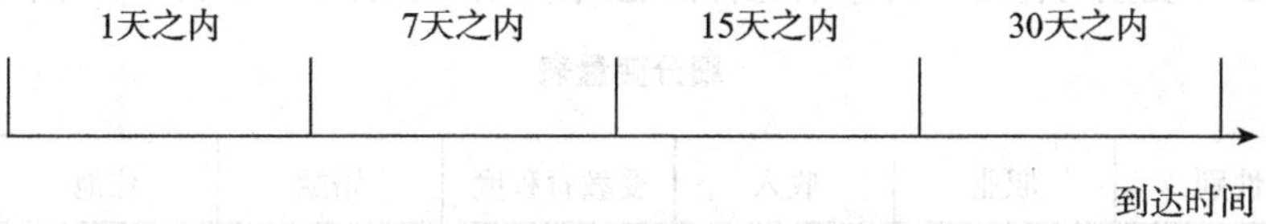

图 3-1 以到达时间细分

2. 综合因素细分法

所谓综合因素细分法，是指在影响顾客购买或者消费需求的多种因素中选择对顾客或者消费者的购买产生较大影响的，可能被顾客和消费者放在同一层次上考虑的，并列的两个或者两个以上因素作为细分市场的依据，如图 3-2 所示。

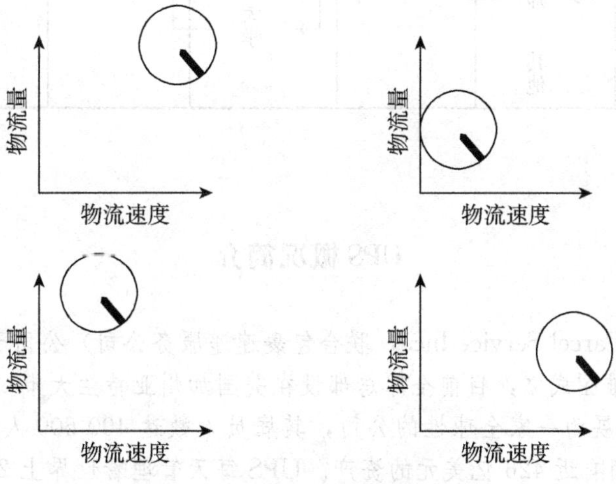

图 3-2 物流速度与物流量的关系

又如，可以按照顾客对物流量、物流速度和物流频率的要求，对物流市场进行细分，如图 3-3 所示。

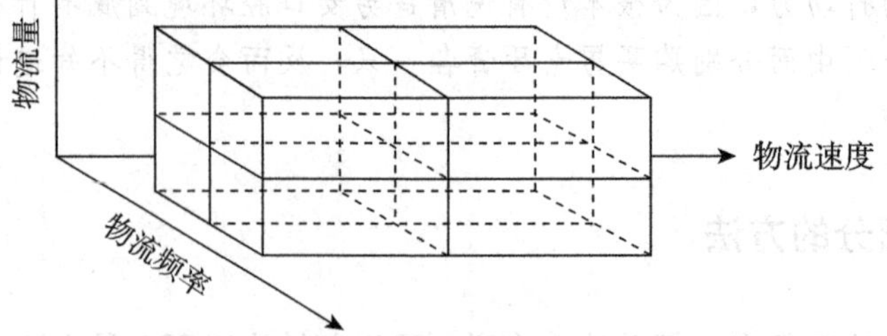

图 3－3　物流量、物流速度和物流频率的关系

3. 系列因素细分法

所谓系列因素细分法，是指在影响顾客和消费者购买的多种因素中，以影响顾客和消费者需求的多个变量为标准，对市场进行由粗到细的层层细分，如表 3－2 所示。

表 3－2　　　　　　　　　　　　　细分变量表

年龄	性别	职业	收入	受教育程度	婚姻	住地	气候
婴儿	男	农民	高	文盲	未婚	城市	温带
儿童	女	工人	中	小学	已婚	郊区	热带
青年		学生	低	中学		乡镇	寒带
中年		教师		大学		农村	
老年		其他					

[案例解析]

UPS 概况简介

UPS（United Parcel Service Inc.，联合包裹速递服务公司）公司于 1907 年 8 月 28 日在美国华盛顿州西雅图成立，目前全球总部设在美国加州亚特兰大市。

如今 UPS 已发展为一家全球性的公司，其雇员人数达 400 600 人（美国 330 600 人；国际 70 000 人），拥有近 426 亿美元的资产。UPS 每天管理着世界上 200 多个国家和地区的物流、资金流与信息流，它在作为世界上最大的快递承运商与包裹递送公司的同时，也是专业的运输、物流、资本与电子商务服务的领导性的提供者。

包裹业务

服务区域：220 多个国家和地区，每一个位于北美洲和欧洲的地址。客户数：每日 8.5

万（1.1万取件，7.4万递送）。每日递送量：15.6万件包裹与文件。网上货件追踪：平均每天收到26.2万个请求。服务网点：UPS商店© 4 726个，UPS营业店© 49个（全球），UPS服务中心1 000个，授权服务点16 000个，UPS投递箱40 000个。派送团队：93 464辆运输车、轻型货车、拖车、摩托车，包括1 914辆替代燃料车。UPS喷气飞机队：216架在营（共计227架，全球第九大航空公司）。租赁飞机数：311架。服务的机场数：国内为379个，国际为327个。航空中转站：美国：Louisville，Ky.（主要美国航空中转站，佛罗里达州迈阿密市）；加拿大：安大略省汉密尔顿市；欧洲：德国科隆/波恩；亚太地区：中国台北、菲律宾邦板牙、中国香港、新加坡、拉丁美洲与加勒比海地区。

服务的全球化程度

本土物流：本土中小企业需要简单的本土货物运输、仓储、配送等服务。

本土供应链：本土中小企业由于自身的快速发展，需要进行本土供应链的体系的整合，更进一步优化企业物流流程，使企业与本土合作伙伴实现无缝隙连接，降低交易成本，从而需要第三方物流企业为其提供一系列完善的供应链解决方案的服务。

全球物流：中国的大、中型企业，在进入国际市场的过程中，由于国际贸易的不断扩展，需要第三方物流企业为其提供国际货运的服务。

全球供应链管理：中国大型企业在参与国际竞争的过程中由于国际化发展的不断深入，在与国际战略联盟伙伴的合作中，需要进行更为复杂、更为全方位的合作，以在全球供应链竞争中争取更为有利的竞争地位，需要第三方物流企业为其提供整个全球供应链的整合全套方案，甚至是方案的执行的系统化服务。

（1）根据地理要素细分市场。

UPS有美国国内市场和国际市场，国内业务占总业务的89%，欧洲及亚洲业务占11%。UPS主要对各地区的地理条件、气候条件、机场流量等几大因素进行分析。

运输方式主要为：陆运和空运，国内陆运占54%，国内空运占19%，国内延迟运输占10%，对外运输占9%，非包裹业务占4%。

UPS通过把市场细分为不同的地理单位进行经营活动，从而做到“因地制宜”。

UPS的陆运以长途卡车运输为主，部分城市间也租用了铁路运力，其全美陆运集散中心设在芝加哥。陆运网络主要是能满足时限要求的近距离快件、时限要求不高的远距离普通物品等。

UPS的空运网络由美国及全球两大部分组成，路易斯维尔作为航空集散中心，其结构为星状与网状相结合的复合型网络。

（2）根据心理要素细分市场。

根据顾客需求划分，物流业通常有两个潜在的细分市场：时效型和经济型。

例如，对时效型市场，UPS是第一个提供当天、“下一航班”服务和有担保的上午8点连夜递送服务的公司。每个UPS驾驶员一天递送多达五百个包裹，包括必须在上午10:30前递送的特快包裹。在集散中心内，包裹按要运送到的地区以同样的顺序被装载。驾驶员按顺序递送包裹，从一个地址到下一个最近的地址，驾驶员尽可能最快、最有效地完成他们的路线。每个驾驶员分配一条特定的路线或“环路”，他们用卡车装配的GPS定位系统跟踪车辆的运输轨迹和运行时刻，确认邮件在途的位置和时间。

(3) 根据行为要素细分市场。

根据行为要素细分市场即根据消费者追求的利益、使用者情况、使用程度、忠诚程度等变量进行市场细分。

UPS 主要有商业性大客户、交寄量大的客户、一般的客户和临时性客户等。例如一个星期才运输 2～5 个包裹，次日递送信或包裹等紧急货件的客户可以打电话给 UPS，要求电话取件。使用顶尖的通讯技术，电话航空分派员寻找到最近的包裹车并电子化地将它派遣到客户所在处来进行“适时”取件。临时客户可在便利的 UPS 信件中心和服务柜台处投递包裹。

市场细分案例总结

通过案例分析，UPS 对地理、人口、心理要素的市场细分是相当成功的，不仅在这方面积累了丰富的经验，还注入了许多自己的创新，从而继续保持着物流霸主的地位。

六、物流市场细分的步骤

为了确保市场细分的有效性，企业的市场营销人员应该了解和掌握细分市场的程序。美国市场学家杰罗姆·麦卡锡曾提出过一般的市场细分的步骤，其示意图如图 3－4 所示。

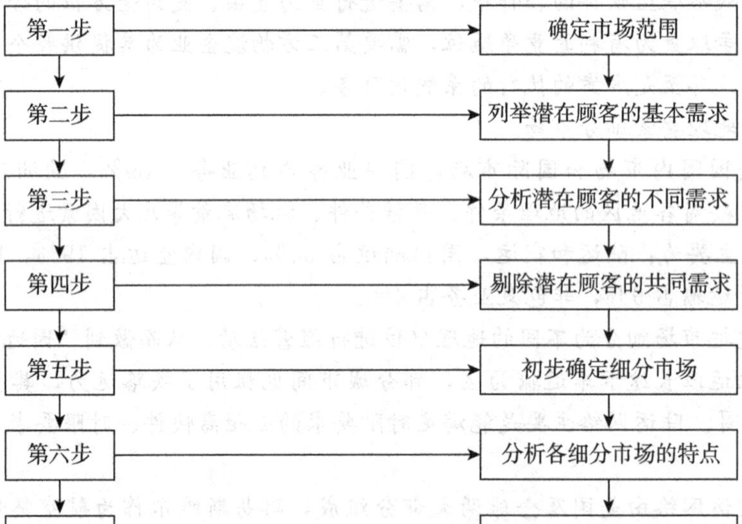

图 3－4　市场细分步骤

(1) 确定市场范围：任何一个企业都有其自身的任务和目标，并以此作为企业制定生产经营和市场开拓战略的依据。

(2) 列举潜在顾客的基本需求：产品的市场范围确定后，企业的市场营销人员可以将市场范围内的潜在顾客分为若干个专题小组，了解他们的动机、态度、行为等，从而比较全面地列出影响产品市场需求和顾客购买行为的各项因素，作为以后进行深入分析研究的基本资料和依据。

(3) 分析潜在顾客的不同需求：顾客的不同需求是细分市场的基础。

(4) 剔除潜在顾客的共同需求：潜在顾客的共同需求是企业无论选择哪种细分市场作为目标市场时，都必须使之得到满足的。

(5) 初步确定细分市场：对细分市场的初步确定是指为细分市场暂时命名，即在分析潜在顾客的不同需求，进行市场细分并剔除各细分市场上潜在顾客的共同需求后，各细分市场上剩下的需求各不相同，这时为了便于对各细分市场的特点做进一步的分析，根据各细分市场上顾客的特点暂时为各细分市场确定一个名字。

(6) 分析各细分市场的特点：上述工作完成后，企业还需进一步对各细分市场顾客的需求及行为特点做深入的分析与考察，确定已掌握了各细分市场的哪些特点，还需要对哪些特点进一步分析研究，从而决定是否需要再分或重新合并。

(7) 测量各细分市场的大小：细分出来的市场必须大到足以使企业实现它的利润目标，这时细分市场对企业来说才是有用的。

任务二 选择物流目标市场

[案例引入]

照相机厂家选择目标市场

背景描述：

为什么要选择目标市场？

◇ 企业资源的有限性（限制条件）

◇ 企业经营的择优性（追求目标）

◇ 市场需求的差异性（可行条件）

以照相机为例，照相机厂家要进入比较有利的高档相机市场，它必须：

1. 该市场仍然有相当多人想买高档相机。(愿望)

❖ 目标市场存在尚未满足的现实需求和潜在需求。

2. 该市场想买高档相机的消费者有足够的钱购买相机。(能力)

❖ 目标市场要有足够的购买力（具有足够的潜力）。

3. 该厂家制造出来的相机要比其他同等级的相机有优势。

❖ 竞争优势（竞争对手尚未完全控制市场）。

4. 厂家要有实力制造这种高档相机。(资金和技术)

❖ 企业有能力满足目标市场需求。

5. 卖这个相机有很大可能给厂家带来可观利润。

❖ 有利于企业营销目标的实现（符合企业目标能力）。

由于企业的资源有限，任何企业都不可能满足一种服务的所有市场需求，而只能满足其中一部分客户的需求，为了保持效率，企业必须把这一部分客户找出来，确定为自己的主攻市场，即目标市场，并对目标市场采取相应的策略。

［相关知识］

一、物流目标市场的含义及条件

1. 物流目标市场的含义

物流目标市场是企业所选定的作为客户营销服务对象的一个、几个或全部细分市场。

2. 物流目标市场应具备的条件

（1）有适当的规模和发展潜力。即目标市场应具备一定的规模，使企业能赢得长期稳定的利润。

（2）有足够的吸引力。

（3）符合企业的目标和资源。选择目标市场时，企业要结合自身的目标和资源进行综合考虑。

二、物流目标市场的选择模式

企业通过对不同的细分市场进行评估，会发现一个或几个细节市场可以作为目标市场。企业应该进入哪几个细分市场，通常有下述五种模式可供选择。

1. 密集单一市场

密集单一市场是最简单的方式，即企业只选择一个细分市场作为目标市场，进行集中营销，也就是物流企业只提供单一形式的物流服务满足单一客户群的需要。

选择这种模式的优点是：企业能更好地了解客户目标市场的需求，服务目标市场，在市场上树立良好信誉。一旦公司在细分市场上处于领导地位，将获得很高的投资收益，但由于投资过于集中，这种策略的风险较大。

2. 有选择的专门化

物流企业选择几个细分市场作为自身的目标市场，针对各种不同的客户群提供不同的物流服务。企业采用这种策略时通常属于以下情况：被企业选中的每一个细分市场都具有吸引力，并且符合企业的经营目标和资源状况，但各细分市场之间很少或者根本没有联系，然而在每个细分市场上企业都可能获利。

采用这种策略的最大优点是：可以分散企业的经营风险，即使某个细分市场失去吸引力，企业仍可在其他细分市场上获利。但采用这种策略企业投入的成本较高。

3. 产品专门化

物流企业针对各类客户的需要只提供一种形式的物流服务。企业可以通过这种策略，摆脱对个别市场的依赖，降低经营风险，在某个服务方面树立起良好的声誉。

4. 市场专门化

市场专门化是指企业专门为满足某个客户群体的各种需要服务，即物流企业向同一客户群提供不同种类的物流服务。这种策略有利于物流企业巩固与客户的关系，降低交易成本，获得良好声誉。

5. 完全市场覆盖

完全市场覆盖策略是指企业利用各种服务产品满足不同客户群体的需要的策略，即物流企业选择全面进入各个细分市场，为所有客户群提供所需要的各种物流服务。这种策略往往为大型企业采用。

三、物流目标市场营销策略

企业选择的目标市场模式不同，提供的物流服务就不同，占领目标市场的营销策略也就不一样。概括起来，企业进入目标市场的主要营销策略有下述几种。

1. 无差异市场营销策略

无差异市场营销策略就是企业忽略各细分市场之间的差异，把它们看作是一个同质性的大市场，企业针对这个市场只提供一种服务、制订一个营销计划，去满足所有客户的需求。

采用无差异市场营销的理由是规模效益。这样做可以降低经营成本，获得较高的利润；但它难以长期满足客户的多种需求，应变能力较差，由于成本低，高额的利润会导致竞争者加入，风险较大。这种策略适用于那些适应性强、差异小且有广泛需求的物流服务。

2. 差异市场营销策略

差异市场营销策略是指企业经过市场细分，选择两个或两个以上的细分市场作为自身的目标市场，企业针对不同的细分市场设计不同的物流服务形式、推出不同的营销方案。

企业采用这种策略往往比采用无差异营销策略能赢得更大的总销售额；但也会增加成本，主要是增加服务改进成本、管理成本和促销成本。当成本增加的速度超过利润增长的速度时，企业应减少经营的服务，使每种服务适应更多的客户群的需要。该策略适用于实力雄厚的大、中型物流企业。

(1) 产品实体差异化包括产品特色、产品质量、产品式样等方面，如表 3-3 所示。

表 3-3　产品实体差异化表

	内容	举例
产品特色	产品功能、技术含量、包装、服务	牙膏的防蛀、增白 IBM 就是服务
产品质量	使用效果、耐用性能、可靠程度	A 牌汽车更平稳、操作更容易、速度更快 永不磨损的××手表
产品式样	产品特有的样式、风格，对产品的展示方法	多面剃须刀、平面电视、超平电视

(2) 服务差异化。当实体产品不易与竞争产品相区别时，制胜的关键往往取决于服务。服务差异化包括送货、安装、用户培训、咨询、维修等方面。送货必须准时、安全，这似乎已成为一个常识，但在实际活动中真正坚持做到这一点的企业并不多。而购买者往往选择那些能准时送货的供应商，设备买主常常希望获得良好的安装服务，随着产品本身

在技术方面越来越复杂，其销售也越来越依赖于质量和附带的服务，正是出于这些考虑，许多公司对服务的重视程度并不亚于对产品质量的重视。

不同行业的服务有不同的内容，也有不同的重点。因而企业应首先对服务事项进行排列，确定重点选择。以零售业为例，典型零售服务事项有以下内容，如表 3-4 所示。

表 3-4　　零售服务事项

售前服务	售后服务	附加服务
承接电话订货	送货	支票付款
接受邮购订单	常规包装	一般性解答
广告	礼品包装	免费停车
橱窗展览	调试	餐厅
内部展览	退货	修理
试衣间	换货	内部装潢
营业时间	整修	赊购
时装展览	安装	休息室
折价以旧换新	货到付款	代客照顾小孩

在确定了服务事项后，根据顾客的需求、企业自身特点以及竞争对手策略，来确定服务差异性定位。

(3) 形象差异化。即使产品实体和服务都与竞争企业十分相似，顾客依然可能接受一种企业产品形象的差异化。

在实施差异性定位过程中，应掌握如下要点：

1）从顾客价值提升角度来定位。产品差异化的基础是消费需求的差异化，顾客也因此为各种产品或服务所吸引。消费需求是产品差异化的前提，没有前者也就没有后者，企业不能为了差异化而差异化，每一个差异化定位首先要考虑消费者是否认可，使用本企业产品所获得的价值是否高于其他产品。

2）从同类企业特点的差异性来定位。同类企业中每个企业都有它的特殊性，当一个企业的特点是其他企业所不具备的，这一差异性即可成为定位的依据，如轿车很多，但为什么市场占有率有这样大的反差？上汽为什么能独占鳌头？关键是上汽有一个全国性的销售网络和服务网络。因而，“便利”就成为上汽公司产品定位的要点之一。

3）差异化应该是可以沟通的，是顾客能够感受到的、有能力购买的。否则，任何差异性都是没有意义的。

4）差异性不能太多，当某一产品强调特色过多，反而失去特色，也不易引起顾客认同。

3. 集中营销策略

集中营销策略是指企业只选择一个或少数几个细分市场作为自身的目标市场，集中力量搞好专业化开发和经营，占领一个或少数几个细分市场的策略。

采用这种策略，企业的营销对象比较集中，有利于在物流服务方面提高专业化程度，提高对客户及其需求的了解程度，在客户中树立突出形象；有利于集中使用资源，节约营销费用，在市场上获取较高的市场占有率，确立企业在市场上的优势地位。但由于目标市场狭窄，应变能力差，风险较大。该策略适用于资源有限、实力较小的中小型物流企业，或新进入的物流企业。

4. “一对一”营销

“一对一”营销是营销者通过与每一位客户进行一对一的沟通，明确并把握每一位客户的需求，采用不同的方式去满足，以更好地实现企业利润的活动过程。

小案例

奥普卫浴案例

澳大利亚奥普卫浴电器有限公司专业从事卫浴电器研发，其代表产品“奥普浴霸”（浴室取暖设备）在国内外颇受欢迎，仅此一项，奥普公司在中国地区的年销售额便超过2亿元。在中国市场奥普公司靠“奥普浴霸”系列产品而成名，“浴霸”因奥普公司在中国内地引进和发展而成为一个行业。当中国人“随时在家洗个热水澡”的梦想因热水器的大量上市而变成现实时，人们又感到洗浴时浴室的温度太低，正当无奈之际，“奥普浴霸”在中国部分城市上市，立即引起强烈反响，产品在许多售点供不应求。如今奥普浴霸已成为家庭浴室必备用品。

任务三　定位物流目标市场

[案例引入]

宝供物流的目标市场定位

宝供物流企业集团于1994年创建，是国内第一家经国家工商总局批准以物流名称注册的企业集团，是中国最早运用现代物流理念为客户提供物流一体化服务的专业公司，也是目前我国最具规模、最具影响力、最领先的第三方物流企业。

业务范围

包括物流规划、货物运输、分销配送、储存、信息处理、流通加工、国际货代、增值服务等一系列专业物流服务。

宝供物流公司以合作伙伴的不同行业标准进行市场的细分，分为日用消费品行业、家电行业、食品饮料行业、软件电子通信行业、石油汽车零配件行业、医药行业、连锁行业、电力工程机械行业和边缘行业，并以它们作为目标市场。

宝供受到全球500强中的50多家跨国公司以及TCL、厦华、红牛等一批国内大型企业的青睐，例如，日用品消费：宝洁联合利华、安利等；软件电子通信：宏基、明基、东芝等；石油汽车零配件：中石油、丰田等；医药：养生堂等；连锁：沃尔玛、肯德基、麦当劳等；家电：飞利浦、松下、三星、海尔等。

供应链一体化发展

宝供集团十年来致力于现代企业供应链一体化的高水准服务。近年来，公司开始探索在流通领域中的分销及连锁企业中的配送业务、港口物流业务和快运业务，并已取得成效。基于对未来市场变化的判断，宝供集团决定在未来的三至五年间，投入较大的资源，通过与铁路、航空、港口等社会机构的合作，致力于形成包括供应链物流、快运业务、流通配送为主体的三大物流体系和服务网络，以提升宝供集团整体竞争和企业价值。

公司与需要服务的企业一起制定合理的供应链解决方案，不仅涉及产品物流，还要将其销售、生产、采购的各个环节的物流业务做综合性的规划，提供整体优化方案，然后通过宝供的物流服务来确保这个方案的实施。

基地战略

为适应中国加入WTO所带来的机遇以及生产模式、营销模式的变化，宝供集团拟在全国15个经济发达城市投资建设大型现代化的综合性物流服务平台（每个服务平台占地面积20万～60万平方米），形成一个以现代化物流服务平台为节点的运作网络。

网络战略

为了更好地适应市场发展以及客户的需求，发挥宝供全国运作网络的作用，提高物流运作水平，宝供集团将推行网络战略，拟在全国20条主要干线构造一个安全、稳定、准时、可靠的快速通道。

科技战略

科技战略是为了更好地服务于客户，向客户提供更多、更好、更快的物流服务，促使物流生产模式由人力密集型向技术密集型转变，不断提高运作效率和管理水平。为此，宝供加大了技术开发力度，以科技促发展，逐步提高公司的技术水平。

宝供物流公司的目标：“创造世界一流的物流企业”“我不是想做一流企业，是一定要做”“宝供物流，链接全球”。

[相关知识]

一、物流市场定位的含义

物流市场定位是指物流企业根据市场竞争状况和自身资源条件，建立和发展差异化优势，以使自身的服务在消费者心中形成区别并优越于竞争者服务的独特形象。物流市场定位为物流服务差异化提供了机会，使每家企业及其服务在客户心目中都占有一席之地，形成特定的形象从而影响其购买决定。

二、物流市场定位的步骤

物流市场定位的基本步骤和其他服务市场定位相似，一般包括以下几个步骤。

1. 分析市场和竞争对手

企业进行市场定位，首先要进行市场分析，分析市场构成、潜在客户的需求，明确哪些是自己的竞争对手，研究它们的策略，评价自己的强弱之处，制定以与众不同为基础的战略。主要弄清以下问题：什么企业在市场上竞争，它们都针对哪些细分市场。

2. 了解潜在客户如何评价竞争对手

主要了解客户对物流服务的感受，哪些是重要的决定性的因素，什么动机使他们选择一种或者另一种服务，他们认为自己所找的企业比其他对手有什么优势。

3. 确定竞争对手的定位

了解哪些服务因素是与竞争对手的对比中要优先被感受到的，是如何被感受到的。

4. 分析客户的构成

了解客户的预期要求，特别要确定物流服务在客户的经营中所起的作用和占有何种地位。

5. 选择定位设计

如果客户的感受与企业所希望的不同，就需要决定是否需要干预和怎样干预。企业在这个阶段要做各种量化分析，各种方案的成本与收入的估算，利润的估计。同时，弄清达到这种定位需要什么样的人力和财力资源，竞争对手会做出何种反应。最后企业选择定位设计，要让自身的服务与其他的竞争对手不同，按照潜在客户的要求提供特色服务，并向潜在客户宣传自身的服务。

三、物流服务市场定位方法

物流企业的市场定位是物流企业为了将自身的物流服务有针对性地进行推广或销售的一种客户定位，是企业将服务推出市场的最佳切入点。企业可以从以下几个方面进行市场定位。

1. 按经营层面定位，实际上是物流公司的“产品”定位

在品牌树立阶段，物流企业应该明确定位自身的核心经营层面。有了核心经营层面，才有可能形成核心优势，树立品牌形象。物流公司可选择以下几个经营层面：

(1) 运作层。企业只提供比较初级的物流管理服务，物流企业本身不涉及客户内部的物流管理和控制，只是根据客户的要求，整合社会物流资源，完成特定的物流服务。

(2) 管理层。管理层的服务包括销售预测、库存管理和控制等专业的物流环节，对物流公司的管理水平要求很高，因此能够提供专业化的物流管理的物流企业往往可以得到较大的利润空间，但由于要深入企业的销售、市场、生产、财务等环节，因此市场对此类服务的接受有一定的障碍。例如，华润物流在同一个客户的合作中，除了进行运作层面的整合外，还为客户提供内仓的库存管理。华润物流根据客户的生产计划，确定内仓的原材料库存，提供原材料库存分析。

（3）规划层。服务内容包括物流设施、物流体系和物流网络的规划，这是物流领域中最富技术含量的一块领域，由于其专业性太强，主要由咨询公司完成这一任务。

（4）混合型。混合型的经营模式是企业不断拓展自身的经营层面，在核心能力得到加强的基础上，往其他经营层面延伸。

2. 按主导区域定位

主导区域的定位是企业设定自身的核心业务的覆盖范围，在主导区域内，企业依靠自身的物流网络能够完成相关的物流服务。主导区域可以是一个城市、一个地区、一个省、一个大区或全国。确定主导区域要考虑以下几个因素：

（1）自身的投入能力。主导区域覆盖面的区域越大，投入的资金越多。

（2）管理水平。主导区域覆盖面越广，管理难度越大。如果管理能力不强，过快地扩展覆盖网络可能造成管理的失控和客户服务质量的降低。

（3）客户的需求分析。对现有的客户群进行分析，将业务比较多的区域设为主导区域。

（4）营运成本分析。一般来讲，主要区域覆盖面越广，表明提供服务的能力越强，同时有利于企业品牌的宣传，但需要的成本也越高。如果企业投入能力不足，对于主导区域不能覆盖的地方业务，可以通过联盟等协作办法解决。

3. 按主导行业定位

物流企业为了建立自身的竞争优势，一般将主营业务定位在一个或几个行业。因为不同的行业，其物流的运作模式是不同的。专注于特定行业可以形成行业优势，增强自身的竞争能力。物流企业在我国现阶段可以重点考虑的行业有：电脑、家电、通信、电子、汽车、化工、食品、服装、医药、家具等。

4. 按客户关系定位

物流企业与客户的关系可分为普通合作伙伴关系和战略合作伙伴关系。普通合作伙伴关系是合作双方根据双方签订的合作文件进行业务往来，在合作过程中双方的职责有比较明确的界限；战略合作伙伴关系双方职责不再有明确的界限，合作双方为了共同的利益，在很大程度上参与对方的经营决策。

5. 按服务水平定位

服务水平分为基本服务、标准服务、增值服务三种。因为服务水平与客户满意度和运营成本紧密相连，服务水平越高，客户满意度越高，但会带来营运成本的提高。确定服务水平的一般原则如下：

（1）对于重点客户，一般要提供增值服务。

（2）对于可替代性强的业务，也要提供增值服务。一般的运输、仓储等业务，可替代性强，如果只是提供基本服务，往往很难将自身与竞争对手区分开来。在此情况下，可以开发增值服务项目。

（3）服务水平的确定是动态的过程，必须适时调整。

四、物流企业市场定位策略

企业作为一个整体，在客户的心目中是有一定的位置的。怎样使企业在客户心目中占据一个明显而突出的位置呢？企业定位可根据自身的资源优势和在市场上的竞争地位做出下述选择。

1. 市场领先者定位策略

市场领先者是在行业中处于领先地位的企业，其相关服务在市场上的占有率最高。采用领先者定位策略的企业必须具备以下优势：客户对品牌的忠诚度高、营销渠道的建立及高效运行、营销经验的迅速积累等。

2. 市场挑战者定位策略

在相同的行业中，当居次位的企业势力很强时，往往以挑战者的姿态出现，攻击市场领导者和其他的竞争者，以获得更大的市场占有率，这就是市场挑战者定位策略。

挑战者的挑战目标可以是以下三种：攻击市场主导者、攻击实力相当者和攻击地方性小型企业。

3. 市场跟随者定位策略

市场跟随者定位策略是指企业跟随市场领导企业开拓市场，模仿领导者的服务项目开发营销模式的定位策略。但“跟随”并不是被动地、单纯地跟随，而是设法将独特的利益带给目标市场，保持低成本和高服务水平。采用这种定位策略有以下三种战略可供选择：紧密跟随、距离跟随和选择跟随。

(1) 紧密跟随：指企业在各个细分市场和营销组合方面，尽可能模仿主导者，不与主导者发生直接冲突。

(2) 距离跟随：指跟随者在主要方面如目标市场、产品创新、价格水平和分销渠道等方面追随主导者，但仍与主导者保持若干差异。

(3) 选择跟随：指企业在某些方面紧跟主导者，在一些方面又发挥自身的独创性。

4. 市场补缺者定位策略

市场补缺者定位策略是指企业专心关注市场上被大企业忽略的某些细小部分，在这些小市场上通过专业化经营来获取最大限度的收益，在大企业的夹缝中生存和发展的定位策略。

采用这种策略的企业主要战略是专业化市场营销，就是在市场、客户、渠道等方面实行专业化。在选择补缺基点时，通常选择两个或两个以上的补缺基点，以减少市场风险。

小案例

各大快递公司的市场细分与定位

1. 顺丰快递

(1) 市场细分（见表 3-5）。

表 3-5 顺丰市场细分

相关要素	主要市场
地理要素	大陆市场 港澳台市场 海外市场
价格要素	高端市场 中端市场 同城低端市场
需求要素	文件市场 包裹市场

（2）企业目标市场选择（见表 3-6）。

表 3-6 市场目标选择

目标市场	市场定位
大陆市场	容量大、吸引力大（尤其是经济发达的东南沿海地区） 海外及港澳台市场成本高，需要雄厚的资金支持 要与当地政府发展好关系
高端市场	由四大国际快递占据
低端市场	大部分民营企业发展低端市场
中端市场	竞争最不激烈
文件市场	风险小而利润大
包裹市场	风险较大（运输渠道的野蛮操作）

（3）市场定位。

服务定位：顺丰＞外资快递巨头＞民营快递企业＞EMS。

品牌定位：EMS＞外资快递巨头＞民营快递企业＞顺丰。

企业市场定位：民营快递企业＞EMS＞顺丰＞外资快递巨头。

2. 圆通速递

（1）市场细分（见表 3-7）。

表 3-7 圆通市场细分

相关要素	主要市场和条件
地理要素	随着一线城市物流市场饱和，二线和三线的城市的物流市场已成为圆通的主要目标 在各个城乡设立网点，在学校区域设立服务
人口要素	主要是以 18～40 岁的年轻人为主（这部分人有经济购买能力，对快递也有需要） 圆通做的是平价快递
心理要素	对快递物流中货物安全的需要；对美观的需要；采取全国统一的包装 提供快速的配送，以满足客户对速度心理的需要；快递员都经过专业的培训

（2）企业目标市场选择。

圆通目标市场描述：圆通在经过了一些长足的发展之后，为了扩大业务，圆通开始与航空公司和阿里巴巴合作，以扩大业务范围。其主要市场特点如表 3-8 所示。

表 3-8　　圆通市场的特点

序号	市场特点
1	县城区域内所有需要运输的客户，主要是针对私人的快递运输、信件的限时运输
2	随着一线城市物流市场饱和，二线和三线的城市的物流市场已成为圆通的主要目标
3	在各个城乡设立网点，在学校区域设立服务

（3）市场定位。

1）市场定位：做区域内快递的领跑者，以安全、高效、方便、快捷为目标，圆通对目标市场采用的是大众化营销为主、差异化营销为辅，采用全国统一的收费标准，为客户提供安全的快递服务，对于长期合作的大客户，会为客户提供专门的业务员，以及八五折的优惠价格。

2）市场定位策略：以周到的服务体系、创新的服务意识、全球化的服务网络，全速推动客户走向成功。

3. 中通快递

（1）市场细分（见表 3-9）。

表 3-9　　中通快递市场定位

相关要素	主要市场
地理要素	中国东部以沿海大城市群为中心 中部地区及西部地区由东部带动 国际快递
需求因素	文件市场 包裹市场

（2）企业目标市场选择。

1）国内快递。

2）国际快递。

3）物流配送与仓储。

4）提供“门到门”服务和限时服务。

5）电子商务配送、代收货款、签单返回、到付、代取件、区域时效件等增值业务。

（3）市场定位。

1）服务定位：诚信、创新、发展、和谐。

2）企业市场定位：全国各地的学校、写字楼、小区、各大购物网站。

3）品牌定位：迅速、方便、安全、准确。

4）服务定位：诚信、创新、发展、和谐。

项目小结

本项目着重介绍了物流目标市场的选择、区分以及定位，按照市场细分的程序和方法对物流市场进行细分，评价各细分市场并进行目标市场选择，针对目标市场进行营销策略选择。

知识测试

一、单项选择题

1. 企业根据所选定目标市场的竞争状况和自身条件，确定企业和产品在目标市场上特色、形象和位置的过程是（　　）。

A. 市场定位　　B. 市场细分　　C. 市场选择　　D. 市场定位设计

2. 消费者对某一产品的要求基本相同或极为相似的是（　　）。

A. 异质市场　　B. 同质市场　　C. 同质偏好　　D. 扩散偏好

3.（　　）是在影响顾客购买或者消费需求的多种因素中选择出一种主要因素作为市场细分的依据。

A. 综合因素分析法　　B. 单一因素分析法

C. 系列因素细分法　　D. 综合因素细分法

二、多项选择题

1. 物流市场细分的基本标准有（　　）。

A. 单因素细分法　　B. 综合因素法

C. 系列因素法　　D. 产品—市场方格图法

2. 物流市场细分标准有（　　）。

A. 顾客所在的行业　　B. 顾客规模的大小

C. 顾客追求的利益　　D. 顾客使用的频率

3. 根据不同消费对象的市场细分有（　　）。

A. 地理环境　　B. 人口因素　　C. 心理因素　　D. 环境因素

三、简答题

1. 什么是物流市场细分？

2. 物流市场细分有什么标准和方法？

3. 目标市场营销策略有哪些？有何区别？

能力训练

案例分析

香港邮政“特快专递”

——市场细分、目标市场选择和市场定位

1. 背景资料

邮政服务虽在总体上具有不可替代性，但在某些业务品种上也存在竞争，如速递业务。在我国香港地区，香港邮政署本是国际速递服务的首创者，早在1973年，市场上私营国际速递业务尚未形成气候，香港邮政就已推出了“特快专递”业务。但由于香港邮政是依靠行政拨款的政府部门，一直未能对“特快专递”进行商业化的市场推广，结果其速递业务的发展反不及后来的私营机构，人们普遍认为香港邮政“特快专递”在速度与可靠性方面都不如私营公司。1995年8月，香港邮政经营体制发生变化，从行政模式转为以运营基金模式运作，拥有了财政自主权。以此为契机，香港邮政大力推行市场化，改善服务，改进技术，灵活调动资源应对市场竞争。1997年，香港邮政重新推广“特快专递”服务，欲以改良的服务形象提高市场占有率，增加营业额。

2. 发掘机会巧定位

“特快专递”在港人心中一直是个不太成功的品牌，要扭转这一品牌形象，离不开缜密的分析和筹划。香港邮政进行了顾客分析、行业分析和竞争对手分析。通过客户调查了解到，顾客选择速递服务时首先考感的因素是速度与可靠性，其次是价格，同时顾客也希望能够追踪邮件，随时了解运送情况。综合其对市场竞争状况、竞争对手服务情况的掌握，香港邮政进行了SWOT分析。

(1) 公司优势。特快专递服务推出较早，技术支持较强（如电子追踪服务）；以邮局为服务终端，服务网络覆盖面广，优势无可比拟；公司寻求改变的决心巨大，员工士气高昂，急欲参与。

(2) 公司劣势。“特快专递”过去的形象不太好；认知率不高；可靠性及速度不及私营速递公司。

(3) 市场机会。私营速递公司多以大公司为主要客户，而占绝大多数的中小机构享受不到优惠的价格，个别客户更被作为最后处理的对象；中小机构的需求得不到满足，是个被忽视的市场。

(4) 市场威胁。近年香港经济不太景气；外部环境不利；速递业竞争对手林立，正面冲突可能招致报复。

通过SWOT分析，香港邮政明确了“特快专递”的市场地位，也找到了其可努力的方向，即抓住机会、发挥优势（S-O策略）。由此，香港邮政将广大中小商业机构和个别客户定为其“特快专递”的目标顾客，向他们提供价格适宜的邮政服务，即以“补缺者”的身份填补市场空隙，避免了和竞争对手的正面冲突。同时，香港邮政将此次推广活动的目标设为：树立品牌形象；提高“特快专递”的认知率；扩大顾客基础；提高市场占有率。

3. 超值服务显优势

香港邮政对其速递服务采取低价策略，并不意味着质量水准的降低。相反，香港邮政重新推广“特快专递”业务，正是为了扭转其在顾客心目中的形象，所以他们在服务质量上毫不放松，要给顾客以“超值”的感觉，而且尽量照顾到顾客的需要。做法如下：

(1) 提供电子追踪服务，让顾客随时掌握邮件运送的情况。

(2) 提供大小不同的特快专递箱，满足顾客不同的需要，且收费低廉。

(3) 消除一切可能造成延误的因素，保证邮件准时发送。

(4) 在推广初期特设营业小组，应对业务查询，替顾客开立账户并兼做宣传。

(5) 整肃工作作风，一线人员礼貌热情，服务细致耐心，富有效率。

香港邮政以崭新的形象提供着高质量、高效率的服务，让顾客有更多时间处理需要寄运的物件，甚至可在“最后一分钟”将邮件寄出，令客户的分分秒秒尽显优势。

4. 整合传播显奇力

香港邮政于1997年10月开始了题为“分秒显优势”的整合营销传播计划。多种营销工具同时使用，无孔不入的接触大大提高了“特快专递”的认知率，整合营销传播强劲有力的攻势成功改变了人们心目中对“特快专递”原来形象的认识。

(1) 视觉形象。香港邮政设计了全新的机构形象与“特快专递”服务形象。选择以速度见长的“蜂鸟”代表公司形象，选用绿、紫两种颜色表现香港邮政积极进取、寻求改变的精神面貌。对于“特快专递”服务，香港邮政力图将其塑造成一个强有力的品牌，选用“雨燕”(以速度和耐力著称) 作为标志，传达“特快专递”快捷、可靠的服务承诺。

(2) 传播沟通。香港邮政以“分秒显优势”为主题的宣传活动规模宏大，采用了多种传播手段。电视广告、报纸广告、直接邮件 (DM)、传单、海报无不在传达“特快专递”的信息；街道、地铁、邮局各处无不成为香港邮政与客户的接触点，传播与反馈同时进行。

香港邮政的电视广告极富感染力，突出了“分秒显优势”的承诺。一个勤勉、质朴的年轻邮递员，充满自信地走在人群之中，他不断前行的身影、真诚的笑容与身后人潮、车流、喧闹的城市组成的画面形成了强烈的对比。这一广告形象给人以踏实、可信赖的感觉，充分代表了香港邮政崭新的形象。此外，两篇广告中地点的选择也很有特色，以北京和巴黎为寄送目的地，显示了香港邮政在中国本土市场和国际市场的服务能力和优势，有力传达了内在信息。

地铁月台、各大邮局均展示有大型海报，通过大众传媒和服务终站介绍“特快专递”服务信息，让广大客户充分认识这一全新包装的服务品牌。

公司的直邮服务更有针对性，在做宣传的同时也可了解客户的要求，并回复客户的询问。对已有账户的客户则与客户保持联系，定期介绍“特快专递”的发展状况和服务改善的信息，培养客户的品牌忠诚。

在服务终端——各大邮局均放有有关资料、表格，介绍开立账户的程序，帮助客户了解“特快专递”。推广之初更有专职人员提供咨询，替客户开立账户，鼓励客户更多地使用“特快专递”服务。

5. 内部营销示决心

香港邮政对这项活动予以了高度重视，公司管理高层特别成立了“特快专递”倡导委员会，并设立了许多工作促进小组，对公司所有职员（包括不直接处理“特快专递”业务的职员）介绍有关产品，强调加强服务的重要性。

领导的重视与亲临指导给员工以极大的鼓舞，每个员工都愿熟悉“特快专递”业务，为推广活动的成功效力。公司上下一心，人人都为他们努力和取得的成绩感到骄傲。

6. 市场表现传佳绩

香港邮政“特快专递”推广活动取得了显著的成效：

(1) 业务量。尽管香港经济不景气，“特快专递”处理的邮件总量仍有所上升。

(2) 客户数。实施推广计划的头5个月内，新开立账户的客户人数上升了60%。

（3）认知率。对于“特快专递是国际速递服务”的理念，在未开立账户的客户群体中的认知率从11%上涨到30%，在已设账户的客户群体中的认知率上升到了50%，“特快专递”在香港已成功建立起品牌。

（4）满意度。对顾客满意程度的独立研究显示，客户对特快专递服务各程序的满意程度均有所上升。

此外，在公司内部，员工工作的热情、客户导向的认识均有所提高，员工努力争取客户的心态促进了香港邮政更加商业化地运作。由于速递业务服务水平的提高，1997年第四季度，香港邮政署获得了全球邮政联盟的嘉奖。

这一市场推广活动成功地入围1998年度香港杰出营销奖，其电视广告也被评为该年度的杰出广告作品。

问题：

1. 香港邮政署对邮政市场进行细分的标准是什么？目标市场在哪里？进行了怎样的市场定位？

2. 对我国邮政服务带来哪些有益的启示？

项目四 制定物流营销策略组合

学习目标

知识目标：

1. 了解物流服务产品的概念、特点。
2. 掌握物流服务产品的定价方法。
3. 掌握物流服务营销渠道设计的一般流程。
4. 掌握典型的物流服务营销渠道策略组合。
5. 掌握物流服务促销策略组合的概念。
6. 了解深化物流营销策略的概念。
7. 掌握深化物流营销策略的内容。

能力目标：

1. 能对个别物流服务产品进行策划。
2. 能够灵活地为物流服务产品进行调价。
3. 能够灵活地为物流企业制定与实施物流服务营销渠道策略。
4. 能为物流企业设计不同的物流服务促销方式。
5. 能对个别物流企业的营销策略进行优化组合。

学习重点与难点：

1. 掌握物流服务产品组合策略。
2. 掌握物流服务产品定价的技巧。
3. 能够灵活地制定与实施物流服务营销渠道策略。
4. 能为物流企业设计不同的物流服务促销方式。

5. 掌握深化物流营销策略的方法。

6. 能对个别物流企业的营销策略进行创新改革。

任务一 制定物流服务产品组合

[案例引入]

亚马逊采取“组合包装”技术

背景描述：

全球最大的网上书店亚马逊网上书店2002年年底开始盈利，这是全球电子商务发展的福音。美国亚马逊网上书店自1995年7月在美国开业以来，经历了7年的发展历程。到2002年底全球已有220个国家的4 000万网民在亚马逊书店购买了商品，亚马逊为消费者提供的商品总数已达到40多万种。随着电子商务发展受挫，许多追随者纷纷倒地落马之时，亚马逊却顽强地活了下来并脱颖而出，创造了令人振奋的业绩：2002年第三季度的净销售额达8.51亿美元，比上年同期增长了33.2%；2002年前三个季度的净销售额达25.04亿美元，比上年同期增长了24.8%。虽然2002年前三个季度还没有盈利，但净亏损额为1.52亿美元，比上年同期减少了73.4%，2002年第四季度的销售额为14.3亿美元，实现净利润300万美元，是第二个盈利的季度。亚马逊的扭亏为盈无疑是对B2C电子商务公司的巨大鼓舞。

为什么在电子商务发展普遍受挫时亚马逊的旗帜不倒？是什么成就了亚马逊今天的业绩？亚马逊的快速发展说明了什么？带着这一连串的疑问和思考探究亚马逊的发展历程后，经过研究惊奇地发现，正是被许多人称为电子商务发展“瓶颈”和最大障碍的物流拯救了亚马逊，是物流创造了亚马逊今天的业绩。

当顾客在亚马逊的网站上确认订单后，就可以立即看到亚马逊销售系统根据顾客所订商品发出的是否有现货，以及选择的发运方式、估计的发货日期和送货日期等信息。如前所述，亚马逊根据商品类别建立不同配送中心，所以顾客订购的不同商品是从位于美国不同地点的不同的配送中心发出的。由于亚马逊的配送中心只保持少量的库存，所以在接到顾客订货后，亚马逊需要查询配送中心的库存，如果配送中心没有现货，就要向供应商订货，因此会造成同一张订单上商品有的可以立即发货，有的则需要等待。为了节省顾客等待的时间，亚马逊建议顾客在订货时不要将需要等待的商品和有现货的商品放在同一张订单中。这样在发运时，承运人就可以将来自不同顾客、相同类别而且配送中心也有现货的商品配装在同一货车内发运，从而缩短顾客订货后的等待时间，也扩大了运输批量，提高了运输效率，降低了运输成本。

思考题：

亚马逊采取“组合包装”技术是指什么组合？这种组合有什么好处？

[相关知识]

【想一想】美国联合包裹公司 UPS 的物流服务产品层次

美国联合包裹公司 UPS 快递于 1907 年作为一家信使公司成立于美国，如今已发展到拥有 300 亿美元资产的大公司，是世界上最大的快递承运商与包裹递送公司，同时也是专业的运输、物流、资本与电子商务服务的领导性的提供者。UPS 向制造商、批发商、零售商、服务公司以及个人提供各种范围的陆运和空运的包裹和单证的递送服务，主营业务是信函文件、包裹的物流快递业务。UPS 发现客户在需要核心服务的同时，还需要更多的增值服务，如客户需要 UPS 提供代理报关服务，以缩短客户报关时间；需要对特殊物品提供包装，解决客户在包装上的困难。于是 UPS 针对客户的以上需求，推出了报关和包装等一系列的增值服务。UPS 取得了巨大的成功，在快递市场上占有领先的地位，表明现代企业的竞争不仅在于生产和提供什么样的产品，而在于提供什么样的增值服务。

分析：对于物流企业来说，要想获得更多的利润，就要创新地提供客户需求的增值服务，但是提供的物流产品并不是越多越好。

一、物流产品的概念及特征

1. 产品的概念

产品是物流企业市场营销组合中的一个重要因素。产品策略直接影响和决定着其他市场营销策略组合的实施，对企业的营销成败关系重大。在现代市场经济条件下，每一个企业都应致力于产品质量的提高和组合结构的优化，以更好地满足市场需要，提高企业产品的竞争力，取得更好的经济效益。菲利普·科特勒认为，产品是指能够提供给市场并引起人们的注意、获取、使用或消费，以满足某种欲望或需要的任何东西。它包括各种有形物品、服务、地点、组织和想法。

现代市场营销理论研究产品，是从整体产品的角度分析的。产品的整体结构，一般包括核心产品、有形产品、期望产品、附加产品和潜在产品五个层次。

（1）核心产品。核心产品是指客户购买某种产品时所追求的利益，是客户真正要买的东西，因而在产品整体概念中也是最基本、最主要的部分。客户购买某种产品，并不是为了占有或获得某种产品本身，而是为了获得满足某种需要的效用或利益。西奥多·莱维特曾经指出："购买者并不是要买 1/4 英寸的钻头，而是要买 1/4 英寸的钻孔。"营销人员必须找到每一种产品给客户带来的核心利益，并且出售这些利益，而不仅仅出售各种外部特征。物流企业的核心产品通常是指为客户提供符合其需要的位移效用、储存场所和利益。

（2）有形产品。有形产品是核心产品借以实现的形式，即向市场提供的有形物品和服务的形象。如果有形产品是有形物品，则它在市场上通常表现为产品质量水平、外观特色、式样、品牌名称和包装等。如果有形产品是服务，则常表现为服务设施和设备、服务过程、服务质量、服务标准及从开始到结束的表现，如为客户提供运输服务的车辆、船舶、飞机等工具的类型及型号、基础设施布局及环境、航班、车次、航次等状况。产品的基本效用必须通过某些具体的形式得以实现。营销人员应首先着眼于客户购买产品时所追求的利益，以求完美地满足客户的需要。从这一点出发再去寻求利益得以实现的形式，进行产品设计。

(3) 期望产品。期望产品是指客户购买产品时期望的一整套属性和条件，如对于快递物品的消费者来说，期望该服务能安全、快捷地将物品送达。

(4) 附加产品。附加产品是客户购买有形产品时所获得的全部附加服务和利益，包括提供信贷、免费送货、保证安装、售后服务等。物流服务附加产品如财务、金融、咨询、培训等服务。附加产品的概念来源于对市场需要的深刻认识。因为购买者的目的是满足某种需要，因而他们希望得到满足该项需要的一切。西奥多·莱维特曾经指出："新的竞争不是体现在各个公司的工厂生产什么产品上，而是体现在其产品能提供何种附加利益（如包装、服务、广告、顾客咨询、融资、送货、仓储及具有其他价值的形式）上。"

(5) 潜在产品。潜在产品是指物流需求者在接收物流服务的过程中对物流服务产生的新需求，物流企业可以据此开发新的物流服务项目。

2. 物流产品的含义及特性

(1) 物流产品的含义。物流企业提供的产品是服务。物流服务是物流企业为了满足广大客户的物流需求，开展一系列物流活动的结果。物流服务本身并不创造商品，而是产生空间效用和时间效用。物流服务是多样性的，涉及物品的通关、商检、采购、运输、代理、保管、存货控制、配送、包装、装卸、流通加工及相关物流信息。各类物流企业站在不同的角度上，对物流服务有着不同的理解。

1) 商品流通企业为企业客户输出的物流服务。从商品流通企业角度看，物流服务是企业物流信息系统的输出，是保证客户对商品可得性的过程。其内容主要如下：首先，有客户所需要的商品。其次，在客户允许的时间范围内完成商品的运输。最后，服务能满足客户的要求。

2) 物流企业为客户输出的物流服务。从物流企业角度看，物流服务就是物流企业的服务产品，一定要满足物流需求客户的需要，不论是在服务能力上，还是在服务质量上都要以满足物流需求客户的需求为目标。物流企业的客户主要来自商品流通企业，因此要树立以物流需求客户为中心的服务思想，将物流服务融入到企业的物流系统中去。

(2) 物流产品的特性。服务的一些特点不同于实体性的产品，物流服务亦是如此。它具有无形性、不可感知性、不可分离性、异质性、不可贮存性、缺乏所有权等特性。

物流服务除了具有服务的一般特征之外，还具有自身的一些特性：

1) 从属性。在物流活动的过程中，物流服务是附属于商品流通而产生的。商品流通是指商品所有权的转移，要想实现商品的这种转移，利用物流服务是必需的，因此产生物流服务的基本前提是商品流通的存在。但是商品流通的时间、流通方式、提货配送方式等必须按照物流需求客户的要求来做。

2) 非物质性。物流服务不同于其他产业服务产品的一个最大特征是其服务产品属于非物质形态。物流活动生产出来的服务产品不是有形的服务产品，而是一种同时产生于生产、销售、消费三个环节中的即时服务。一般来说，有形的商品要经过生产、储存、销售才能完成服务的提供，而物流业务本身决定了其生产就是销售，期间不需要储存环节进行调整。

3) 动态性。由于物流服务是以数量多而又不固定的客户为对象，而且地域分布较广。

同时，也因为物流服务具有附属于商品流通的特性，使得物流服务要不断适应需求者的多样性，要根据需求者的要求进行安排、调整。这就要求物流企业提供的物流服务模式要根据需求者的要求进行实时调整，以满足客户的需求，也就决定了物流服务的动态性。

4）专业性。物流企业提供的物流服务，在物流设计、物流操作过程、物流技术工具、物流设施、物流管理等方面，都会体现专业化的水准。这既是物流消费者的需要，也是物流企业自身发展的基本要求。

5）可替代性。在我国因为受到旧经济体制的影响，一般企业都可能具有自营运输、存贮等自营物流的能力，这种自营物流具有普遍性。在物流服务供给方面，物流企业在经营上具有一定难度，物流企业所提供的物流服务存在被自营物流替代的可能，这就要求物流企业的管理必须以服务为导向，使得物流服务一定要满足客户的需求，时时关注物流服务的质量。

二、物流服务产品的分类

物流服务产品按照不同的标准有不同的分类，一般按照物流的功能来分类，可以分为下述几种。

1. 基本服务

基本服务是物流的基本功能，是指一般的物流企业都能提供的物流服务，即运输、保管、配送、装卸、包装等物流的基本功能。

（1）运输。运输是物流的两大支柱之一。运输的主要功能就是使服务产品在价值链中来回移动，即通过改变服务产品的地点与位置，消除服务产品的生产与消费之间的空间位置上的背离，或将服务产品从效用价值低的地方转移到效用价值高的地方，创造出服务产品的空间效用。另外，因为运输的主要目的是以最少时间完成从原产地到规定地点的转移，使服务产品在需要的时间内到达目的地，创造出服务产品的时间效用。

（2）保管。保管是物流服务的第二大职能，实现了物流的时间价值，主要包括储存、保管、加工、整合、分类和转运等。

企业既可以构建仓库，或租用仓库，来对服务产品进行管理，也可以交给物流公司来完成这项功能。决策必须是在综合考虑了各方面因素的情况下做出的，最主要的目的是利益最大化。

（3）配送。配送是物流服务的第三大职能。配送是将货物送交收货人的一种活动，目的是要做到收发货经济，运输过程更为完善，保持合理库存，为客户提供方便，降低缺货的危险，减少订发货费用。

（4）装卸。这是为了加快商品的流通速度必须具备的功能，物流公司应该提供更加专业化的装载、卸载、提升、运送、码垛等装卸搬运机械，以提高装卸搬运作业效率，缩短订货周期 OCT（Order Cycle Time），减少作业对商品造成的破损。

（5）包装。物流的包装作业目的不是要改变商品的销售包装，而在于通过对销售包装进行组合、拼配、加固，形成适于物流和配送的组合包装单元。

（6）流通加工。流通加工的主要目的是方便生产或销售，物流企业常常与客户进行长期合作，为客户完成一定的加工作业，比如贴标签、制作并粘贴条形码等。

（7）信息处理。由于现代物流系统采用信息化管理，因此可以将物流活动中的信息及时输入物流信息系统，实现信息共享，以便客户查询信息。

2. 增值物流服务

增值物流服务是在提供基本服务的基础上，满足客户的要求，提供不同于其他物流企业的物流服务。它是现代物流与传统物流的区别点，是企业的闪光点。在竞争不断加剧的市场环境下，物流企业要在完成物流基本功能的基础上，根据客户需求提供各种延伸业务活动，提供尽可能多的增值服务。

（1）一般的附加增值服务包括：

1）订单处理，包括订单的收取或记录、货物的查询、订单的确认、发货通知、缺货处理等；

2）货物的再包装与简单的流通加工；

3）代办货物保险；

4）代办报关；

5）代收货款；

6）货物回收/替换等。

（2）高级的物流增值服务包括：

1）库存分析与控制；

2）销售预测；

3）供应链设计和管理，经销渠道、采购渠道的设计，供应商和经销商的协调与管理建议；

4）物流系统规划；

5）物流成本核算分析等。

三、物流服务产品组合

物流服务产品组合是指物流企业为了满足不同客户的需求，开发的服务种类及服务产品的组合，是物流企业经营的全部服务产品线、服务产品项目的组合。物流服务产品组合既反映了物流企业的经营范围，又反映了物流企业的市场开发深度。

1. 物流服务产品组合的相关概念

物流服务产品组合的宽度是指服务产品组合中所拥有的服务产品线的数目，例如，上海全方物流公司目前有快速运输、配送、保管、流通加工四个服务产品大类。

物流服务产品组合的长度是指服务产品组合中服务产品项目的总数，如以服务产品项目总数除以服务产品线数目即可得到服务产品线的平均长度。

物流服务产品组合的深度是指一条服务产品线中所含服务产品项目的多少。

物流服务产品组合的关联性是指各条服务产品线在最终用途、生产条件、分配渠道或其他方面相互关联的程度。例如，装卸搬运和仓储服务服务产品线。另一些服务产品可能在生产技术上关联性较低，但在最终用途上或在销售分销渠道上关联性较高。

2. 物流服务产品组合的种类

根据服务产品组合的四种尺度，物流企业可以采取以下四种方法发展业务组合。

（1）加大服务产品组合的宽度，扩展企业的经营领域，实行多样化经营，分散企业的投资风险。

（2）增加服务产品组合的长度，使服务产品线丰满、充裕，成为更全面的服务产品线公司。

（3）加强服务产品组合的深度，占领同类服务产品的更多细分市场，满足更广泛的市场需求，增强行业竞争力。

（4）加强服务产品组合的一致性，使物流企业在某一特定的市场领域内加强竞争和赢得良好的声誉。

因此，服务产品组合决策就是企业根据市场需求、竞争形式和企业自身能力对服务产品组合的宽度、长度、深度及关联性方面做出的决策。

四、物流服务产品组合策略

物流服务产品组合策略是指根据物流企业的目标，对服务产品组合的宽度、深度及关联程度进行组合决策。企业在调整服务产品组合时，可以针对具体情况选用以下几种服务产品组合策略。

1. 扩大服务产品组合策略

扩大服务产品组合策略是开拓服务产品组合的广度和加强服务产品组合的深度。开拓服务产品组合的广度是指增添一条或几条服务产品线，扩展服务产品经营范围。加强服务产品组合的深度是指在原有的服务产品线内增加新的服务产品项目。具体方式有：

（1）在维持原服务产品质量和价格的前提下，增加同一服务产品的规格、型号或款式。

（2）增加不同质量和不同价格的同类服务产品。

（3）增加与原服务产品相关联的服务产品。

（4）增加与现有服务产品使用同一材料或相同生产技术的其他服务产品。

（5）增加可获得较高利润而与现有服务产品无关的服务产品。

2. 缩减服务产品组合策略

缩减服务产品组合策略是削减服务产品线或服务产品项目，特别是要取消那些获利小的服务产品线以便集中力量经营获利最大的服务产品线或服务产品项目。缩减服务产品组合的方式有：

（1）不增加服务产品线和服务产品项目，只增加产量，同时降低成本。

（2）缩减服务产品线，企业根据自身特长和市场的需要，只生产经营某一个或几个服务产品线。

（3）缩减服务产品项目，在一个服务产品线内取消一些利润较低的服务产品，尽量生产利润较高的少数服务产品。

3. 改变物流服务档次策略

在保持物流服务组合长度不变的情况下，物流企业调整服务线内物流服务产品的价格，来实现服务产品档次的变化。具体有以下三种策略：

（1）高档物流服务产品策略。在原有的低价服务产品线内增加高档次、高价格的服务产品项目，也就是物流企业在原来收费较低的服务线的基础上，增加收费较高的物流服务项目。

（2）低档物流服务产品策略。在原有的高价服务产品线中增加低档次、低价格的服务产品项目，也就是物流企业在原来收费较高的服务线的基础上，增加收费较低的物流服务项目。

（3）双向物流服务产品策略。在原有的中档服务产品线中增加高档次、低档次服务产品项目，也就是物流企业在原来收费一般的服务线的基础上，增加收费较高和较低的物流服务项目。

4. 特殊能力和特殊服务产品策略

特殊能力和特殊服务产品策略是企业借助于自身独一无二的特殊服务能力，向客户提供满足其特殊要求的物流服务，这样可以形成自身的特色服务，免去竞争者的威胁。例如，向客户提供夜间服务、GPS实时跟踪等特殊服务。

5. 服务异样化和服务细分化策略

服务异样化是指物流企业改变原来的服务形态，形成区别于其他物流企业的增值服务，来吸引客户，并以此挖掘更多的客户。

服务细分化策略是从物流服务客户的需求出发，体现了营销观点，是一种很有前途的策略。

任务二　制定物流服务价格组合策略

[案例引入]

“双十一”价格战打响　顺丰速运也来凑热闹

背景描述：

据业内人士透露，顺丰速运在“双十一”期间全面打响了电商快递价格战，针对天猫、淘宝、聚划算等淘宝系电商平台的快件，全面实施5折优惠。该业内人士同时还指出，顺丰此举是为了借“双十一”大促，与“四通一达”等电商快件“专业户”争夺市场。

对此，顺丰方面并未予以正面回应，而该业内人士则表示，该消息十分可靠，并且会很快对外公布。

顺丰此前在淘宝快件市场中表现得不温不火，价格因素起到了主导作用。从价格上分析，一向以中高端快递形象示人的顺丰、宅急送等快递品牌，的确存在降价空间，但其主打的客户群多属“高富帅”，且并不以电商市场为主。相关数据显示，每逢天猫、淘宝大促，顺丰均有参战，但在淘宝系的快件量中仅占4%，相反，申通、圆通两家快递公司则占据将近70%的市场。

据了解，目前天猫、淘宝上使用顺丰速运的卖家主要集中在部分商品单价较高的卖家。这些卖家通常有能力消化顺丰快件的高价格，又或者买家多属于非价格敏感型人群，并对运送质量、安全有特殊要求。

业内人士认为，顺丰在“双十一”期间掏出5折的底牌，对淘宝卖家而言的确具有诱惑力。尤其是面对爆仓、送货迟缓等老问题，顺丰的低价介入，可在一定程度上缓解卖家的发货烦恼，从而借机在“四通一达”手中“劫走”大批客户。

“但顺丰绝对不会将5折持续下去，因为这样做不仅会折损品牌价值，也会让其陷入价格战的泥沼。”某上海快递公司人士称。虽然降价会很有竞争力，但“四通一达”等快递企业以价换量的做法，已经让快递价格降至谷底，缺乏下调的空间。而随着人力、土地、燃油成本的日益上扬，价格战根本无法持久。

降价策略的背后实则是一种降低市场效率的行为。以顺丰此前推出的“顺丰特惠”为例，虽然与顺丰标准快件相比首重价格优惠了4～6元、续重价格低至5～7折，但由于选择陆运，在配送速度上比顺丰标准快递慢一天以上。

不过，对于刚刚拿到首轮外部融资的顺丰而言，如果能够借“双十一”之势，顺利杀入淘宝快件市场，则会进一步稳固其市场地位。未来阶段，对于“菜鸟”智能物流网络的兴起，也会起到一定的牵制作用。

思考题：

1. 顺丰速运物流服务产品定价的影响因素有哪些？
2. 如何进行物流服务产品定价？

[相关知识]

【想一想】DHL和宅急送的服务价格

DHL是一家全球性的国际快递公司，提供专业的运输、物流服务，为全球最大的递送网络之一，在五大洲拥有将近34个销售办事处以及44个邮件处理中心。其运输网络覆盖全球228个国家和地区的120 000多个目的地（主要城市）。DHL的快递服务按区域定价，将228个国家划分成10个区，每个区内不同的国家采用相同的价格，操作方便。宅急送快运服务公司按服务水平定价，根据不同的服务期限（如12小时内、24小时内、1～2天等）到达不同的区域来制定价格，这样客户可以选择适合自己的服务方式，企业可以在承诺的期限内灵活地选择运输方式来满足客户的需求。

分析：不同的物流企业可以选择适合自己的物流服务定价策略，只要能满足不同层次客户的需求即可。

一、物流服务产品定价的一般流程

1. 确定定价目标

在市场经济中，物流企业的最终目的是使企业能生存、发展和壮大。为达到这一最终目标，物流企业必须确定其近期和远期的不同发展目标，并努力采取各种措施去实现其发展目标，而价格是为实现其目标所需运用的最重要的手段之一。物流企业根据其发展目标制定物流服务的价格，物流服务的定价应服从和服务于企业目标。通常，物流企业定价目标主要有以下几种：

(1) 维持企业生存发展。对于物流企业来说，当行业竞争日趋激烈或者其提供的物流服务供应大于市场需求时，物流企业的发展目标就应是维持企业的生存发展，此时物流企业在对其物流服务的定价时不宜过高，否则，物流企业服务产品将在市场上失去竞争力而危及其生存发展。

(2) 实现企业利润最大化。当物流行业市场处于初始发展阶段，市场竞争相对较小或其提供的物流服务供不应求或物流服务在市场上处于绝对竞争力等时，企业可制定相对其成本来讲较高的价格，实现物流企业利润最大化。如我国现阶段能提供高效优质物流服务（指相对于其他大多数物流企业来讲）的物流企业可根据此制定其物流服务的价格。

(3) 扩大市场占有率。当物流企业以扩大市场占有率为发展目标时，就应通过物流服务价格的变化来实现其市场占有率的扩大，物流企业可制定尽可能低的物流服务价格或根据主要的竞争对手的服务产品价格调整其物流服务的价格。

(4) 提高服务产品质量。物流企业也可能考虑以物流服务质量领先作为其目标，因其提供的物流服务为无形服务产品，不同物流企业提供的劳务质量的高低会直接影响消费者的消费决定。

2. 估计成本

在估计成本时，不仅应估计物流公司服务项目的服务成本，还应考虑企业经营的固定成本和变动成本。如由于物流市场的服务价格受燃油、货币、季节、技术条件等多方面因素的影响，价格波动频繁，这时应重视市场价格的变动及其对物流服务成本的影响。

3. 分析竞争对手

物流服务定价不仅要满足客户价格期望，还要分析竞争者价格状况，以在市场中提供比竞争者更好、更有竞争力的物流服务质量和价格性价比。

4. 选择定价方法

根据前面的分析结果，结合企业目标、客户需求、市场状况和竞争环境等诸多因素选定具体的策略与方法。

5. 确定最终价格

根据各项物流服务成本总和、物流企业经营的固定成本和可变成本及各项影响因素，来决定物流服务的最终价格。

二、影响物流服务产品的定价因素

1. 企业外部因素

(1) 社会劳动生产率。社会劳动生产率反映行业间的平均技术水平和劳动强度，它的变化会引起单位服务产品价值的变化，而作为服务产品价值的货币表现形式的价格就跟随其变化。

（2）市场需求。市场需求变动影响价格，当物流服务的市场需求大于供给时，价格就会高一些；当物流服务的市场需求小于供给时，价格就会低一些。反过来，价格变动影响市场需求总量，因此物流企业制定价格就必须了解价格变动对市场需求的影响程度，即商品的需求价格弹性系数。

需求价格弹性系数是指由于价格的相对变动，而引起的需求相对变动的程度，一般用 Ed 表示。其计算公式为：

Ed＝需求量变化的百分比/价格变化的百分比

$$Ed=\frac{\Delta Q/Q}{\Delta P/P}=\frac{\Delta Q}{\Delta P}\cdot\frac{P}{Q}$$

Ed 的绝对值大小反映物流服务产品需求弹性的强弱。$|Ed|>1$，物流服务产品富有弹性；$|Ed|<1$，物流服务产品缺乏弹性；$|Ed|=1$，物流服务产品弹性均匀。

弄清楚不同服务产品需求具有的不同弹性后，将便于在对不同服务产品进行定价时的决策更合理、更科学。

（3）竞争者行为。为了更准确地为企业物流服务定价，企业应采取适当方式，了解竞争对手物流服务的质量和价格。企业在获得对手相关信息后，才可与竞争服务产品比质论价。一般来说，如果二者质量大体一致，则二者价格也应大体一样。如果企业的服务产品质量较高，则服务产品价格也可以定得较高；如果企业服务产品质量较低，那么服务产品价格就应定得低一点。还应看到竞争对手也可能随机应变，针对企业的服务产品价格而调整其价格，也可能不调整价格而调整市场营销组合的其他变量，与企业争夺客户。

（4）政府干预。由于价格是关系国家、企业和个人三者之间的物质利益的大事，与人民生活和国家的安全息息相关。因此，国家常常会通过制定物价工作方针和各项政策，对价格进行管理控制或干预。因此，国家有关方针政策对市场价格的形成有着重要的影响。

2. 企业内部因素

（1）成本。物流企业不可能随心所欲制定服务产品或劳务的价格。物流服务价格受众多因素的影响，物流成本是影响物流服务价格制定的最基本因素，许多物流服务价格取决于成本，物流服务的最低价格不能长期低于物流服务成本，否则企业将无法经营。因此，物流企业制定价格时必须估算成本，否则就制定不出合理的价格。

物流成本就是在物流过程中，为提供有关服务所要占用和耗费的一定的活劳动和物化劳动中必要劳动的价值的总和。对于物流企业而言，物流成本有广义和狭义之分。狭义的物流成本仅指由于物品移动而产生的运输、包装、装卸等费用。具体对于流通企业而言，其物流成本更侧重于狭义的物流成本。

（2）服务产品因素。物流服务是营销活动的基础，必须对物流服务进行具体分析。如果物流企业提供的物流服务是市场上独一无二的物流服务，在定价时就会有很大的自主权；如果提供的物流服务和竞争对手相似，在定价时的自主权就很小；如果物流服务的声誉好，物流企业定价的灵活性就大，能够把物流服务的价格定得适当高一些。

(3) 销售渠道与促销宣传。销售渠道的选择与建设、中间环节的多少也影响着物流服务的价格。

(4) 企业的整体营销战略与策略。物流企业在市场营销活动中，需要制定物流市场营销战略和策略，而价格决策作为市场营销决策体系的重要组成部分，必须服从市场营销战略实现，同时也要配合物流服务产品策略、销售渠道策略的制定和实施。

三、物流企业服务产品定价基本方法

1. 成本导向定价法

成本导向定价法主要是从企业的角度来确定服务产品的价格，制定相关服务产品的价格必须考虑服务产品的成本和利润，以物流服务的成本作为制定价格的基础的方法。成本导向定价法主要包括以下两种具体方法：

(1) 成本加成定价法。这种方法就是按服务产品单位成本加上一定比率的利润制定服务产品的价格。加成的含义就是一定比率的利润。其计算公式为：

$$P=C(1+R)$$

式中：P 为单位成本，C 为单位服务产品成本，R 为成本加成率或预期利润率。

例：某企业单位服务产品成本（由单位劳动力成本、原材料成本、电力消耗、工具成本、日常开支成本汇兑）为 12.32 元/个服务产品，企业的预期利润率为 20%。则该服务产品的销售价格是多少？

单位服务产品售价$=C(1+R)=12.32\times(1+20\%)=14.78$（元/个服务产品）

(2) 目标利润定价法。这是根据企业所要实现的目标利润来定价的一种方法，主要是以企业想达到的利润目标为出发点来制定服务产品价格的。目标利润法的基本公式为：

单位服务产品价格＝(固定成本＋变动成本＋目标利润)/预计销量

例：某公司 9 月份计划周转量为 5 000 千吨公里，单位变动成本为 150 元/千吨公里，固定成本为 20 万元，目标利润为 30 万元。则单位运价是多少？

单位运价＝(固定成本＋变动成本＋目标利润)/预计周转量

$=(200\,000+150\times5\,000+300\,000)/5\,000$

$=250$（元/千吨公里）

2. 需求导向定价法

这种方法是从客户的需求和欲望出发来确定服务产品价格的，但这并不意味着所提供的服务产品的价格是尽可能最低的。

(1) 理解价值定价法。理解价值定价法是企业根据消费者对商品或劳务价值的认识而不是根据其成本来制定价格的定价方法。企业利用各种营销因素，从提供服务的质量、价格等方面，为企业树立一个形象，然后再根据客户对于这个形象的理解定价。这种价格定价方法必须建立在市场调研的基础上。

（2）区分需求定价法。区分需求定价法就是物流企业在不同季节、不同时间、不同地区，针对不同供货商的适时变化情况，对价格进行修改和调整的定价方法。例如，物流企业从事业务运作的区域主要物流业务的市场成交价可以分线路、分车型、分业务量进行公路运输定价。

（3）习惯定价法。习惯定价法是物流企业依照长期被客户接受的价格来定价的一种方法。有些服务客户已习惯按某一价格购买，即使成本降低，也不能轻易减价，减价容易引起消费者对服务质量的怀疑；反之，服务成本增加，也不能轻易涨价，否则，将影响其销路。例如，当每千米的运输价格确定后，即使燃料的价格发生变动，其运输价格也不轻易发生变动。

3. 竞争导向定价法

物流企业以竞争对手的价格作为依据来制定价格也是企业常用的定价方法，即所谓的竞争导向定价法。

（1）随行就市定价法。这是以同行的平均现行价格水平或“市场主导者”（指在相关服务产品市场上占有率最高的企业）的价格为标准来确定本企业价格的方法。这种定价方法以竞争对手的价格为依据。当物流企业难以估算成本或打算与同行和平共处或无法确定竞争状态时，采用此方法。这种方法简单易行，可以获得公平的报酬。

（2）投标定价法。这种方法一般是由买方公开招标，卖方竞争投标，密封递价，买方按物美价廉原则择优选取，到期当众开标，中标者与买方签约成交。这种方法往往是买方市场（即服务产品供大于求的市场），由买方掌握主动权来运用。运用此种方法和拍卖定价法时，企业对服务产品的定价权实际上已在某种程度上转移到了买方。

（3）拍卖定价法。物流企业通过创造一种竞买的环境来实现物流服务产品的定价。

四、物流服务产品定价技巧

前述定价方法是依据成本、需求和竞争等因素决定服务产品或劳务基础价格的方法。基础价格是单位服务产品在生产地点或者经销地点的价格，尚未计入折扣、折让、运费等对商品或劳务的影响。为了适应市场的变化，物流企业还需考虑或利用灵活多变的定价策略或技巧，修正或调整物流服务的基础价格。

1. 折扣、折让定价

物流企业为了鼓励客户及早付清货款，大量购买、淡季购买，还可酌情降低其基本价格，这种价格调整叫作价格折扣、折让，分为以下几种：

（1）现金折扣，是指对按约定日期或提前以现金付款的客户，根据其所购买服务产品原价给予一定的优惠。例如，典型付款期限折扣按下式表达：“2/10，净 30”。表示付款期限为 30 天，如客户在 10 天内付款，给予 2%的折扣；超过 10 天付款，不给折扣；超过 30 天付款，通常要加收较高的利息。

（2）数量折扣。数量折扣是根据每次或某一时间段内的客户需要服务业务的数量或金额的大小，分别给予不同的价格待遇的定价技巧。客户购买的物流服务数量越多，得到的折扣就越大。数量折扣可分为累计折扣和非累计折扣。累计折扣就是规定在一定时间内购买总数达到一定数额时，按总量给予一定的折扣。非累计折扣规定顾客一次购买达到一定数量或购买多种服务产品达到一定金额的为一批量，并据此给予一定价格折扣。

（3）季节折扣。季节折扣是指企业在淡季给予客户一定的价格折扣，以刺激客户需要。例如，客户对冷冻车的需求在冬天和夏天不一样，冬天可以给客户一定的折扣。

2. 地区定价技巧

所谓地区定价技巧是指物流企业对于提供给不同国家、不同地区（包括当地和外地不同地区）客户的物流服务产品，分别制定不同的价格。

3. 心理定价技巧

心理定价技巧主要是通过分析和研究客户的消费心理，利用客户不同心理需求和对不同价格的感受，有意识地运用到服务产品或服务定价中去，以促进服务产品的销售。

（1）声望定价。物流企业利用客户仰慕企业的良好声望所产生的某种心理，制定商品价格，故意把价格较高的价格。

（2）招徕定价法。物流企业利用客户的求廉心理，将某些服务价格定得较低（低于正常价格，甚至低于成本）以吸引消费者。例如，大客户往往是物流公司争相合作的对象，所以提供给大客户的服务价格偏低，甚至不盈利。

（3）尾数定价法。客户乐于接受和喜欢尾数定价，而不喜欢整数定价。

（4）分级定价法。物流企业把物流服务产品按照档次分成几级，每一个级别定一个价格，满足消费者心理的定价方法。

4. 差别定价

差别定价就是根据交易对象、交易时间和地点等方面的不同，制定出两种或多种不同价格以适应消费者的不同需求，从而扩大销售，增加收益。差别定价的主要形式如下：

（1）按不同的客户差别定价。物流企业按照不同的价格把同一种物流服务卖给不同的客户。如物流企业可针对客户是新客户还是老客户，是长期固定客户还是一次性客户，在运输、仓储、包装、配送、装卸搬运、流通加工等的劳务服务收费给予不同的价格。

（2）按服务产品部位差别定价。企业对于处在不同位置的服务产品或服务分别制定不同的价格，即使这些服务产品或服务的成本费用没有差别。例如，物流企业可根据不同商品在保管时环境条件导致的位置有区别地收费，以使位置等条件较差仓库也能有货物存放并取得仓储费用收入。

5. 新服务产品定价

新服务产品定价的合理与否，关系到新服务产品能否打开销路占领市场。

对于物流企业来说，因其提供的服务产品主要是各种劳务服务，随着市场的日趋成熟和完善，是否能有服务产品创新以及创新服务产品质量的高低对物流企业的市场竞争力强弱有重要影响。

（1）撇脂定价法。对于创新服务产品的定价可采用撇脂定价法，撇脂定价法也称高价定价，即将新服务产品或服务的价格定得较高，尽可能在服务产品市场生命初期赚取最大利润。

（2）渗透定价。对于创新服务产品的定价可采用渗透定价，渗透定价也称低价定价，即将服务产品或服务的价格定得低于预期价格，以迅速打开市场销路。

具体采用哪一种，需根据创新服务产品的特点来决定。对于一次性或临时性新服务产品，为较快收回成本，可采用撇脂定价技巧；而对于一些需长期生产的市场前景良好的服务产品则可考虑采用渗透定价以尽快占领市场，从而获得较长期的利润。

6. 服务产品组合定价

如果某个服务产品（服务）只是某一服务产品（服务）组合的一部分时，企业必须制定一系列的价格，从而使服务产品组合取得最大的利润。例如，综合物流企业可将物流方案设计、服务产品运输、装卸搬运、包装、配送、流通加工、仓储中的全部或若干项捆绑成一组服务产品销售，且其定价比该组服务产品中的单项服务产品价格之和有较大让利，则此时可能就会吸引客户购买该组服务产品，以便使企业获得更多的利润。

任务三　制定物流服务渠道策略组合

[案例引入]

安利在中国的渠道转型

背景描述：

创立于1959年的美国安利公司是世界知名的日用消费品生产商及销售商，业务遍及五大洲80多个国家和地区，以安利（Amway）为商标的服务产品共有5大系列、400余种，全球员工超过1.2万人，营销人员超过300万人。2002年，安利在全美500家最大私营企业中排名第27位，50大家居与个人用品制造企业排名第4位。公司总资产达380亿美元，45年持续增长，从未向银行贷款，保持“无借款经营”的纪录。由于安利公司的两位创始人狄维士和温安洛都是推销员出身，所以近五十年来直销一直被安利公司看作最有效的营销方式，然而，当安利兴冲冲地将这种营销模式导入中国的时候，他们却遇到了前所未有的尴尬。

1995年，安利正式落户中国，他们在广州投资一亿美元建成了安利在海外唯一的现代化日用消费品生产基地，欲在中国掀起一场安利的直销风暴，可是很快国内形形色色打着直销旗号的传销诈骗活动搅乱了安利的市场前景。1998年4月21日，国务院《关于禁止传销经营活动的通知》出台，对传销（包括直销）活动加以全面禁止。对于安利来说，1998年无疑是它在中国的一个分水岭，同年4月在中国的业务被禁，安利开始在中国寻求新的生存方式。1998年6月18日，国家工商局颁发《关于外商投资传销企业转变销售方式有关问题的通知》，准许部分外资传销企业转为店铺经营，并可以雇用推销员。1998年

7月经批准，安利（中国）日用品有限公司正式采用新的营销方式，由直销改为“店铺+雇用推销员”的经营模式，自此，安利40多年来在全球80多个国家和地区均通过直销员销售服务产品的传统被彻底打破。转型后的安利把原来分布在全国20多个分公司改造成为第一批店铺，以后又陆续对这些店铺进行扩充。所有服务产品明码标价，消费者可以直接到专卖店中自行选购，杜绝推销员自行定价带来的问题。新的经营模式给消费者带来了新的选择，同时也让安利做出了新的尝试，突破了原有的直销模式。多种销售方式并举，对于融入中国国情的安利来说也是一种挑战。

“店铺+雇用推销员”模式是安利在中国渠道转型的最主要内容。安利公司创办人之一狄维士针对这一转型直言：“这是安利41年来前所未有的革命!”总裁黄德荫将“店铺+雇用推销员”渠道模式的优势总结为下列三个方面：一、保证了服务产品质量：通过直销模式，安利的消费者基本上不会遇到假冒伪劣的服务产品；二、提供了很好的销售渠道：店铺既是公司形象的代表，又为营销人员提供后勤服务，还直接面对普通消费者，消费者和政府都因为店铺的存在而更加放心；三、这种模式可直接受益于安利（中国）积极的市场推广手法。安达高公司执行副总裁BillPayne这样总结安利的变革：“到目前为止，这种经营方式非常有效。第一，自设店铺提高了公司透明度，让消费者有一个自愿选货、进货和成为优惠顾客的机会；第二，安利目前在全国120家店铺的所有服务产品都明码标价，公开的价格避免了哄抬价格的可能；第三，营业代表的推销弥补了销售网点的不足，提升了服务素质，让消费者享受到更直接、更亲切的售前、售后服务。”

“店铺+雇用推销员”的新型渠道成功地推进了安利在中国的转型进程，而与此同时，安利对员工的管理整顿也在加紧进行。从2002年1月开始，安利（中国）公司停止了新营业代表的加入，并对现有人员进行培训和全面的整顿，所有营销人员都是安利的合约雇员，这就意味着安利必须承担每一位推销员的职务行为所引起的法律责任，新推销员加入不会给任何人带来收入。在对推销员的管理方面，安利进一步加大了透明度，制定了一系列精确的制度，并且十分严格地加以实施。从2002年1月至今，安利（中国）已清除了近600名身份为公务员、军人或学生等不符合从业规定的销售人员。推销队伍从2001年初的13万人锐减至7万人。同时，安利（中国）还加强了对营销队伍的管理，通过培训和严格的奖惩制度来规范其推销员的行为。2002—2003财政年度，安利（中国）共查处各类违规行为1 649起，处分营销人员2 317人。

安利的渠道转型为其带来了巨大的市场收益。公司财务报告显示，在2002—2003财政年度报告中，安利（中国）的销售额已超过10亿美元，在公司49亿美元的全球销售额中占据二成。2003年8月，安利公司在大中华区的销售业绩已超过美洲地区，中国成为安利全球营业额最大的市场。正如安达高公司执行副总裁BillPayne所说：“我们重视中国市场，我们尊重中国国情，我们遵守中国规则，因此我们改变自己的经营模式来适应中国，做这一切的结果是：我们赢得了中国市场。”总裁黄德荫说：“经过短短9年的发展，中国已经超过拥有45年历史的美国市场，成为安利在全球的最大市场。安利（中国）的成功充分说明了规范经营的直销企业，在快速发展的中国市场上的广泛空间。”在2002年翰威特咨询公司和《亚洲华尔街日报》《远东经济评论》联合发布的“2001年亚洲最佳雇主评选”中，安利（中国）名列榜中。在《财富》（中国版）评出的“2002年最受赞赏的50家外商投资企业”中，安利（中国）也榜上有名。根据独立市场调查公司于2004年初进行的一项调查，安利（中国）的知名度和美誉度分别达到了93%和75%。

思考题：

1. 安利是如何进行渠道转型的？
2. 安利的渠道转型为其带来了哪些收益？

[相关知识]

【想一想】DHL公司在亚洲采用的渠道策略

DHL公司在经营中最擅长的是以市场为中心，通过联合会协议的形式对别人的资产加以利用。DHL反对进行大规模固定资产投资，只要有可能，就千方百计借别人的优势为其所利用。比如，DHL经常利用商业航空公司的货运能力，虽然在有些地方，DHL也使用自己的飞机，但是在亚洲DHL几乎完全依靠Cathay Pacific航空公司，在美国和美国西北航空公司有着密切的联系。

分析：DHL在亚洲采用间接渠道策略，正是这种独特的经营方式，使得DHL在保证自身利润的前提下，可以拿出更多的资金用于合作。

一、物流服务营销渠道策略的简述

渠道策略是整个营销系统的重要组成部分，对降低企业成本和提高企业竞争力具有作用。随着市场经济的发展，物流企业的营销渠道应不断变化，它包括渠道的拓展方向、分销网络建设和管理、区域市场的管理、营销渠道自控力和辐射力的要求。

二、物流服务营销渠道设计的影响因素

1. 服务产品因素

（1）价值大小：物流服务单位价值越小，营销渠道越多，路线越长；反之，单价越高，路线越短，渠道越少。

（2）技术性和售后服务：具有高度技术性或需要经常服务的物流服务，营销渠道要短。

（3）物流服务的级别：物流服务，特别是增值服务，往往要通过中间商销售。

（4）新服务产品：为了较快地把新服务产品投入市场、占领市场，物流企业应组织推销力量，直接向消费者推销。

2. 市场因素

（1）潜在顾客的状况：如果潜在顾客分布面广，市场范围大，就要利用长渠道，广为推销。

（2）市场的地区性：目标市场聚集的地区，营销渠道的结构可以短些。

（3）客户购买习惯：客户对物流服务产品的购买习惯、最易接受的价格、购买场所的偏好、对服务的要求等直接影响分销路线。

（4）物流服务的季节性：具有季节性的物流服务产品应采取较长的分销路线。

（5）销售量的大小：一次销售量大，可以直接供货，营销渠道就短；一次销售量少，就要多次批售，渠道则会长些。

3. 消费者的因素

物流企业要尽量避免和竞争者使用一样的分销渠道。一方面，如果竞争者使用和控制着传统渠道，企业就应当使用其他不同的渠道或途径推销其服务产品。另一方面，由于受消费者消费习惯的影响，有些物流服务产品的企业不得不使用竞争者所使用的渠道。

4. 物流企业自身的因素

物流企业为了实现其战略目标，在策略上需要控制市场零售价格，需要控制分销渠道，这就要加强销售力量，从事直接销售，使用较短的分销渠道。

5. 环境因素

影响渠道结构和行为的环境因素既多又复杂，包括以下几个方面：

（1）社会文化环境。社会文化环境包括一个国家或地区的思想意识形态、道德规范、社会风气、社会习俗、生活方式、民族特性等许多因素。

（2）经济环境。经济环境是指一个国家或地区的经济制度和经济活动水平，包括人口分布、资源分布、经济周期、通货膨胀、科学技术发展水平等。经济环境对渠道的构成有重大影响，例如，生产太集中，人口分布面广，分销渠道就长。

（3）竞争环境。竞争环境是指其他企业对某分销渠道及其成员施加的压力。竞争会影响渠道行为，一个渠道成员在面临竞争时有两种选择：一是跟竞争对手进行一样的业务活动，但必须比竞争对手做得更好；二是可以做出与竞争对手不同的业务行为。

三、物流服务营销渠道类型

1. 按照营销渠道有无中间环节划分

按照营销渠道有无中间环节来划分，营销渠道可分为直接营销渠道与间接营销渠道。

（1）直接营销渠道。直接营销渠道又称零层营销渠道，是指物流服务产品从物流企业流向最终消费者或用户的过程中不经过任何中间环节的营销渠道直接营销渠道是一种短营销渠道。直接销售的主要方式有：上门推销、邮购、电话市场营销、电视直销和物流企业自有客服中心。

（2）间接营销渠道。间接营销渠道是指服务产品从物流企业流向最终消费者或用户的过程中经过一层或一层以上的中间环节的营销渠道。间接营销渠道是一种长营销渠道，物流服务的特许经营是其销售的主要方式。

2. 按照营销渠道同一层次环节的多少划分

按照营销渠道同一层次环节的多少来划分，营销渠道可分为宽营销渠道与窄营销渠道。

（1）宽营销渠道。宽营销渠道是指物流企业经过多个同种类型的中间商，把物流服务转卖给消费者或用户的一种营销渠道。

（2）窄营销渠道。窄营销渠道是指只使用几个同类中间商销售物流服务产品的营销渠道。

四、物流服务营销渠道设计的一般流程

1. 分析最终用户需求

物流服务产品的最终目的是满足客户的需求，因此物流企业渠道设计首先要分析物流服务的最终用户需求，物流服务产品究竟是卖给哪些人的，这些人在什么情况下是如何使用的，为什么会购买物流服务，物流服务最终适应哪一类市场的需求，对这些问题物流企业的管理者和销售人员都要弄清楚。

2. 定位目标市场

物流企业分析最终用户需求时，往往会发现很多市场机会点，但不同物流企业的经营目标与经营能力不一样，物流服务产品对于目标市场的选择性与适应性就有很大的差别。定位目标市场，要通过 5W1H 分析法（何时、何地、何物、何人、为什么、如何购买），清晰地界定物流服务的目标市场在哪里。

3. 寻找渠道最佳接触点

物流企业在考虑渠道设置与消费者的最佳接触点时，要以物流行业的竞争对手为参照物，更加突出自身的竞争优势。

4. 设定渠道结构

物流企业的渠道结构包括渠道的结构及层次、每个渠道层次的业务目标、代理商区域划分等。

物流企业设计渠道层级，要根据目标客户、区域市场差异化、物流企业的目标与发展阶段来选择渠道层级。渠道之间的层级越多，意味着分享利润的环节越多。

合理选择了渠道层级，就要为每个渠道层级设置合理的目标，即具体数量的要求，包括销售、回笼、库存、周转率、零售、分销等。

代理商之间或每个经销商之间均应有区域的划分，否则就会乱套。企业应该合理设置网点数量、合理选择经销商。

5. 选择品类组合

选择具有相同流通属性与相同目标市场的物流服务产品进行品类组合，目的有三个：一是防止经销商之间的过度竞争，保障经销商间的合理利润；二是不同市场层级的消费者物性差异化；三是创造比竞争对手更强的竞争优势。

6. 制定渠道驱动政策

物流企业对经销商的吸引与控制条件，是决定渠道好坏的重要因素与关键因素，即渠

道驱动因素。常见的渠道驱动因素有服务产品核心竞争力、市场管理能力、价格政策、渠道返利政策、市场推广政策等。

7. 渠道运营

渠道运营工作就是对上述政策的具体执行。渠道运营本质上体现一个企业的管理能力与执行能力。具有极高的渠道运营质量的企业，可以吸引一大批具忠诚度与具实力的核心经销商。

8. 渠道评估

物流企业在渠道运营的过程中，要进行渠道运营评估，淘汰不合格的经销商或使经销商放弃经营物流企业的服务产品。

五、典型的物流服务渠道策略组合

1. 物流服务营销渠道策略的形成前提

（1）市场结构变化，物流经销商阶层形成。在物流市场的发展初期，主要是以个体货物托运站为主的很多个体物流企业，以后就有了遍布全球的个体物流经销商。如宝供物流的个体储运前身是广州的一个铁路货物转运站，总经理刘武于 1992 年承包这个铁路货物转运站时，该转运站的规模还很小。但由于刘武经营灵活，承包的货运任务大多能及时完成，使刘武的货物转运站越来越受到客户的好评。1994 年进入中国市场的宝洁公司也将业务交给这家小的铁路货物转运站去做。

（2）物流企业规模扩大，市场竞争加剧。在经济全球化和电子商务的双重推动下，物流业正在从传统物流向现代物流迅速转型并且规模不断扩大，物流企业间的竞争不断加大，为争取物流市场上的客户，必须从物流服务营销渠道入手去吸引客户。

（3）基础设施的改善。基础设施主要包括交通运输、机场、港口、桥梁、通信、水利及城市供排水供气，供电设施和提供无形服务产品或服务于科教文卫等部门所需的固定资产，它是国民生活的共同的物质基础。基础设施作为经济社会发展的基础和必备条件，需要不断改善来满足人民的需求。近几年在运输体系、银行体系、有线电视网的形成等方面都发生了很大的改善。

2. 典型的物流服务营销渠道结构

（1）全国渠道结构。在中国这样的国家，全国性公司的完整营销网络应包括以下几个环节：总部（总经销商）、省级经销商（通称一级经销商）、地级或省内几个区域经销商（通称二级经销商）、县级经销商（通称三级经销商）。

（2）典型总代理制。主要表现形式为典型的省级总代理或大区域总代理制。

（3）物流企业分支机构。物流企业的分支机构主要表现在不同的区域设置分公司和办事处。这样做可以利用经销商的网络，迅速推广物流服务产品，并且短期内可以直接交易，费用低。

任务四　制定物流服务促销策略组合

[案例引入]

美国波音公司促销策略

背景描述：

美国波音公司可谓是当今世界最有财力的大企业之一，它不仅以制造质地精良的飞机赢得了世界各国用户的欢迎，而且它对顾客竭诚周到的服务也博得了人们交口称赞。一次，阿拉斯加航空公司急需特殊降落装置，以便飞机因故降落在泥泞的临时跑道上。波音公司知道后，毫不迟疑地把这种装置送到阿拉斯加航空公司，为该公司解决了急迫的困难，这不但感动了这家航空公司，还感动了众多的乘客。还有一次，加拿大航空公司的飞机因排气管结冰阻塞，发生故障。波音公司立即派工程师乘机飞到温哥华，不分昼夜地从事维修工作，最后把故障排除了，减少了航空班机的误点时间，这也成为众人传颂的事例。

意大利航空公司DCX型客机曾在地中海坠毁，当时航空公司急需一架替代客机。意航总裁诺狄奥向波音公司董事长威尔逊提出一项特殊要求："波音公司能不能迅速送来一架波音727客机?"当时订购这种型号飞机的单子较多，至少要等两年，但波音公司考虑到意航的特殊情况，在发货表上稍微做了一下调整，并要求公司把生产排紧一点。这样，意大利航空公司在一个月内就得到了这个型号飞机，解了燃眉之急。为了感谢波音公司的优良服务，意航决定取消购买道格拉斯公司DC-O飞机的计划，转向波音公司，一下子订购了9架波音747超大型客机。可见，周到的服务是扩大销售和赢得客户的极佳通道。

思考题：

美国波音公司采用什么样的促销策略？这种策略有什么好处？

[相关知识]

【想一想】亚马逊的物流促销手段

亚马逊独辟蹊径，大胆地将物流作为促销手段，薄利多销、低价竞争，以物流服务去占领市场，招揽顾客，扩大市场份额。显然此项策略是正确的，抓住了问题的实质。据某市场调查公司最近一项消费者调查显示，网上顾客认为，在节假日期间送货服务的吸引力远远超过其他任何促销手段。同时这一策略也被证实是成功的，自2001年以来，亚马逊把在线商品的价格普遍降低了10%左右，从而使其客户群达到了4 000万人次，其中通过网上消费的达3 000万人次左右。

分析：亚马逊的物流服务不但很好地诱导了客户的需求，而且也创造了需求。亚马逊在开创自身的特色经营的同时，也提高了在客户中的信誉知名度。

一、物流服务促销策略组合的相关概念

1. 物流促销策略

促销策略是指物流企业利用各种方式与客户实现有效沟通、向客户介绍服务产品或服务，以引起客户的兴趣，提高企业知名度的各种措施。物流促销就是物流企业把其向客户提供物流服务的方式、内容、信息等通过一种或几种有效的途径传递给客户以达到吸引客户、提高企业业务量、增加利润的企业经营活动。

2. 促销策略组合

物流企业对各种促销方式的选择及在组合中侧重使用某种促销方式，一般有两种倾向：

(1) 推动策略。推动策略是物流企业运用推销人员将物流服务推向客户的策略，如图 4-1 所示。运用此策略必须加强物流营销人员培训，提升其综合素质和专业技能，加强市场调研和客户研究，了解并满足客户需求。这一策略要利用大量的人员推销其服务产品，适合于推销传统的物流项目。常见的方法有人员推销、营业推销等。

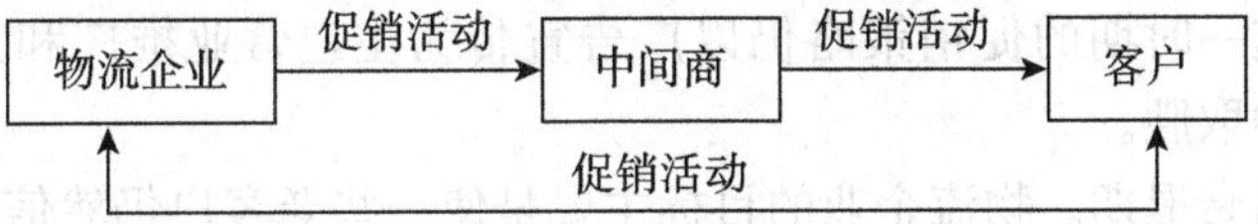

图 4-1　推动策略

(2) 拉动策略。拉动策略是物流企业针对客户展开广告攻势，把物流服务产品的信息介绍给目标市场的客户，使客户产生购买的欲望，形成市场需求，拉动需求者购买本企业的物流服务产品，如图 4-2 所示。拉动策略适合于推销创新性的物流项目。常见的方法有广告、公共关系促销等。

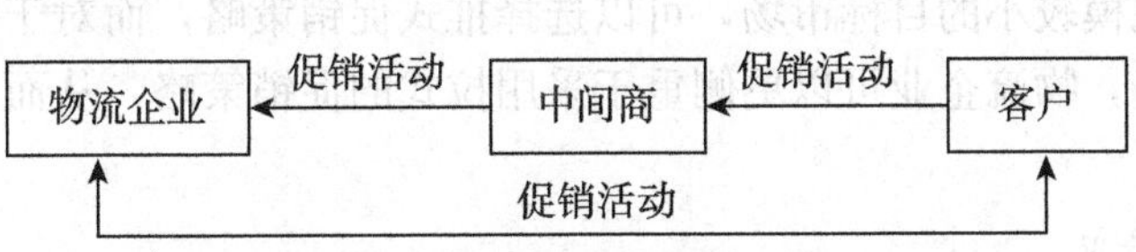

图 4-2　拉动策略

二、物流服务促销组合的影响因素

合理选择、协调、组合各种促销方式，是市场营销成功的关键之举。物流企业在进行促销活动时，应该综合考虑各方面的影响因素。

1. 物流服务产品的特点

为满足不同客户的需求，应提供不同的物流服务产品，也应采用不同的物流服务促销

策略，每种策略都各有特点，适用于不同的对象。如果是基本的物流服务，比如传统的运输服务、配送服务、仓储服务等，由于运作起来有一定的基础，可以采用推式的促销策略。而对于物流增值服务，如一些个性化的创新式服务，通过数据库和咨询服务、物流战略计划的服务等，物流企业则要更多地使用推式促销策略，以使物流服务更能满足客户的需求。

2. 物流服务产品的生命周期

物流服务产品在生命周期的不同阶段，其促销目标也有差异，所以促销策略的选择也有相应的变化。

（1）服务产品导入期。由于物流服务的知名度较低，物流企业的促销目标是提高现有客户和潜在客户对其服务的知晓程度，让客户知道会有新服务产品上市。这一时期用广告宣传形式较为适宜。

（2）服务产品成长期。物流服务开始畅销，但竞争者开始出现，物流企业的促销目标是如何吸引潜在客户，力求与老客户建立稳定的业务关系。这一时期的促销策略以广告宣传为主，人员推销形式为辅。

（3）服务产品成熟期。物流服务的市场需求趋向饱和，而且竞争日趋激烈，物流企业的促销目标是巩固物流服务产品的市场地位，尽量维持现有客户的业务联系，保持物流企业的市场份额。这一时期的促销策略仍以广告宣传为主，营业推广和人员推销的形式为辅，争取在竞争中取胜。

（4）服务产品衰退期。物流企业的目标主要是使一些老客户仍然信任本企业及其服务产品，坚持购买。因此，促销策略以营业推广为主要促销手段，广告和公共关系宣传为辅。

3. 市场状况

由于各个物流企业的目标市场规模和类型不同，应采用不同的推销策略。对于规模比较大的目标市场，物流企业应选择推式和拉式策略相结合的促销策略，以满足不同客户的不同需求。对于规模较小的目标市场，可以选择推式促销策略，而对于一些较容易接受新鲜事物的目标市场，物流企业可以更侧重于采用拉式的促销策略，从而推动企业个性化服务的发展。

4. 物流企业情况

根据物流企业的规模和资金情况不同，应采用不同的促销组合。对于小型的物流企业，规模比较小，资金力量薄弱，支付大量的广告费用比较困难，就应该以人员推销为主。对于大型物流企业，物流服务产品数量比较多，资金雄厚，有能力负担大量的广告费用，这时就应该以广告促销为主，人员推销为辅。

三、物流企业促销的主要方式

目前，我国物流企业市场营销的水平参差不齐，促销手段比较单一。实际上物流企业在促销中可以使用的方式有很多，根据信息传递的载体是否为人力，物流促销可以分为人员促销和非人员促销两大类，具体包括人员推销、广告宣传、公共关系、营业推广四种主要方式。

1. 人员推销

（1）物流企业人员推销的含义。物流企业人员推销是指物流企业派出推销人员或委派专职推销机构向目标市场的客户及潜在客户推销物流服务产品的经营活动。

（2）物流企业人员推销的特点。物流企业人员推销一般具有与客户信息沟通的双向性、促销方式的灵活性、沟通对象的针对性、沟通过程的情感性、推销人员角色的双重性、推销队伍的团队性等特点。

（3）人员推销的方法。推销员的工作就是向不同的客户推销物流服务产品，不同的客户需要运用不同的推销方法。人员推销的方法一般有五种：直接推销、间接推销、合作推销、团体推销、示范推销。

2. 广告宣传

（1）物流企业广告策略包括确定广告目标、选择广告媒体、决定广告预算、进行广告效果评价等内容。这些内容相互关联，共同构成企业广告的整体策略。

（2）广告媒体的选择。物流企业选择广告媒体需要综合考虑各种因素，主要从以下几个方面来考虑：

第一，考虑物流服务产品的特点及定位。从物流服务产品的角度考虑广告媒体的选择，需要从物流服务产品在社会生活中所处的消费层次和物流服务产品的销售范围来选择。

第二，考虑客户的特点。广告的受众实质上是多数物流服务的潜在客户，选择广告媒体不能脱离潜在客户，一切应以目标客户为核心。

第三，媒体本身的特点。每种媒体都有不同的特点，主要表现在影响程度、传递周期、接收状态、收费标准不同。物流企业要根据实际情况和客户需要来选择不同的媒体。

第四，科学的方法为手段。物流企业在选择广告媒体时从广告的收视率和媒体的收费标准两个方面来重点考虑，并且要运用科学分析方法，通过计算求得精确数字。

（3）广告的市场策略。主要包括三个具体策略：

第一，目标市场定位策略。所谓目标市场定位策略，就是企业为服务产品选定一定的范围和目标，满足一部分人的需要的方法。在制定广告策略时，必须依据企业的目标市场的特点，来规定广告对象、广告目标、媒介选择、诉求重点和诉求方式等。

第二，广告促销策略。广告促销策略是一种不仅告知消费者购买商品的获益，以说服其购买，而且结合市场营销的其他手段，给予消费者更多的附加利益，以吸引消费者对广告的兴趣，在短期内收到即效性广告效果，有力地推动商品销售。广告促销策略包括馈赠、文娱、服务、折价、公共关系等促销手段的运用。

第三，广告心理策略。广告心理策略的作用与客户的心理活动密切相关，而广告的促销心理策略则是运用心理学的原理来策划广告，诱导客户顺利地完成消费心理过程，使广告取得成功。

3. 公共关系

（1）公共关系策略是指物流企业为搞好与社会公众的关系，促进公众对企业的认识、理解及支持，树立良好的企业形象，提高企业的知名度和美誉度，而进行的现代管理活动。

(2) 物流企业公共关系活动方式。物流企业公共关系的目标是通过具体的公共关系活动来实现的，物流企业开展公共关系活动的方式有很多，常见的有以下几种：

第一，利用新闻媒介进行宣传。新闻媒介面向社会、涉及面广、影响大，能够引导社会舆论，具有很强的说服力。物流企业应当争取一切机会与新闻界建立关系，及时将具有新闻价值的信息提供给新闻界，以此扩大对公众的影响。

第二，赞助和支持各项公益活动。物流企业有义务在正常的范围内支持各项公益活动，如对基金的捐赠，这样的活动往往能引起新闻界的关注并对此进行报道，建立一心为大众服务的形象。

第三，参加各种社会活动。物流企业通过举办新闻发布会、展销会、博览会等社会活动，向公众介绍物流服务的知识，以获得公众的了解和支持。

第四，公共关系广告。公共关系广告是物流企业为形成某种进步的、具有积极意义的社会风气和宣传某种新观念而做的广告。公共关系广告在客观上能有效地扩大物流企业的知名度和美誉度。

第五，印制宣传品。物流企业组织有关人员编辑介绍本企业状况的宣传品，这是物流企业向社会公众传播企业和服务信息，树立形象的重要途径。

4. 营业推广

(1) 营业推广是一种适宜于短期推销的促销方法，是指除人员推销、广告、宣传以外，针对某一个目标市场而采取的迅速刺激需求，鼓励购买物流服务的促销措施。

(2) 营业推广有以下几种方式：

第一，面向消费者的营业推广方式。包括赠送促销、折价券、包装促销、抽奖促销、现场演示、联合推广、参与促销、会议促销、样品试用、设置特价品、奖品等。

第二，面向中间商的营业推广方式。包括批发回扣、推广津贴、销售竞赛、扶持零售商、货位津贴、贸易折扣、陈列津贴、回购津贴、广告津贴、合作广告、奖励与竞赛、中间商聚会等。

第三，面对推销员的营业推广方式。主要是针对物流企业内部的推销员，鼓励他们热情推销服务产品，促使他们积极开拓新市场。一般可采用的方法有：销售竞赛、免费提供人员培训、技术指导等。

四、物流企业促销策略的选择

不同类型的物流企业应当根据自身特点选择不同的促销策略。

1. 资产型物流企业促销策略的选择

资产型物流企业一般资金雄厚、规模庞大。这些企业在国内或专属行业拥有别人难以比拟的网络优势和规模，有的甚至拥有专门的运输线路和专业仓库。对于服务范围不是很广的资产型物流企业，比如专门进行运输服务、配送服务或仓储服务的，运作起来有一定的基础，因此这类企业可以采取推式的促销策略。对于服务范围比较广泛的资产型物流企业，一般提供的物流服务包括运输、仓储、流通加工、装卸搬运、物流系统规划等综合物流服务。由于涉及范围较广，这类企业可以在推式促销的同时进行拉式促销，用双向的促销努力把服务产品推向市场。

2. 信息型物流企业促销策略的选择

信息型物流企业的资产实力比较弱，但是信息整合能力很强，不拥有或拥有少量的物质资产或无形资产，但它具有很强的整合社会资源的能力，从而获得低成本的竞争优势。由于这类企业成立的时间比较短，基础又比较弱，其物流服务产品大多还处于投入期，其物流服务的可信程度还未被大多数物流服务需求商认可和接受，这一阶段应以广告宣传和人员推销为主要的促销策略方式，同时在促销策略上可以选择推式的促销策略。

3. “1＋3”物流企业促销策略的选择

“1＋3”物流企业是大型企业内部原来的物流运输部门改建成的物流服务提供商，优先为母公司提供物流服务，再为其他公司提供物流服务，比较典型的如海尔物流、安得物流等。由于这类企业一般资金都比较雄厚，又拥有一定的客户关系和运作基础，所以采取推式促销策略较为合适，但是如果公司推出具有创新意识的物流服务，则应采取拉式促销策略较为合适。

任务五　深化物流营销策略

[案例引入]

宝洁公司的创新营销策略

背景描述：

宝洁公司全称普罗克特与甘布尔公司（Procter & Gamble Company），简称 P&G，是 1837 年由威廉·普罗克特和詹姆斯·甘布尔两人在美国俄亥俄州辛辛那提创办的主要生产肥皂和蜡烛的公司，两人的姓氏作为公司的名称一直沿用至今。宝洁公司目前是世界上最大的洗涤和护肤保健品制造商，也是目前全球最大的日用品公司之一，全球员工近 110 000人，是财富 500 强中最受赞誉的公司之一。1988 年，宝洁公司在广州成立了在中国的第一家合资企业——广州宝洁有限公司，从此开始了其中国业务发展的历程。宝洁大中华区总部位于广州，目前在广州、北京、上海、成都、天津、东莞及南平等地设有多家分公司及工厂，员工总数超过 6 300 人，在华投资总额超过十亿美元。

宝洁公司是服务产品多元化的典型代表，它经营 300 多个品牌的服务产品，包括洗发、护发、护肤用品、化妆品、婴儿护理服务产品、妇女卫生用品、医药、食品、饮料、织物、家居护理及个人清洁用品。在中国，宝洁的飘柔、海飞丝、潘婷、舒肤佳、玉兰油、护舒宝、碧浪、汰渍和佳洁士等已经成为家喻户晓的品牌。

宝洁公司营销战略的成功首先来源于对市场的细分。市场细分策略就是按照一定的基础和标准，把一个市场划分成若干部分，其中每一部分客户具有较高程度的同质性，与其他部分的客户具有较高的异质性。企业或单位通过对市场进行细分之后，评价每个市场的价值，同时根据自己的资源和能力，辨认和确定目标细分市场，然后针对客户的特点采取独特的服务产品和市场营销战略，以求获得最佳效益。

就拿洗发水来说，常见的品牌有“海飞丝”“飘柔”“潘婷”等。其中，“海飞丝”针对去头屑，“飘柔”强调头发的顺滑，“潘婷”则着重于头发的营养，三者各有特点，各有特定消费群体，也各有自己独立的品牌。宝洁公司在细分市场的基础上对广告策略的调研也采取了一种最独特的做法——消费者利益细分法，即广告定位的细化。由于各个消费者对服务产品的兴趣不同，关注点也不同。宝洁公司针对不同的消费群体推出不同特点的服务产品时配以不同特点的广告，从而使服务产品深入人心。“海飞丝”洗发精，海蓝色包装，带来清新凉爽的视觉效果，“头屑去无踪，秀发更出众”的广告语更进一步在消费者心目中树立了“海飞丝”去头屑的信念；“飘柔”从名称上就让人明白了该服务产品使头发柔顺的特性，草绿色包装给人以青春美的感受，“含丝质润发素，洗发护发一次完成，令头发柔顺飘逸”的广告语加上少女甩动丝般头发的画面，令消费者印象深刻；用杏黄色包装的“潘婷”，给人营养丰富的感觉，“含有丰富的维他命原B5，能由发根渗透至发梢，补充养分，使头发健康、亮泽”的广告语，更使消费者深信“潘婷”的营养个性。

思考题：

宝洁公司采用了什么样的创新营销策略？这种策略有什么效果？

[相关知识]

【想一想】中国邮政物流配送的品牌策略

中国邮政物流配送服务使用统一的品牌，不另给物流配送服务公司启用新的商标。中国邮政具有良好的社会声誉，可以带动物流服务的发展，可以显示企业的实力，提高企业的社会知名度，在客户中树立良好的形象。同时借助中国邮政的社会声誉，有利于物流配送服务尽快地进入物流配送市场，以便赢得客户的认可。

分析：中国邮政物流配送服务使用统一品牌策略，在统一品牌策略之下推出一系列的物流产品，可以在客户心目中树立良好的形象，因此企业在推出一种新的物流服务产品时，可以借助原有品牌之力，使其更容易进入市场。

一、深化物流营销策略的概念

深化物流营销策略就是在传统物流营销策略基础上，通过固化以物流客户为中心的营销理念，破除各种制约营销策略执行的壁垒，创新物流服务手段，充分调用物流企业内外各种有效资源，推进物流营销战略的实施策略，实现物流营销能力的提升。

二、深化物流营销策略的内容

深化物流营销实质是物流企业营销活动水平的提高、物流营销业务流程的改进以及物流营销整体层次的提升。深化物流服务营销是物流企业粗放式发展后，逐步完善中的必然过程，是相对于既定状态的不断变革。它包括如下几方面的内容。

1. 物流企业营销组织结构与功能进一步统一和完善

市场经济体制下物流企业一般具有较完善的市场营销功能，其功能和结构也趋于统一，因此物流企业效益的差异主要来自物流市场营销能力和竞争能力的差异。但我国的物流企业是从计划体制向市场体制转变过程中形成的，其组织结构和功能都与市场关系不大，要经过从市场组织结构与市场营销功能不协调到逐步和谐的过程，这也是市场营销不断深化的过程。

2. 物流企业市场营销从追求形式转向追求实质性内容、从单纯的服务产品促销转向企业的系统营销活动

中国市场营销经历了一个从无到有的过程。在计划体制下，中国没有市场营销。随着物流企业市场营销能力和水平的不断提高，物流企业将全面面对市场，其生存和发展由物流市场决定，这样物流企业就必须由不懂物流营销到使营销融入整个物流经营活动过程之中。

3. 通过物流市场整合使物流企业营销能力与效率不断提高

由于我国大多数物流企业的规模比较小，而且数量太多、太分散，同时物流业的竞争已到白热化状态，利润非常低，虽然行业目前很火热，但有些企业却因没有利润而难以生存，走向整合是必然选择，也只有通过物流市场整合来扩大物流企业规模，才能提高物流企业营销能力。同时物流营销活动都有一个效率问题，这种效率的高低正好反映一个企业的市场营销能力。市场营销能力高的企业，少量的投入，就能达到相当好的效果；而物流营销能力差的物流企业，盲目做广告，滥用营销手段，往往效果不理想。

三、深化物流营销策略的方法

国际经济一体化和物流全球化的大潮，给物流服务带来很多发展机遇，也带来很多挑战与威胁，应对的重要方略就是深化物流营销策略，主要表现在两个方面。

1. 优化物流服务的营销组合

4Ps 营销理论是从服务产品或服务的经营方提出 4 个营销要素。为了更好地体现以客户为中心，以顾客为导向的营销理念，物流企业在优化营销组合时要注意策略。

(1) 明晰 4Ps 与 4Cs 的相互关系。劳特朗从客户角度提出的 4Cs 营销理论，指忘掉服务产品，关注顾客（Consumerwants）；忘掉定价，关注顾客愿意付出的成本（Cost）；忘掉渠道，关注顾客方便（Convenience）；忘掉促销，关注与客户沟通（Communication）。

事实上4Ps与4Cs不是互相取代，而是相互补充的关系，其意是物流企业在进行服务产品、价格、分销、促销决策时，要关注客户的需求、成本、便利和沟通等要素。

(2) 学会从物流客户角度思考。物流企业输出的服务产品是服务，这种无形服务产品没有明显的售前、售中和售后的界限。服务本身具有较强的灵活性，而且更强调个性化、人性化，它的质量水准同顾客的感受价值有很大关系，所以物流市场的差异化程度也比较大。物流营销要深入了解客户，做顾客的朋友和战略伙伴，了解、预测其物流服务的需求类型和变化趋势，要加强换位思考，急顾客之所急，想顾客之所想，建立有效沟通的机制和管道，力所能及地为客户提供价廉质优的物流服务、增值服务，积极地、主动地、努力地把与客户的“上帝”关系变为供应链的盟友关系。

2. 创新物流服务的营销组合

物流服务营销既可从4Ps角度来思考，也可从4Cs角度行动。加强和改善物流企业的营销管理需要创新，要重视市场方面的4Ps与4Cs，还要重视人力资源（HR）方面的4Ps与4Cs，4Ps即Personnel（营销人员）、Position（职位）、Performance（绩效）、Payment（薪酬）；4Cs即Culture（文化）、Cooperation（合作）、Creativity（创造力）、Credit（信用）。

(1) 创新营销管理4Ps。营销人员（Personnel）是物流企业的核心资源，也是物流营销重要力量。物流营销的内部管理要以人为本，注重团队建设、培养合作精神，强化全员营销的观念，发挥企业每个人的积极性，形成1+1>2的营销管理效应。

营销职位（Position）是现代营销人力资源管理基础性的工作，涉及营销队伍定编、定员、定岗、定责、定额。营销人员职位说明书是企业进行目标管理（MBO）的需要，也是进行关键业绩指标（KPI）考核的依据和基础。

营销绩效（Performance），企业的营销战略和营销计划都与营销人员的工作绩效密切相关。因此，企业在市场上无论是实施一体化战略还是多元化战略，都必须加强营销绩效考核。

薪酬管理（Payment）与营销绩效挂钩，薪酬不仅仅是对营销人员劳动消耗的补偿，而且也是一种激励手段，要做到“公正、公平和公开”，鼓励营销人员多劳多得。

(2) 创新营销管理4Cs。企业文化（Culture）是企业所形成的经营宗旨、价值观念和道德行为准则的总和。营销人员要认同企业文化，并形成正确的价值观。优秀的企业文化不但塑造和丰富了良好的品牌形象，赢得了客户的信赖，而且优秀的企业文化还能极大地提高企业员工的工作积极性和主动性，使得企业各种资源得到最佳配置，效用得到最好发挥，物流企业的市场竞争力会发挥到最强。

合作（Cooperation）是物流营销的基本过程。营销人员应该善于多方面合作，通过合作有助于客户成功，达到“双赢”或“多赢”的境界。

创造力（Creativity）是物流营销的重要特征。创造力与人格特征、人的潜能有密切关系，其行为表现为变通性、流畅性和独特性三个特征，而本质特征是创新。

信用（Credit），西方人将其看作“最好的竞争手段”。物流营销人员要尊重有关“承诺”的国际惯例，提高履约率，同时加强客户关系管理（CRM），注重信用调查，反欺诈，防范信用风险。

项目小结

1. 本项目介绍了物流服务的特征、物流服务产品的分类、增值服务的内容、物流服务产品组合的种类等。

2. 本项目阐释了物流服务产品定价的影响因素、物流服务产品定价的方法、物流服务产品定价的技巧等内容。

3. 本项目介绍了物流服务营销渠道的类型、物流服务营销渠道设计的一般流程、典型的物流服务营销渠道策略组合，以及物流服务促销策略组合的概念、物流服务促销的主要方式、物流企业促销策略的选择。

4. 本项目介绍了深化物流营销策略的概念、深化物流营销策略的内容、深化物流营销策略的方法等内容。

知识测试

一、单项选择题

1. 物流服务的（　　）是物流企业利用推销人员将服务服务产品推向客户的策略。

A. 物流服务促销　　B. 推拉组合策略

C. 拉式策略　　D. 推式策略

2. （　　）是指物流企业直接为物流服务的需求者提供物流服务。

A. 间接渠道　B. 直接渠道　C. 垂直渠道　D. 水平渠道

3. 影响物流服务产品定位的因素中以下哪些是企业外部因素？（　　）

A. 成本　　B. 企业的整体营销战略与策略

C. 服务产品因素　　D. 市场供求关系

4. 物流企业一切营销活动的出发点和最终归宿，即物流企业服务的对象是（　　）。

A. 客户　B. 社会公众　C. 竞争者　D. 供应者

5. 由于竞争加剧，物流服务产品销售额和利润增长缓慢，到后期呈下降趋势，在这一时间，销售额和利润达到最大值，这是哪个阶段的特点？（　　）

A. 导入期　B. 成长期　C. 成熟期　D. 衰退期

6. 某市邮政局在利用信报箱推广自已的业务的同时，利用多种广告媒体宣传其185客户服务中心，使185品牌在该市家喻户晓，每天通过电话手里的业务8成以上涉及物流配送业务。该邮政局采用的是以下哪种服务促销策略？（　　）

A. 拉式策略　　B. 物流服务促销

C. 推式策略　　D. 推拉组合策略

7. 儿童智力玩具一般宜选择（　　）作为广告媒介。

A. 报纸　B. 广播　C. 电视　D. 杂志

8. 电话采购、电视采购的兴起主要满足了消费者的（　　）。

A. 求廉心理　B. 求实心理　C. 求美心理　D. 求便心理

9. 物流企业开展公共关系活动的基础是（　　）。

A. 消费者公众　　B. 政府公众

C. 金融公众　　D. 物流企业内部公众

10. 以下销售渠道成员中，不拥有服务产品所有权的是（　　）。

A. 商业批发商　　B. 零售商

C. 制造商的销售分支机构　　D. 代理商

二、多项选择题

1. 物流服务新服务产品要迅速能被广大消费者所接受，则必须具有（　　）。

A. 较好的适应性　　B. 服务产品介绍的明确性

C. 可分割性　　D. 相对优点

2. 物流服务定价的技巧包括以下哪些心理定价技巧？（　　）

A. 尾数定价法　　B. 声望定价法

C. 习惯定价法　　D. 数量定价法

3. 企业为消除客户对质量风险的顾虑，应从哪些角度改进工作？（　　）

A. 集中强调质量　　B. 对员工进行培训　　C. 善用口碑

D. 利用推广技巧　　E. 利用广告强调质量

4. 对物流企业可根据物流企业以某项服务功能为特征，并向物流服务其他功能延伸的不同状况来划分物流企业类型，具体可划分为（　　）。

A. 运输型物流企业　　B. 仓贮型物流企业

C. 综合型物流企业　　D. 管理型物流企业

5. 即使是物流客户直接重复购买型的决策也需要经过（　　）阶段。

A. 认识需要　　B. 寻找供应者　　C. 确定服务产品规格

D. 确定订货　　E. 评价合同执行情况

6. 物流企业在服务产品导入期采取慢渗透策略的条件是（　　）。

A. 消费者对价格很敏感　　B. 服务产品已广为人知　　C. 竞争者容易进入

D. 市场规模小但容量大　　E. 企业促销能力薄弱

7. 由于物流服务产品的独特性，使得物流服务促销的作用有所不同。物流服务促销的作用体现在什么方面？（　　）

A. 沟通信息　　B. 刺激需求

C. 突出特色　　D. 稳定销售

8. 物流企业为了实现企业的发展目标，实现其目标利润，对物流服务产品进行服务产品组合，服务产品组合的策略有哪些？（　　）

A. 扩大服务产品组合策略　　B. 缩减服务产品组合策略

C. 改变物流服务档次策略　　D. 特殊能力和特殊服务产品策略

9. 物流企业以竞争对手的价格作为依据来制定价格也是企业常用的定价方法，竞争导向定价法的方法有哪些？（　　）

A. 随行就市定价法　　B. 投标定价法

C. 拍卖定价法　　D. 折扣定价

10. 物流服务促销的主要方式有哪些？（ ）

A. 人员推销　　B. 营业推广

C. 广告宣传　　D. 公共关系

三、判断题

1. 物流营销不能降低企业的运行成本。（ ）

2. 物流市场营销，究其本质就是认识物流需求、确定物流需求及满足物流需求。简单地说就是“有利益地满足需求”。（ ）

3. 根据物流的功能划分，物流服务产品可分为基本服务产品和物流软件服务产品。（ ）

4. 服务产品生命周期各阶段的划分是绝对的，各阶段的划分依据是服务产品的销售量和利润额的变化情况。（ ）

5. 一种新物流服务上市有两种定价技巧可供选择：取脂定价和渗透定价。（ ）

6. 营业推广是一种适宜于短期推销的促销方法。（ ）

7. 物流服务产品进入衰退期直接退出市场就行了。（ ）

8. 人员推销是促销组合中最原始最有效的促销方式。（ ）

9. 货物是否如期到达，直接影响顾客对物流服务的质量的评价。（ ）

10. 服务产品组合的深度是指企业所拥有的各条服务产品线及其所包含的服务产品项目的总和。（ ）

四、简答题

1. 简述物流服务营销渠道设计的一般流程。

2. 简述物流服务促销的主要方式。

3. 简述创新物流服务的营销组合应从哪几个方面考虑。

4. 简述物流服务产品定价策略。

能力训练

一、案例分析

“宅急送”营销策略

现在提起“宅急送”，很多人都耳熟能详。9年前，刚从日本回来的陈平悄然注册了一个商标叫“宅急送”。“宅急送”的原型是日本非常普及的“宅急便”，主要经营把小件零散物品为顾客送到家的24小时昼夜快递服务。虽然“宅急便”在日本无人不晓，但在1994年的中国，快递行业几乎还是个空白。“行业的空白本身就是最大的机会，进入的门槛也较低，国家没有限制，只要在交通局办一个运输执照就可以，而且投入资金较少，对人才的要求也不高。”创业前，陈平给自己做了几点分析。1994年1月，3辆车、7个人就撑起了一个“宅急送”。

“就算亏本我也要做品牌。”陈平形容自己是个风险偏好者。他认为，创业应该是个高起点、低投入、高品位的事情。1994年，陈平花了两万元在《北京晚报》做了一块巴掌大的广告，他的员工对此很不解，对他说：“老板，你做这个广告，都可以买辆二手车了。”陈平说不能以买车来衡量广告的效益，对于开始创业的企业，必须想方设法做好自己的品牌，提高自己服务的质量，做好广告宣传。除广告外，陈平还做了一系列策划来推广自己的品牌，而这些举措的远见在日后被一一得以证实。“宅急送的定位是成为UPS、FEDEX这样的大公司，所以无论从企业的LOGO形象上或是CI服务上，我们一定要和大公司接轨，所以工人的工作服一定要好，车辆一定要干净和漂亮。”陈平回忆说，公司成立之初，没钱买昂贵的工作服，陈平就买来统一的运动服。1994年没有厢式货车，都是敞篷的，他们就自己去找修理厂，把货车用铁皮扣好，在上面配上“宅急送”的大字。为此，交管局还罚了4 000元钱。可陈平很硬气：“罚也得做，这关系到企业的形象。”

由于在初期“宅急送”广告宣传策划的成功，以致在后来的5年中“宅急送”几乎没有花气力去做广告宣传。陈平说：“在大街小巷出入的‘宅急送’就是我们最好的广告。”从外部形象到服务，宅急送就是在和客户的每个交互环节实践着自己的品牌战略。

分析问题：

1. “宅急送”采用的是什么广告形式？
2. “宅急送”的迅猛崛起，给我们什么启示？

二、技能实训

实训目的：

1. 加深对物流企业定价策略的理解。
2. 掌握物流企业定价策略的应用。

实训器材：桌椅、空白小卡片、笔。

实训指导：

1. 将学生进行分组，一般6～8人为一组。
2. 组织学生对某物流企业的物流服务产品定价策略进行调查，并对其分析评价。
3. 写出总结报告。
4. 学生交流意见，教师点评。

实训报告：

请将实训报告所得结果填写在实训报告书上。

项目五　开发物流客户

学习目标

知识目标：

1. 掌握开发物流新客户的流程。
2. 懂得物流招投标的含义、程序。

能力目标：

1. 能够描述推销洽谈的基本流程。
2. 熟悉物流招标书、投标书的基本内容。

学习重点与难点：

1. 掌握拜访物流客户的主要步骤。
2. 理解顾客异议的类型。
3. 了解物流招投标的优点。

任务一　开发物流新客户

[案例引入]

从走货信息开发新客户

背景描述：

2015年7月，德邦物流成都成华区营业部刘经理无意间关注了网络上常先生发布的走货信息，在网络上简单交流后得知公司名称为四川某有限公司，刘经理通过各种渠道终于找到客户公司的地址。第二天，在没有与客户预约的情况下与成都锦江营业区区域经理祝某一同来到这家距营业部28千米远的公司，拜访常先生。常先生被动地接见了刘经理与祝经理，一开始的报价，客户就觉得过高，对在该公司走货完全不感兴趣，虽交谈许久客户仍无动于衷。

在万般无奈，打算要放弃的时候，刘经理与祝经理向大区刘总电话汇报了客户的详细情况，刘总给出了指示：一定要抓住客户真正的需求，尽量给出客户想要的方案！于是刘经理继续与客户商谈，在此过程中，客户隐约表示需要装卸费，刘经理和祝经理立马抓住这一客户需求，建议客户走德邦整车，不仅节省了装卸费，还能享受优惠方案，以底价报给客户，其他优惠另加。最后客户被该公司透明制的方案以及诚意所打动，当天立即成功走货1台整车，开单金额8 900元。

这家客户开发成果：四川某有限公司7月发货金额4.8万元；8月发货金额高达17.1万元；9月截至10日已开单14.8万元。

思考题：

1. 该案例中客户开发成功的原因是什么？
2. 从案例中得到了关于客户开发方面的哪些启发？

[相关知识]

新客户开发工作是物流企业进行物流项目营销的重要环节，在竞争激烈的市场中，能否通过有效的方法获取客户资源往往是企业成败的关键。营销人员的首要任务是开发准客户，通过多种方法寻找准客户并对准客户进行资格鉴定，使企业的营销活动有明确的目标与方向，使潜在客户成为现实客户。在当今的市场环境下，客户尤其懂得如何满足自身的需要和维护自身的利益。因此，加强新客户开发管理，巩固老客户，以投标方式获得物流客户对物流企业的发展至关重要。

在进行新客户开发之前，物流企业必须明确自身的市场细分，确定目标市场，研究目标顾客，弄清楚新客户圈，从而制定客户开发市场营销策略，了解自身物流服务项目的优势，同时通过市场调查，摸清竞争对手的服务和发展策略。物流营销人员开发新客户的主要流程一般包括以下几个步骤，如图5-1所示。

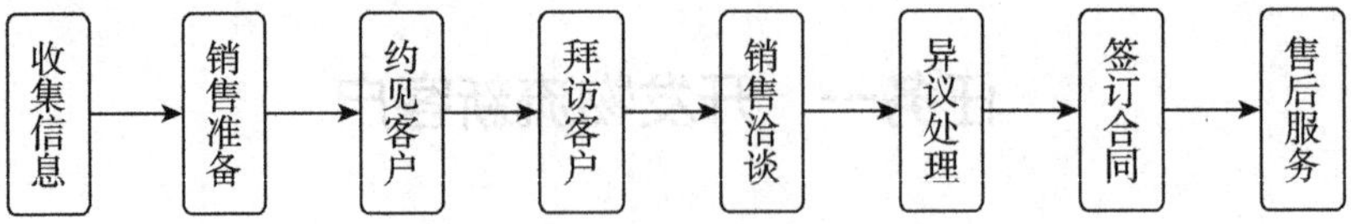

图5-1 开发物流新客户的流程

一、收集信息

销售人员开发新市场的首要步骤就是通过各种渠道收集客户信息，然后再有针对性地筛选，逐个拜访跟进。常见的收集客户名单与信息的途径有如下几种：

1. 资料分析法

（1）从公司已有的销售线索里发掘。

（2）从行业统计数据、公开发表的统计年鉴、国家有关部门的统计报告里查询，或者从企业公布的数据资料收集信息。

（3）从最新的黄页里查找，可与主管及老客户经理们请教客户的情况，要仔细记录联系的情况。

（4）从专业报纸广告里查找，例如，商品信息、推介广告、招聘广告。

（5）从名录里找，例如，网上名录、外贸企业名录、商会名录、外商名录、海关名录。

（6）在专业展览会里寻找，可以先在展会中与客户交换名片，做初步的认识，回到公司后再查找跟进。

（7）“扫楼”（写字楼）寻找，一家一家去拜访，配合拜访计划，应做好相应的记录，也可以在马路上找，如车身广告、路牌广告、公司招牌。

（8）通过政府主管部门的权威网站、企业网站、行业协会网站、专业研讨会、期刊等都可以收集到大量的客户资料，因而收集信息的范围比较宽广。

2. 同事、合作伙伴介绍法

可以由同事之间相互留意、互相介绍客户，有的放矢。通过合作伙伴的友情介绍也是非常有效的连锁介绍法，要想让老客户推荐新客户，关键要让老客户满足，树立企业品牌形象，这样客户才会乐意帮助推荐新客户，但请客户推荐要注意修辞及技巧，不要强人所难或者表述太露骨。

3. 销售人员人际网络拓展法

六度人脉关系理论，是指地球上所有的人都可以通过六层以内的熟人链和任何其他人联系起来。通俗地讲：“你和任何一个陌生人之间所间隔的人不会超过六个，也就是说，最多通过六个人你就能够认识任何一个陌生人。”由此可见，销售人员的人脉越宽广，接触到客户的机会越多，成交的可能性也就越大。销售人员可以通过加入同学会、同乡会、沙龙、俱乐部的形式来拓展人脉，加入的圈子越多就会形成优势效应，挖掘潜在客户。

[资料链接]

六度人脉关系理论

这个理论是 1929 年，由匈牙利作家 Frigyes Karinthy 在短篇故事“Chains”中首次提出的。1967 年，美国社会学家 Stanley Milgram 设计了一种新的方法来检验这一理论，他将其称为“小世界现象”。他随机从中西部挑选出一批志愿者，要求志愿者们将包裹邮寄给马萨诸塞州一个素不相识的人。发件人知道收件人的姓名、职业和大致位置。按照指令，他们先将包裹寄给自己朋友圈中根据名字最有可能认识目标的一个人，那个人再依次类推，下一个人再依次类推，直到包裹最终到达目标收件人手中。尽管参与者预计这一锁链至少会包含上百个中间人，但最终成功送达包裹的锁链中平均只有 5～7 个中间人，使得六度人脉关系理论应运而生。

4. 接待主动上门客户法

受到物流企业服务项目、业内知名度、美誉度的吸引，一些客户会主动上门、慕名前来咨询业务，销售人员一定要热情接待，面向客户进一步宣传产品和服务的优势及利益，用更具说服力的服务和案例吸引客户下单，同时一定要收集整理好客户的联系方式，加强后续沟通合作。

5. 现代媒体交流法

随着新媒体形式的广泛传播，运用电话、传真、博客、微信、QQ、邮件等媒体加强了企业与客户的联系，在收集客户资料方面发挥了巨大的作用。

6. 积极参与行业活动法

销售人员可以利用参加峰会、行业论坛、专业展会、推介活动、博览会的机会，踊跃发言，积极参与讨论，先熟悉客户，为今后的上门拜访打下基础。

物流销售人员真正和客户面对面的时间是非常有限的，即使销售人员有时间，客户也不会有太多的时间，实际上大多数时间是用在准备工作上。因此，收集客户资料，做好准备工作，能最有效地拜访客户。在销售前了解客户的状况，可帮助销售人员迅速掌握销售重点，节约宝贵的时间，做出可行、有效的销售计划。

7. 中心开花法

中心开花法也称为名人介绍法、中心人物法、中心辐射法，就是指销售人员在某一特定的销售范围内，取得一些具有影响力的中心人物的信任，然后在这些中心人物的影响和协助下，把该范围内的个人或组织发展成为销售人员的准顾客的方法。

采用此法，关键是要取得中心人物的合作，销售人员要设法让他们了解自己的工作，相信自己的销售人格、企业实力及服务。

二、销售准备

由于种种原因，一些销售对象很难接近，常令销售人员“扑空”。因此，为了有效地接近访问对象，销售人员要做的第一件事，就是收集、整理、分析目标顾客的有关资料，进行销售预测，做好约见顾客的准备工作。

销售准备是指销售人员在接近某一特定潜在顾客之前，对潜在顾客情况所做的调查了解，以设计接近、洽谈计划的过程。销售准备实际上是顾客资格审查的延续，目的是掌握潜在顾客更多的情况，取得顾客好感，了解顾客需求，增加销售信心，为成功销售做好前期准备。具体包括物流知识和信息的准备、销售工具的准备、销售人员的心理准备等内容。

1. 物流知识和信息的准备

物流销售人员熟知本公司的产品、服务的优点体现在：准确清晰地向客户介绍产品和服务，从而刺激客户的购买欲望；妥善回答客户提出的问题，消除客户的疑虑；客户在物流项目体验中感到满意，方能持续选择该物流企业的产品和服务。

销售人员应该熟知的内容有：

（1）物流产品和服务的知识：本企业的基本情况、市场行情、客户满意度、物流服务的特点和功能。

（2）物流产品和服务价格、交易条件方面的知识：定价和价格折扣、付款条件、售后服务、如何签订合同等手续。

（3）竞争对手的情况：产品和服务的价格、市场份额、竞争优势劣势、客户群。

充分了解客户的详细信息：

（1）潜在客户为个体的准备内容：姓名、年龄、性别、民族、住所、职业、教育程度、出生地、需求状况、购买能力、购买决策权、家庭状况、参考群体、个人爱好、消遣、兴趣爱好、最佳访问时间等。

（2）潜在客户为企业的准备内容：企业名称、性质、企业规模、办公所在地、经营状况、了解组织机构的设置。包括组织机构中各部门的负责人是谁，总经理是谁，是否设立独立的供应部门等。熟悉企业的采购状况，掌握组织潜在顾客采购方面的情况，有利于针对性地开展销售工作。

除此之外，销售人员还要设定销售目标、制订销售计划、对情况进行 SWOT 分析，明确双方的优劣势，考虑可能存在的潜在争执、原因是哪些等情况。

2. 销售工具的准备

（1）名片。交换名片是与客户互相认识、自我介绍的最快、最有效的方法。交换名片的过程中，应用双手的大拇指和食指握住名片。递名片时，正面要面向接受名片的人。同时还要轻微鞠躬，即头微微低下。接受名片的一方必须点头表示感谢，同时要以同样的方式递出名片，接着要花一些时间仔细阅读名片上的内容。名片就是一个人身份和外表，标明其身份地位、工作情况等信息。名片要保存在名片夹中，名片夹放在西装的内袋中，不应从裤子口袋里掏出，尽量不要在名片上做记号或标注。

另外，在拜访客户时如遇客户不在的情况，可以留下名片作为联系方式；在发送请柬时，也可以把名片装入信封中发送；在给客户赠送礼物时，如让他人转交，可以随附名片一张，附上恭贺之语，加深沟通的关系。

（2）文件包。销售人员应该有一个与身份相称的文件包，文件包干净整齐，包内装有企业介绍、产品和服务目录、个人有效证件、礼品等，资料必须摆放整齐，有需要时迅速找到，及时更新和整理。个人物品还包括纸、笔记本、面巾纸、梳子、镜子、雨伞、烟、打火机、化妆品等。

（3）图片资料。图片、宣传册的运用很容易吸引客户的注意力，给客户留下深刻印象，易激发客户情感上的冲动，帮助其理解并取得信任。

（4）投影仪、笔记本电脑。利用样、形、音三位一体，说服力增强。

（5）报纸、杂志的报道，主流权威报刊的正面报道是很有影响力的宣传。

（6）权威机构的认证可以说服和打动客户，对产品和质量放心，促使其达成交易的意愿。另外，大公司或者老客户赞美企业产品与服务的信函、评价，更能起到积极的说服作用。

3. 销售人员的心理准备

心理准备可以概括成“五心”：热爱事业、公司、客户、服务的热心；相信所销售的产品、服务、个人能力的信心；踏实肯干、百折不挠、做事专心的恒心；不自满、不骄傲的虚心；掌握顾客心理、抓住顾客需求的信心。

三、约见客户

1. 约见方式

约见方式如表 5-1 所示。

表 5-1　常见的预约客户的方式

约见方式	内容	注意事项
当面预约	销售人员与客户当面约定再见面的时间、地点等	尊重接待人员，切勿以貌取人，要获得接待人员的支持与配合
电话预约	利用电话预约客户见面事宜	语气和缓，语速适中，声音愉悦
信函预约	利用写信函的方式约见客户	注意书信格式和阅读者的称谓
委托预约	销售人员拜托第三者引荐	不强人所难，保持热情
传媒预约	利用 QQ、邮箱、微信、OA 办公系统等大众传媒进行约见	明确客户群，尽量不给他人造成骚扰和不必要的麻烦

2. 约见理由

物流销售人员应站在客户角度进行换位思考，了解客户遇到的问题和需求。必须有充分、明确的拜访理由，否则会被访问对象认为浪费时间，拒绝与销售人员的会谈。可以按照如下拜访事由来约见客户：

第一，市场调查：比如了解客户目前物流服务的满意度，熟悉客户物流的发展状况，帮助其提高工作效益，以市场调查为访问理由，比较容易为对方所接受。

第二，提供服务：如要求进行进一步的物流服务和开展调查工作，以便给出建议报告，介绍企业物流服务的优势，推荐新开发的物流项目。积极吸引客户的兴趣，利用服务为事由，往往会受到客户的欢迎。

第三，走访客户：认识客户，当面请教，建立业务关系，可以使销售人员处于积极主动的位置，容易获得对方的好感，趁合适的时机完成正式的销售工作。

第四，签订合同、收取货款：以收取货款为约见事由，对方一般不好推辞。

第五，参观展示：邀请客户来企业参观，或者将项目做成课件汇报展示，在演示的过程中讲解项目的优点和解决的问题，重视听取客户的意见，留下相关资料供客户选择，也可以提供小赠品、小礼物，以显示对客户的尊重。

小案例

1. 赠送资料、提供服务

"您好，我是×××，是这样的，我们是一家提供专业危险品物流服务的企业，并且在同行业里率先通过ISO质量体系的认证，有关于我们物流服务的详细资料想赠送给您，不知道您什么时间比较方便呢?"

2. 公事公办、迅速突破

"您好，我是上海某某公司的，有一些关于物流方面的事宜想找一下贵公司的王经理，麻烦您通报一下，谢谢!"

3. 请求帮忙，礼貌周全

"您好，我是上海某某公司的，我们有一些重要的危险品物流方面的资料要送给贵公司的物流部经理，他现在在吗？我可以和他直接沟通一下吗?"

4. 时间二选一，请求见面

"我想和您约个时间，相信我带给您的资料您会非常喜欢的（对您的工作肯定有很大的帮助)，您看我们是明天上午还是下午来拜访您呢?"

3. 约见时间

选择合适的时间进行拜访，关系到整个销售工作的成功与否。时间的确定主要考虑：

第一，访问客户的工作、生活时间规律。尽量让客户确定时间，或者根据客户的特点约定时间，尽量避开客户最繁忙的时间，注意目标企业上下班的作息规定。

第二，访问事由。应当根据不同的访问目的来安排访问时间，如联络感情可以安排在周末或者饭点之前；如提供物流服务可以根据服务项目的不同来约定，以充分显示服务优势的时间为宜；如收取款要充分了解客户的资金周转情况，尽量选择其资金充足的时机拜访；如签订合同可以按照成交策略来安排拜访时间；如市场调查则选在客户需求或者市场行情发生变化的时机提出拜访理由。

第三，访问效率。合理规划访问时间，提高销售访问效率，一般情况下，一天时间内应安排同一区域内的客户，见缝插针地做好销售工作。

另外，还要注意提前考察好拜访地点的周围环境、交通状况、当日天气情况、安全等因素，讲究诚信，提前到达，准备好相关资料。

4. 约见地点

最常见的是约见地点是受访企业的单位办公室，或者应客户的要求选择，如果销售对象为个人，也可以选择对方的居住地或饭馆、咖啡馆、娱乐场所作为约见地点。

5. 约访客户常见的拒绝理由

常见的拒绝理由有：很忙、没时间；暂时不需要；不够了解；把资料传真过来；有需要会打电话的；已经有了专门的公司提供。

针对上述拒绝理由，销售人员一定要保持自信、不气馁，可以更换约见的表达方式，例如："您可能误会了，我们并不是向您推销什么，只是想和您认识一下，我们有不少的资讯对您的工作会很有帮助的，也是您所关心和感兴趣的，我明天上午来还是下午来会比较方便?"

约见请求的主要诉求点在于帮助客户增加效益、节约成本、提高绩效等方面，可以主动提出见面时间较短、不会占用对方过多的时间，例如，只需要15分钟，不超过3分钟等。通过多次提出请求，显示物流销售人员的真诚，博得对方的同情和青睐，最终胜券在握。

四、拜访客户

物流服务一般比较复杂，所以通过电话、信函进行项目的推广无法达到预期的效果，因此借助 PPT、短片展示的面谈形式才是最好的推介方式。

1. 拜访物流客户的主要步骤

(1) 称呼对方的姓名（职务）。

(2) 自我介绍。

(3) 感谢对方的接见。

(4) 寒暄。

(5) 表达拜访的理由。

(6) 赞美及询问。

2. 在洽谈的过程中需要注意的环节

(1) 销售人员的仪表。适当的仪容、服饰、谈吐举止构成了销售员的外在形象，良好的个人形象令客户一见倾心。

(2) 拜访开始。开场一般要打招呼、嘘寒问暖、自我介绍或者感谢相关人员对于拜访事宜的帮助，寒暄的目的是暖场，要主动、热情，因人、因地、因时选好用语和话题，言语准确、规范、清晰，及时对客户表达赞美、钦慕之情，适时提出拜访的事由，通过询问引起客户注意，充分调动客户的兴趣。

(3) 沟通交流。交流的内容可以是服务项目推介、异议处理、合同签订等，一定要耐心倾听顾客的谈话内容，并做出适时的回应。

小案例

销售大师乔·吉拉德向一位客户销售汽车，交易过程十分顺利。当客户正要掏钱付款时，另一位销售人员跟吉拉德谈起昨天的篮球赛，吉拉德一边跟同伴津津有味地说笑，一边伸手去接车款，不料客户却突然掉头而走，连车也不买了。

吉拉德苦思冥想了很久，不明白客户为什么对已经挑选好的汽车突然放弃了。夜里 11 点，他终于忍不住给客户打了一个电话，询问客户突然改变主意的理由。客户不高兴地在电话中告诉他："今天下午付款时，我同您谈到了我的小儿子，他刚考上密歇根大学，是我们家的骄傲，可是您一点也没有听见，只顾跟您的同伴谈篮球赛。"

吉拉德明白了，这次生意失败的根本原因是自己没有认真倾听客户谈论自己最得意的事情。

(4) 拜访结束。物流销售人员感谢客户的接待和服务，有礼貌地一一握手，恳请对方在适当的时机访问自己的企业，告辞并敬请客户留步。

五、销售洽谈

销售洽谈也称交易谈判，是指销售人员运用各种方式、方法和手段，向顾客传递销售信息，并设法说服顾客购买商品和服务的协商过程。过去销售人员主要依靠一双“铁腿”和一张“巧嘴”，行万里路，登万户门，说万次话，讨万回价，当面商议，各得其所。因此，这样的销售洽谈基本上属于当面洽谈。

在现代销售环境里，新的销售方法、销售技术和销售手段不断出现，使得销售洽谈的方式和方法也在不断变化。现代销售洽谈可以利用人类所能利用的一切信息沟通工具，除面对面的直接洽谈外，还有电话、书信、电子邮件等销售洽谈方式。

实质性洽谈的目标既取决于顾客购买活动的一般心理过程，又取决于销售活动的发展过程。为了达到销售洽谈的目的，销售人员需要完成以下几方面的任务，如图 5-2 所示。

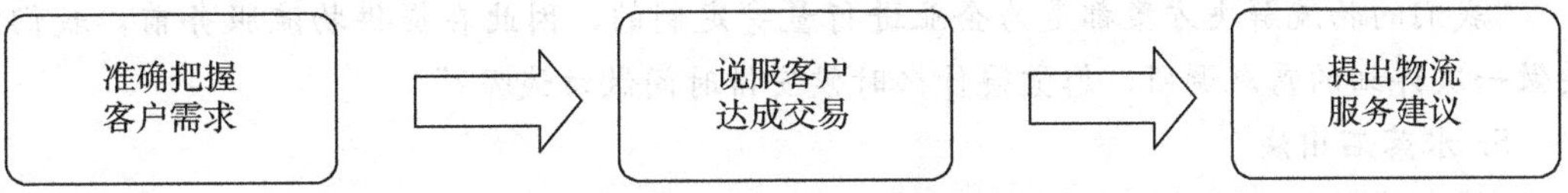

图 5-2　销售洽谈的流程

1. 准确把握顾客需求

物流销售就是介绍物流服务提供的利益，以满足物流客户特定需求的过程。每个物流客户的特定需求是不一样的，有的是需要降低成本，有的是需要增加可靠性，有的是希望提高物流提供商的反应速度。能够满足这些物流客户的特定需求，需要通过物流服务提供的特定利益。

依据调查的资料，详细描述客户当前的状况，准确指出客户希望解决的问题或者预期得到的需求。从营销学的角度讲，只要能够发现客户的购买需求和动机，就可以预测和引导购买行为。购买行为是受购买动机支配的，而动机又源于客户的基本需要。为此，销售员在洽谈之初就必须找到此时此刻的顾客的心理需要，并投其所好地开展销售洽谈。同时，在销售洽谈中针对顾客的需求介绍物流服务项目的内容，满足顾客的需求，只有当顾客真正认识到销售品的功能和利益，感受到其所带来的满足感时，才能产生购买动机。

2. 说服客户达成交易

物流销售员应向客户传递推介项目的特性和优势，强调能够满足客户的特殊需求，解决客户的特殊问题，提供定制化的服务。销售员要将所掌握的有关信息迅速传递给顾客，以帮助客户尽快认识和了解物流服务项目的特性及其所能带来的利益，增强客户对企业和服务项目的好感，诱发客户的购买兴趣，为客户进行购买决策提供信息依据。同时，销售员在向客户传递信息时必须客观、恰当、实事求是。

小案例

1. 利诱成交法（利益说明法）

“我们是专业的物流服务商，我们拥有国家颁布的资质，您将贵公司的物流项目委托给我们公司运作，对贵公司来讲将降低对公司的运作风险，同时我们也将提供与其他公司相同的优惠，由此带来的综合利益一定是您最关心的，您觉得是这样吗？”

2. 二选一成交法

“您是将全部的物流项目都委托给我们公司运作？还是将运输或者仓储委托给我们公司运作呢？”

3. 假设成交法

“您打算将仓储和运输的项目全部委托给我们公司运作吗？”

4. 次要成交法

“我们的物流解决方案都是为企业进行量身定制的，因此在提供物流服务前，我们需要做一次详细的需求调研，您觉得什么时候安排时间做访谈呢？”

5. 水落石出法

“请问您所担心的是什么问题呢？是我们公司的服务质量？是价格问题吗？是仓库管理方面的问题吗？那除了以上的问题以外，还有其他什么问题吗？”

3. 提出物流服务建议

对于客户的特殊需求，物流销售人员可以代表本公司给出针对性强、个性化的物流服务解决方案或者建议，将物流服务特性转化为客户的利益，重点阐述该物流服务项目在解决当前问题的优势。当然，销售人员寻找、接近并说服客户的最终目的是要客户接受该物流服务项目。

客户购买活动的心理过程，历经认识阶段之后，还要经过情绪变化和意志决定这两个发展阶段。在洽谈过程中，销售人员必须准确把握客户购买决策前的心理冲突，利用各种理智的和情感的手段去刺激客户的购买欲望，引导客户做出购买决定，促成交易。所以，销售人员可以采用各种方式说服客户，强调客户所能得到的利益，给予客户一些优惠，提供优质的服务，强化客户的购买欲望，为客户最终做出购买决定而努力。

[资料链接]

销售洽谈要符合 MONEY 法则：

M：master 精通——精通产品卖点，熟悉业务内容。

O：opportunity 机会——抓住现场机会，灵活机智应变。

N：need 需求——找准客户需求，满足实际需要。

E：emotion 情感——触动心灵情感，取得客户信任。

Y：yourself 自己——将心比心，想想自己。

成功的物流服务洽谈活动的特征包括：

（1）能毫无遗漏地说出对客户解决问题及现状改善的效果。

（2）让物流客户相信能做到所说的。

（3）让客户感受到热诚，并愿意站在客户的立场，帮助客户解决其物流上的问题。

六、异议处理

在整个洽谈活动中，客户会随时对销售服务项目、销售人员、销售方式和交易条件发出怀疑、抱怨，提出否定或反对意见，销售人员会经常遇到："对不起，我很忙""对不起，我没时间""对不起，我没兴趣""价格太贵了""质量能保证吗?"等被客户用来作为拒绝的问题，这称为客户异议。

1. 客户异议的类型

根据客户异议性质的不同，可以将异议分为真实异议、虚假异议和隐藏异议三种类型；根据异议内容的不同，可以将异议分为需求异议、价格异议、产品异议、购买时间异议、客服人员异议、服务异议和支付能力异议七种类型，如表 5－2 所示。

表 5－2　客户异议分类及处理

客户异议	所属类别（根据性质划分）	所属类别（根据内容划分）	处理建议
客户："其他公司类似服务的报价比你们低三成。"	虚假异议	价格异议	可以从产品的质量、适合度等方面来给客户介绍，也可以稍稍降低价格
客户："算了，连你（销售员）自己都不明白，我不买了。"	真实异议	客服人员异议	推荐更为专业的客服人员来与客户进行沟通和解答疑问
客户："给我 10%的折扣，我今天就给你下订单。"	隐藏异议	价格异议	从产品质量方面适当减价，从服务方面来提高附加值，说服客户接受并购买
客户："我们早就不需要这样的运输服务功能了。"	虚假异议	需求异议	从更深处挖掘，高质量的服务才更加有保障，能为客户带来更多价值
客户："××公司是我们的老关系户，我们没有理由中断和他们的合作关系，转而向你们公司购买这种产品。"	真实异议	需求异议	从产品质量，价格等方面和其他品牌相同产品进行对比，凸显出自家产品的优势和为客户带来的最大价值
客户："10 月份的货损同比提升了 10%。"	隐藏异议	服务异议	通过改进服务来打动客户，为客户带来更多的利益

分析结论：在分析客户所存在的异议时，销售人员要及时做出反应，找对方向，给出良好的建议。物流销售人员在面对客户的时候要认真专注地为客户排忧解难，及时处理。要学会聆听，分析客户的要求，然后提供满意的服务。

2. 产生异议的原因

产生异议的原因可能是客户引起的，也可能是销售人员造成的，如表 5－3 所示。

表 5-3　产生顾客异议的原因

客户方面的原因	销售方面的原因
(1) 客户没有真正认识自己的需要	(1) 销售人员欠缺沟通技巧
(2) 客户安于现状	(2) 物流服务展示失败
(3) 客户的偏见和成见	(3) 无法吸引客户的兴趣
(4) 客户有比较固定的购销关系	(4) 夸大其辞，不实陈述
(5) 客户的支付能力	(5) 使用太多生涩难懂的专业术语
(6) 客户的自我表现和自我保护意识	(6) 调查结果脱离实际情况

3. 正确对待客户异议的方式

(1) 要鼓励客户提出异议。

(2) 认真倾听客户异议。

(3) 准确回答客户的提问。

(4) 永不争辩，维护客户的自尊。

因此，把握处理销售障碍的最佳时机至关重要，如表 5-4 所示。

表 5-4　正确选择处理销售障碍的最佳时机

处理方法	处理时机
预先处理	销售人员在客户提出异议之前主动处理客户异议
同步处理	当客户提出异议时，销售人员立即以充分的理由进行解释，成功地促成交易
推迟处理	销售人员不立即回答，而是故意拖延一段时间再回答
不予回答	销售员对客户的异议故意不回答

4. 物流销售人员处理客户异议

(1) 记录下每天遇见的客户异议。

(2) 进行分类排列，将出现频率最高的异议放在首位，依次排列出异议出现的顺序。

(3) 集体讨论编制应答语，并整理成文。

(4) 销售人员要熟记应答语。

(5) 分组练习应答语的使用。

(6) 针对练习中遇见的问题和突发状况，对应答语进行修改和完善。

(7) 对修改后的应答语反复练习，定稿印制，订成小册子随手翻阅，以供不时之需。

七、签订合同

如果销售人员希望做成生意，迟早要向客户请求。达成交易对销售人员来说是非常开心的时刻，因为从一开始接触潜在客户时，所希望的就是达成交易。那么，如何让客户说“我同意”“就这么定了”“我愿意与您交往”，是非常关键的问题。

在很多的实例中，都存在一个有趣的现象：当询问那些没有被打动的客户，他们为什么没有进一步产生购买行为时，让人吃惊的是他们回答说：“销售人员没有请求我们这样做”。可见，在实际的销售过程中，产品说明、服务展示及解决异议等只是交易的辅助工具，目的是用来和客户达成协议的，而我们在实务中却容易忽视这一点，客户的购买是由多种因素组成的，如果销售人员的说服已经起了效果但自己却不知道，一直在等待客户点头同意，就会白白放弃了成交的好机会。

成交的方式有两种，一是签订供销合同；二是现款现货交易。在实战中，一些销售人员抱有不良的心理倾向，阻碍了成交，需要克服。

1. 签订合同的障碍

（1）害怕拒绝。有的销售人员不能主动地向客户提出成交要求。这些销售人员害怕提出成交要求后，如果客户拒绝会破坏洽谈气氛，一些新销售人员甚至对提出成交要求感到不好意思。

据调查，有70%的销售人员未能适时地提出成交要求。许多销售人员失败的原因仅仅在于没有开口请求客户订货。美国施乐公司前董事长波德麦克考芬说，销售人员失败的主要原因是不要订单。不提出成交要求，就像瞄准了目标却没有扣动扳机一样，这是错误的。没有要求就没有成交。

遭到客户的拒绝也是正常的事。美国的研究表明，销售人员每达成一次交易，至少要受到客户6次拒绝。销售人员学会接受拒绝，才能最终与客户达成交易。

（2）等待客户先开口。有的销售人员认为客户会主动提出成交要求，因此，他们等待客户先开口，这其实是一种错觉。

小案例

一位物流销售人员多次前往一家公司联系业务。

一天，该公司采购部经理拿出一份早已签好字的合同，销售人员愣住了，问客户为何在过了这么长时间以后才决定购买，客户的回答竟是："今天是您第一次要求我们订货。"

这个故事说明，绝大多数客户都在等待销售人员首先提出成交要求。即使客户主动购买，如果销售人员不主动提出成交要求，买卖也难以成交，所以物流销售人员应该主动提出成交的请求。

（3）放弃继续努力。还有一些销售人员把客户的一次拒绝视为整个销售失败，放弃继续努力。

研究表明，一次成交失效并不是整个成交工作的失败，销售人员可以通过反复的成交努力来促成最后的交易。

2. 提出签订合同要求的时机

在销售场合，如果销售人员在介绍服务之外还要做更多的努力，有些时候会感到力不从心，如果客户没有觉察出产品的价值而不急于购买，销售人员就容易丧失信心。事实上，如果关注客户购买心理的阶段性变化，如注意、发生兴趣、产生联想、激起欲望、比较、下决心及提出异议，这里的每个阶段都可以出现达成协议的时机。

物流销售人员要随时关注成交的信号，成交信号是客户通过语言、行动、表情泄露出来的购买意图。客户产生了购买欲望常常不会直言说出，而是不自觉地表露其心志。客户的购买信号如表5-5所示。

表5-5 客户购买信号的具体表现

客户购买信号	具体表现
语言信号	客户询问服务、交货期、交货手续、支付方式、保养方法、使用注意事项、价格、竞争对手的服务及交货条件、市场评价等
动作信号	客户频频点头、端详样品、细看说明书、资料，向销售人员方向前倾、用手触及订单等
表情信号	客户紧锁的双眉分开、上扬、深思的样子、神色活跃、态度更加友好、表情变得开朗、自然微笑、客户的眼神、脸部表情变得很认真等

3. 提出签订合同要求的准则

(1) 经常性准则。以销售为导向，充分利用环境、与关键人士建立的关系以及双方的自信，推动销售协议的达成。

对有经验的销售人员来说，可以在非常短的时间内让一个客户接受并签约。对客户来讲，采购的决策并不是盲目的，如果不是销售一件让所有客户都感到陌生的新产品，客户必定知道该产品或同类产品的存在，所以经常性地提出签约要求是非常可行的。一个销售人员的业务生涯，大多数的协议是在这种情况下达成的。

(2) 对每一个销售重点的准则。在说明完一个销售的重点后，要表示出一个达成协议的动作，以确认这个重点是否是客户关注的利益点。如果错过这样的机会，在辛苦地忙碌了两个小时之后，发现客户已经没有兴趣了，轻易地让达成协议的机会溜走，就算是最后交易成功，也浪费了客户的时间。

(3) 重大异议解决后的准则。化解了客户的重大异议后，可以立即提出交易，因为重大的异议是客户决定是否购买的重要障碍，解决异议时实际上客户已经承认了产品的价值。为客户的购买扫除了障碍，赶紧用合适的语气说："您看，现在基本上没有什么问题了，那我们就这么定下来吧!"

4. 签订合同

交易最后体现在合同上，合同要写清楚双方的权利义务关系。合同的条款主要包括：确定双方的运营关系、服务范围、管理流程、付款条件、绩效水平的评估，合同变更、中止的条件，争议解决的方式；确定双方的法律关系，如责权划分、知识产权保护、保密条款和适用的法律等。

5. 未达成交易的注意事项

(1) 正确认识销售失败：失败是成功之母。

(2) 失败时要注意形象。一些物流销售人员面对失败，心中感到沮丧，并在表情上有所流露，失魂落魄，言行无礼。没谈成生意，不等于今后不会再谈成生意。古语云"买卖不成仁义在"，虽然没谈成生意，但联络了客户的感情，留给客户一个良好的印象，那也是一种成功，为赢得下次生意成功播下了种子。

因此，要注意辞别顾客时的言行，友好地与客户告辞。

[资料链接]

攻心为上，攻城为下

兵法有云：攻心为上，攻城为下。只有你得到了客户的心，他才把你当作合作伙伴，当作朋友，这样你的生意才会长久，你的朋友才会越来越多。业内人士经常说，只有你把客户做成了朋友，你的路才会越走越宽；反之，那只是昙花一现。

攻心并不一定是大鱼大肉的应酬、大把的回扣。俗话说，锦上添花不如雪中送炭。平时过年过节的问候，一句话、一声情，足矣。

八、售后服务

服务是一种具有无形特征的，但可被消费者感知的并可满足消费者需求的一种或一系列的活动、过程和结果。

售后服务包含履行合同、合同纠纷处理和客户关系维护。售后服务是销售过程中重要的环节，物流服务是无形的，售后服务已经成为企业保持或扩大市场份额的要件，售后服务的优劣能影响消费者的满意程度。

售后服务的内容涉及：代消费者安装、调试产品；根据消费者要求，进行有关使用等方面的技术指导；保证维修零配件的供应；负责维修服务，并提供定期维护、定期保养；为消费者提供定期电话回访或上门回访；对产品实行“三包”，即包修、包换、包退；处理消费者来信来访以及电话投诉意见，解答消费者的咨询；用各种方式征集消费者对产品质量的意见，并根据情况及时改进。

完美的售后服务要有积极合作的态度，按既定方针处理，发现变化及时沟通，这非常有利于巩固老客户，维系老客户，相当于生意上的友情投资，通过服务树立企业形象，有利于建立长期的合作关系，提升企业的业务质量。

任务二 投标获得物流客户

[案例引入]

李宁公司的物流配送

背景描述：

国际著名品牌耐克在中国的物流分拨时间是七天，而李宁公司物流分拨时间只要四天半就够了。李宁的物流策略在物流运输服务上、仓储配送上、物流信息化上都擅长“组合拳”。

精选代理动态管理

通常情况下，国内的很多货主企业总是相信大型物流公司，而李宁公司在挑选物流公司时，不找最大的物流公司，只找最适合的。

李宁公司的招标准则是，选择最合适的承运商。李宁公司选择的物流服务商都是一些中等规模的物流公司或是运输公司。李宁公司认识到，大的物流公司有可能有更大的客户，如果自己在行业里排第二，那么肯定会有更大的客户排在前面，其受重视程度肯定要比自己大。有了这种新的思考之后，李宁转变思路，开始选择一些中等规模的物流运输公司为合作伙伴。李宁的货物开始备受重视，物流公司在服务上尽心尽力，这样物流公司在与李宁公司的合作中就可以做到：无论什么情况，李宁公司的货物首先发。

李宁公司在招标选择承运商时，非常重视招标的流程合理。在选定承运商之后，李宁公司还非常重视对承运商的动态管理，连续进行对承运商的绩效考核、末位淘汰与追踪控制。

李宁公司的承运商和物流代理公司都必须接受严格的绩效考核。公司共有5个考核指标，分别是：准时提货率、及时正点率、货损货差率、服务态度以及完美回单率。针对专线承运商，李宁公司物流部会亲自监控每一个指标的完成，而对于代理公司，则做整体考评。

所有物流承运商都要把他们的信息管理系统与李宁公司物流部进行对接，及时反馈运输监控信息。他们必须每天报报表，包括货单号、提货时间、发货时间、在途时间、长途运输中不同地点的报告和事故原因分析报告。与此同时，李宁公司物流部有运输追踪部专门负责电话追踪经销商、专卖店，把自己得到的信息与承运商反馈的数据统一做一个文件，形成承运商这个月的编程。

参照这些编程，李宁公司每个月都会给承运商打分，每个季度集中一次，把数据报表向承运商公布，针对其不足，限期整改。依靠这种严格的末位淘汰制度，承运商的服务水平不断提高，现在与李宁公司合作的承运商不仅有招标入围的，还有曾经被淘汰后又提高自身水平再次得到李宁公司认可的。而李宁公司的货物运输在业内也受到广泛的赞许，赢得了广大经销商的信赖：只要货款到账，货物就一定会安全正点送到。

（资料来源：http：//www.iscwl.com/blog/hangye/680.html，有删改）

思考题：

李宁公司采用招标方式选择物流配送承运商的优点是什么？其招标原则是什么？

[相关知识]

一、招标投标知识概述

1. 招标投标的概念

（1）招标。指招标人（买方）发出招标公告或投标邀请书，说明招标的工程、货物、服务的范围、标段（标包）划分、数量、投标人（卖方）的资格要求等，邀请特定或不特定的投标人（卖方）在规定的时间、地点按照一定的程序进行投标的行为。

（2）投标。指投标人应招标人特定或不特定的邀请，按照招标文件规定的要求，在规定的时间和地点主动向招标人递交投标文件并以中标为目的的行为，是与招标相对应的概念。

招标和投标是一种商品交易行为，是交易过程的两个方面，这种贸易方式既适合于采购物资设备，也适合于发包工程项目。凡在我国境内进行的招投标活动，均适用于《中华人民共和国招标投标法》。

2. 物流招投标的概念

(1) 物流招标。物流招标一般是指大型的生产企业为了使自身的产品在储运配送过程中得到更优质的服务，在一定范围内面向物流企业招商的一种手段，也可称之为物流外包。所谓物流业务外包，即制造企业或销售等企业为集中资源、节省管理费用，增强核心竞争能力，将其物流业务以合同的方式委托给专业的物流公司（第三方物流）运作。外包是一种长期的、战略的、相互渗透的、互利互惠的业务委托和合约执行方式。

(2) 物流投标。物流项目投标是投标人（即物流企业法人）寻找并选取合适的投标信息，在同意并遵循招标方核定的招标文件的各项规定和要求的前提下，提出投标文件，以期通过竞争为招标方选中的交易过程。

二、物流招标投标活动当事人

物流业务招投标在实际操作过程中一般由招标单位作为招标主体，物流公司作为投标主体，也可由第三方物流机构将物流管理和业务一起分包或者转包，有时也涉及招标代理机构和投标代理结构。

三、物流招标和投标的程序

物流服务的需求方通过物流服务项目的招标方式进行业务外包，将使其以较低的成本得到较高质量的物流服务。随着物流市场的进一步规范与发展，进行物流项目招投标将成为物流服务交易的主要形式。

物流招投标的流程一般分为招标、投标、开标、评标、中标五个步骤。

1. 招标方式

按邀请投标人的公开程度划分，招标方式可分为公开性招标和邀请性招标。公开性招标是不限定范围，通过发布招标信息向全社会的企业进行招标；邀请性招标是向特定的某些企业发出邀请进行招标。按照邀请投标人的地域划分，招标方式可分为国内招标和国际招标。

2. 招标程序

(1) 招标准备。企业进行物流项目招标，目的是以较低的成本得到其需要的物流服务。

为了使招标得以成功，必须做好招标的每一步工作，主要包括：

第一，需求表述。首先需要分析自身的物流服务需求，并明确地表达出来，例如，寻找终端配送商，第三方物流项目招投标，物流运输项目招投标等。

第二，招标前准备工作，如物流企业资格审查、研究招标方案、制定招标文件、确定招标形式及标的等。

第三，公开发布招标公告或书面邀请投标人。

第四，出售或派发招标文件。

第五，接受投标。

第六，进行开标和评标。

第七，根据评标结果，结合企业自身需要，选择中标人签订物流服务合同。

(2) 招标文件。招标书的编制对于招标能否成功至关重要。一般情况下，招标书主要涉及企业自身情况和产品生产现状，以及对物流服务各个环节的要求，如货物运输、仓储控制、配送时效等，有的还可能涉及产品包装和流通加工等环节。

大体上说，编制物流项目招标书一般应包括如下几个部分：

第一，招标邀请书、投标人须知。

第二，招标方的企业介绍和发展历程。

第三，招标方具体的物流服务需求，越详细越好。

第四，物流服务的详细操作要求、操作流程等。

第五，物流服务费用的构成。

第六，对投标书的要求和招标组织情况。

第七，物流服务招标范围和不在招标范围的说明。

第八，计划的招标程序和时间安排。

3. 投标程序

(1) 物流项目投标活动的特点：

第一，投标人之间的竞争比较直接。招标方在一定的期限内接受各种投标人提出的各种服务方案和报价，并进行比较，势必使投标人之间面临相对直接的竞争。

第二，投标人之间的竞争在于综合优势。投标人要想被招标方选中，不仅要在物流技术、物流服务方案上具有竞争力，还要在企业资信、应对突发事件等方面具备优势。这样，投标人之间的竞争就体现出高度综合的竞争特点。

第三，投标人之间形成价格博弈之势。在招投标过程中，招标方处于主动地位，其目的是以较低的成本获得需求的物流服务。投标人若想在此过程中胜出，除了提供满意的物流服务外，必须充分考虑好定价策略。

(2) 投标准备。物流企业在达成投标意向后，随即着手投标的准备工作，主要包括如下步骤：

第一，组织物流项目投标小组。抽调有物流服务经验、有物流方案策划和设计能力的人员组成技术完备的投标小组，并给予充分的人、财、物、时间的方便，集全体员工智慧做好投标工作。

第二，收集招标企业的资料。深入了解招标企业的状况，包括成长经历、产品类型和特点、市场状况，掌握招标企业的组织结构和未来企业发展态势。

第三，认真研究招标文件。分析招标内容，提出招标文件中的质疑问题，并做好询标工作。分解招标内容，组成解决各个有关内容的工作小组，编制投标文件，确定项目实施的资源、人力以及费用等，进行投资效益分析、可行性研究等。

第四，严格按照招标书的时间要求，确定投标活动的时间表，并制订投标工作计划。

(3) 投标文件。物流项目投标书是在分析招标企业的概况和物流需求后，做出的向招标方应标的一种表示方法。同时，投标书也是物流企业介绍自身服务能力的机会，对投标的成功与否起着决定性作用。物流项目投标书主要由如下部分组成：

第一，总则。表示愿意投标，以本企业拥有的物流资源提供招标方所需的物流服务，以及与招标方共同发展的愿望。

第二，本物流企业介绍。对本物流企业发展历程、企业实力，尤其是取得的物流服务的历史业绩向招标方作说明。

第三，提出本企业物流服务优势。如具有经验丰富的物流运作团队，能为客户高质量地完成各项物流服务；具有先进的IT技术和物流信息网络技术，高效而实用的物流运作平台；具有足够的物流服务资源，先进的仓储设施和强大的运输网络等。

第四，提出物流服务措施。针对招标方的物流需求，提出实施物流服务的具体办法。

第五，根据提供物流服务的种类和数量，结合市场实际，对提供的物流服务给出报价。

(4) 投标实施。怎样进行投标工作与企业能否投标成功密切相关。实施投标工作的关键步骤如下：

第一，在投标小组的领导和计划下，有步骤、有节奏地按照招标书的要求，参与投标活动。投标小组可召开各种会议，明确目标，做好内部分工，制订详细的投标工作计划。

第二，仔细分析研究招标书内容。对招标书中不清楚、不明白或有问题的地方，认真记录，然后有计划地与招标方进行讨论，讨论结果由招标方确认，作为招标过程的支持文件。

第三，精心编写投标书。投标文件是投标活动中最核心、最关键的文件，投标书不但是一个完整的物流服务方案，而且是投标方能否中标的依据。

第四，将投标书精心装订成册，在指定时间内送到招标方手中。

第五，精心准备投标答辩。就招标方可能提出的问题做好回答准备。在答辩会上，进一步展示投标方的合理化建议，以及提高服务质量，降低物流服务成本的措施。

(5) 物流项目目标实现。招投标结束后，中标的物流企业将与招标方签订物流服务合同，提供招标方所需要的物流服务。为了使物流项目目标得以实现，需要招投标双方充分交换信息、相互信任、共同协作。在物流服务项目进行的过程中，应对服务的每一阶段进行监督，看物流项目每一阶段的目标是否实现，是否满足需求，是否存在有待改进之处。双方应本着共赢的原则，积极理顺沟通渠道，妥善解决出现的问题，这样才能使物流项目的目标得以最终实现。

四、物流项目招投标的优点

(1) 有助于招标企业构建核心竞争能力。企业将物流招标外包给第三方物流公司，就能将自身相对有限的资源与管理能力集中于自身整个供应链最优势的环节，从而能构建自身的核心竞争能力。

（2）有助于招标企业提高作业和管理效率。企业将物流招标外包给第三方物流，使得企业只需要面对与管理单一的第三方服务商，相对“自营物流”模式，企业可以精简相关物流职能部门，从而降低管理成本，提高管理效率。第三方物流商专业的物流管理方式与手段，也能大大提高物流效率，实现库存水平合理化，提高库存周转率，提高企业资金周转速度。

（3）有利于提高招标企业资产效益。企业采用物流招标外包物流后，可以大大节省对物流设施与设备的投资。第三方物流商服务多家客户，客户之间的物流业务在淡旺季相互补偿，可以极大地提高社会资产利用率，降低管理成本，从而保证以低廉的物流成本为客户提供优质服务。

（4）有助于招标企业快速战略扩张。一个生产企业或商业企业，想将业务快速拓展到某个领域或区域，必须预先在此构建物流体系，这将延缓企业的战略扩张，采用第三方物流模式后，第三方物流商广泛的服务网络能助企业快速将物流体系延伸到此领域或区域。

（5）有利于提升企业形象。第三方物流公司利用完备的设施和训练有素的员工对整个供应链实现完全的控制，帮助客户改进服务，树立自身的品牌形象。招标企业也可以借助于第三方物流企业的品牌形象，提升自身的企业形象。

（6）有利于优化企业的物流，招标企业可以在众多投标物流服务公司里，找到最好的服务供应商。

（7）有利于投标的第三方物流公司找到适合自身经营的项目。

（8）有利于优化产业链，使产业分工趋于合理，有利于节约能源。

项目小结

1. 介绍了开发物流新客户的流程，其中详细阐述了收集客户信息的方法、销售准备的内容、约见客户的事由、拜访客户的主要步骤及注意事项、销售洽谈的流程、客户异议产生的类型及处理、签订合同的障碍和基本原则、售后服务的内容。

2. 物流招投标的流程一般分为招标、投标、开标、评标、中标五个步骤。本项目主要阐明了物流招标、投标的概念，物流招标投标活动当事人，招标准备和招标书，物流项目投标活动的特点，投标准备和投标书，投标实施和物流项目如何实现，介绍了物流项目招投标的优点。

知识测试

一、单项选择题

1. 下列哪一项不属于开发物流新客户的流程？（　　）

A. 约见客户　　B. 签订合同　　C. 收集信息　　D. 问卷调查

2. 从专业报纸广告里查找，例如商品信息、推介广告、招聘广告等资料的收集方法又叫做（　）。

A. 媒体交流法　　B. 资料分析法

C. 人际网络拓展法　　D. 合作伙伴介绍法

3. 客户说："其他公司类似服务的报价比你们便宜一半。"这种异议属于（　）。

A. 真实异议　B. 隐藏异议　C. 服务异议　D. 虚假异议

4. 以下哪项不属于促成交易的技巧？（　）

A. 利诱成交法　B. 水落石出法　C. 沟通成交法　D. 假设成交法

5. 根据客户异议性质的不同，可以将异议分为真实异议、虚假异议和（　）三种类型。

A. 服务异议　B. 价格异议　C. 支付方式异议　D. 隐藏异议

6. 触动心灵情感，取得客户信任属于 MONEY 法则中的（　）。

A. master 精通　B. emotion 情感　C. yourself 自己　D. need 需求

7. 大型的生产企业为了使自己的产品在储运配送过程中得到更优质的服务，在一定范围内面向物流企业招商的一种手段是（　）。

A. 招标　B. 投标　C. 标书　D. 中标

8. 按邀请投标人的公开程度划分，招标方式分为公开性招标和（　）。

A. 邀请性招标　B. 国内招标　C. 国际招标　D. 第三方招标

9. 当客户紧锁的双眉分开、上扬、深思的样子、神色活跃、态度更加友好时给出的信号是（　）。

A. 语言信号　B. 表情信号　C. 动作信号　D. 心理信号

10. 当客户提出异议时，销售人员立即以充分的理由进行解释，成功地促成交易，这种处理销售障碍的最佳时机称为（　）。

A. 推迟处理　B. 不予回答　C. 同步处理　D. 提前处理

二、多项选择题

1. 常见的收集客户名单与信息的途径有如下几种：（　）。

A. 资料分析法　　B. 媒体交流法

C. 合作伙伴介绍法　　D. 销售人员人际网络拓展法

2. 物流服务销售人员可以按照（　）拜访事由来约见客户。

A. 市场调查　B. 参观展示　C. 提供服务　D. 走访客户

3. 为了实现销售洽谈的目的，销售人员需要完成的任务有（　）。

A. 准确把握顾客需求　　B. 说服客户达成交易

C. 关注顾客心情　　D. 提出物流服务建议

4. 物流招投标的流程一般分为（　）等步骤。

A. 招标　B. 投标　C. 评标　D. 中标

5. 按照邀请投标人的地域划分，招标方式可分为（　）。

A. 邀请性招标　B. 国际招标　C. 公开性招标　D. 国内招标

6. 根据异议内容的不同，可以将异议分为（　）。

A. 需求异议　　B. 客服人员异议

C. 产品异议　　D. 购买时间异议

7. 约访客户常见的拒绝理由主要有（　　）。

A. 很忙、没时间　　B. 有需要会打电话的

C. 对你们不够了解　　D. 暂时不需要

8. 提出签订合同要求的准则主要有（　　）。

A. 销售量准则　　B. 对每一个销售重点的准则

C. 经常性准则　　D. 重大异议解决后的准则

9. 下列属于促成交易的技巧有（　　）。

A. 利诱成交法　B. 假设成交法　C. 二选一成交法　D. 次要成交法

10. 物流业务招投标在实际操作过程中一般由（　　）为投标主体。

A. 招标单位　B. 物流公司　C. 招标代理机构　D. 投标代理结构

三、判断题

1. 名片要保存在名片夹中，名片夹放在西装的内袋中，不应从裤子口袋里掏出，可以在名片上做记号或标注。（　　）

2. 通过政府主管部门的权威网站、企业网站、行业协会网站，专业研讨会、期刊等都可以收集到大量的客户资料。（　　）

3. 拜访客户的开场一般要打招呼、嘘寒问暖、自我介绍或者感谢相关人员对于拜访事宜的帮助。（　　）

4. 递名片时，用大拇指和食指握住名片，反面朝向接受名片的人。（　　）

5. 六度人脉关系理论，是指地球上所有的人都可以通过六层以内的熟人链和任何其他人联系起来。（　　）

6. 物流项目投标书是在分析招标企业的概况和物流需求后，做出的向投标方应标的一种表示方法。（　　）

7. 访问客户尽量让客户确定时间，或者根据客户的特点约定时间，尽量避开客户最繁忙的时间，注意目标企业上下班的作息规定。（　　）

8. 客户产生异议的原因是由销售人员造成的。（　　）

9. 售后服务包含履行合同、合同纠纷处理和客户关系维护。（　　）

10. 化解了客户的重大异议后，为免尴尬不可以立即提出交易。（　　）

四、简答题

1. 开发物流新客户的流程有哪些？

2. 常见的收集客户名单与信息的途径有哪些？

3. 拜访物流客户的主要步骤有什么？

4. 什么是 MONEY 法则？

5. 约见客户时间主要考虑哪些因素？

6. 什么是物流投标？

7. 客户购买信号的具体表现有哪些？

8. 常见的预约客户的方式有哪些？

9. 销售人员在与客户洽谈的过程中需要注意的环节有哪些？

10. 物流项目投标活动的特点有哪些?

能力训练

一、案例分析

案例一:

销售人员 A:您好!我是大林物流公司的销售人员,陈大勇。在百忙中打扰您,是想要向您请教有关贵公司物流方面的事情?

客户:哦,我们公司的物流有什么问题吗?

销售人员 A:并不是有什么问题,我想知道你是否已经考虑需要更换供应商。

客户:没有这回事,我们现在的物流供应商很好,现在不想考虑更换供应商。

销售人员:并不是这样哟!对面××电器公司已更换了新的供应商呢。

客户:不好意思,将来再说吧!

案例二:

销售人员 B:郑总在吗?我是大华物流公司销售人员王维正。我是本地区的销售人员,经常经过贵公司。看到贵公司一直生意都是那么好,实在不简单。

客户:您过奖了,生意并不是那么好。

销售人员 B:贵公司对客户的态度非常的亲切,郑总对贵公司员工的教育训练,一定非常用心,我也常常到别家公司,但像贵公司服务态度这么好的实在是少数;对面的张总,对您的经营管理也相当钦佩。

客户:张总是这样说的吗?张总经营的公司也是非常的好,事实上他也是我一直的学习对象。

销售人员 B:郑总果然不同凡响,张总也是以您为模仿的对象,不瞒您说,张总昨天刚和我公司续签了物流服务的合同,非常高兴之时,提及了郑总的事情,因此,今天我才来打扰您!

客户:喔!他在使用你们的物流服务?

销售人员 B:是的。郑总是否考虑也使用我公司的服务呢?目前贵公司的物流状况虽然也不错,但是如果能够使用更能降低成本、提高效率的物流服务供应商,您的客户一定会更满意贵公司的售后服务,贵公司的生意也一定会更好。请郑总一定考虑一下这样的物流供应商……

分析问题:

1. 案例一中销售人员 A 接近客户失败的原因是什么?
2. 案例二中销售人员 B 接近客户成功的理由有哪些?
3. 比较上述两个案例,你有哪些心得和体会?

二、技能实训

任选一家你熟悉的物流企业,调查该企业开发新客户的主要方法,对调查结果进行分析、总结,给出调查结论。

项目六　物流服务营销

学习目标

知识目标：

1. 掌握服务营销的含义。
2. 熟悉内部营销的含义、有形展示的类型、物流服务过程的含义。
3. 理解人员参与、有形展示、过程管理的重要性。
4. 掌握人员参与、有形展示、过程管理策略的内涵。
5. 掌握巩固老客户的重要意义及流程。
6. 熟悉物流客户异议产生的原因。
7. 掌握物流客户异议处理的方法。
8. 掌握常规物流客户物流服务技巧。
9. 掌握典型物流客户物流服务技巧。
10. 掌握棘手物流客户物流服务技巧。

能力目标：

1. 能够运用物流服务营销的人员参与、有形展示、过程管理策略开展物流服务营销工作。
2. 能够认识到老客户的重要性，并能采取恰当的巩固老客户的措施。
3. 能够准确掌握客户异议产生的原因，并能够采取恰当的方式予以处理。
4. 能够准确分析不同的客户类型，并能够采取恰当的客户物流服务策略。

学习重点与难点：

1. 人员参与、有形展示、过程管理策略的内涵。
2. 巩固老客户的流程。
3. 物流客户异议处理的方法。

4. 常规物流客户物流服务技巧。

5. 典型物流客户物流服务技巧。

6. 棘手物流客户物流服务技巧。

任务一 认知服务营销

[案例引入]

联邦快递:“做全球的物流专家”

近年来，物流企业越来越重视规划、管理、咨询等层面的增值物流服务功能，以实现提升客户经济效益、物流服务水平及企业竞争力的使命。联邦快递的“全球物流专家”客户物流服务理念，正是在此背景下产生的。

一、联邦快递的全球运送物流服务

电子商务的兴起，为快递业者提供了良好的机遇。电子商务体系中，很多企业间可通过网络的联接，快速传递必要信息，但对一些企业来讲，运送实体的东西是一个难解决的问题。举例来讲，对于产品周期短、跌价风险高的计算机硬件产品来讲，在接到客户的订单后，取得物料、组装、配送，以降低库存风险及掌握市场先机，是非常重要的课题。因此，对那些通过大量网络直销的戴尔电脑来讲，如果借助联邦快递的及时配送物流服务来提升整体的运筹效率，可为规避经营风险做出贡献。有一些小企业，由于经费人力的不足，往往不能建立自己的配送体系，这时就可以借助联邦快递。

要成为企业运送货物的管家，联邦快递需要与客户建立良好的互动与信息流通模式，使得企业能掌握自己的货物配送流程与状态。在联邦快递，所有客户可借助其网址(www.fedex.com)同步追踪货物状况，还可以免费下载实用软件，进入联邦快递协助建立的亚太经济合作组织关税资料库。它的线上交易软件 Business Link 可协助客户整合线上交易的所有环节，从订货到收款、开发票、库存管理一直到将货物交到收货人手中。这个软件能使无店铺零售企业以较低成本比较迅速地在网络上进行销售。另外，联邦快递特别强调，要与客户相配合，针对客户的特定需求，如公司大小、生产线地点、业务办公室地点、客户群科技化程度、公司未来目标等，一起制订配送方案。

联邦快递还有一些高附加值的物流服务，主要是三个方面。

1. 提供整合式维修运送物流服务

联邦快递提供货物的维修运送物流服务，如将已坏的电脑或电子产品，送修或送还所有者。

2. 扮演客户的零件或备料银行

扮演业者的零售商的角色，提供诸如接受订单与客户物流服务处理、仓储物流服务等功能。

3. 协助客户简化并合并行销业务

帮助客户协调数个地点之间的产品组件运送流程。在过去这些作业是由客户自己设法将零件由制造商送到终端客户手中，现在的快递业者可完全代劳。

综上所述，联邦快递的物流服务特点在于协助客户节省了仓储费用，而且在交由联邦快递运送后，客户仍然能准确掌握货物的行踪，可利用联邦快递的系统来管理货物订单。

二、联邦快递的客户服务信息系统

联邦快递的客户服务信息系统主要有两个：一是一系列的自动运送软件，如 Power Ship、FedEx Ship 和 FedEx interNetShip；二是客户服务线上作业系统（Customer Operations Service Master On-line System，COSMOS）。

1. 自动运送软件

为了协助顾客上网，联邦快递向顾客提供了自动运送软件，有三个版本：DOS 版的 Power Ship、视窗版的 FedEx Ship 和网络版的 FedEx interNetShip。利用这套系统，客户可以方便地安排取货日程、追踪和确认运送路线、列印条码、建立并维护寄送清单、追踪寄送记录。而联邦快递则通过这套系统了解顾客打算寄送的货物，预先得到的信息有助于运送流程的整合、货舱机位、航班的调派等。

2. COSMOS 这个系统可追溯到 20 世纪 60 年代，当时航空业所用的电脑定位系统备受瞩目，联邦快递受到启发，从 IBM、Avis 租车公司和美国航空等处组织了专家，成立了自动化研发小组，建起了 COSMOS。在 1980 年，系统增加了主动跟踪、状态信息显示等重要功能。1997 年又推出了网络业务系统 VirtualOrder。

联邦快递通过这些信息系统的运作，建立起全球的电子化服务网络，目前有三分之二的货物量是通过 Power Ship、FedEx Ship 和 FedEx interNetShip 进行，主要利用它们的订单处理、包裹追踪、信息储存和账单寄送等功能。

思考题：

1. 联邦快递要“做全球的物流专家”是基于何种营销理念？
2. 这种营销理念与之前讲过的理念有何不同？

[相关知识]

一、服务战略

1. 客户观念

客户所购买的不是产品或服务，而是由产品或服务提供的利益。他们所购买的是由有形产品、服务和其他因素所组成的“服务产品组合”，而且正是这个“服务产品组合”中为客户感知的服务创造了价值。不管企业所提供的产品形式如何，服务总是不可缺少的组成部分。产品或服务的价值不是在工厂或服务企业的办公室里生产出来的，尽管人们常从这个角度来研究问题。相反，当客户购买某个解决方案或者产品组合时，他们对产品或服务质量的感知才真正决定了产品或服务的价值。在此之前，只有资源（如产品、服务、信息、员工、技术、系统、技术方法和客户）存在并等待使用。从服务角度来说，客户的价值生成过程和服务的提供过程（我们通常将其称为服务生产和传递过程）很大程度上是同步的。这与有形产品不同，有形产品必须首先生产出来，然后由客户使用或消费，而且只有此时客户感知的价值才能生成。

客户会搜寻能给他们带来价值的解决方案或产品组合。所以，企业应当按客户价值评估与生成过程的特点来为客户提供产品或服务。一台设备的质量再好，如果它的维护或者是送货达不到客户的要求，对客户来说，也是没有价值的。

前面的讨论可以得出这样一个结论：客户购买的不是产品或服务本身，而是这种产品或服务给他们带来的价值，即客户价值。目前对客户价值的看法还没有统一，为此，很多学者做了大量的实证研究。伍德罗夫从客户的角度将客户价值定义为："客户价值是客户对产品属性、性能以及使用结果（对实现客户目标和初衷的促进或阻碍）的感知、偏好和评价。"客户的价值一般表示为：

客户价值＝利益－成本（金钱、精神、时间等）

从战略高度来说，企业在提供产品或服务时，必须了解客户价值的生成过程，了解客户真正的需求，才能真正赢得客户。

2. 服务观念

服务是由一系列或多或少具有无形特征的活动所构成的一种过程，这种过程是在客户与员工、有形资源的互动中进行的，这些有形资源（有形产品货或有形系统）是作为客户问题的解决方案而提供给客户的。服务的定义说明"无形性"是确定一个产品是否为服务的关键所在，同时也说明服务通常是在互动过程中进行性的。

对服务特性的研究，通常要结合制造业中的有形产品来进行。前面的论述中指出，物流产品本身就是服务，所以，物流服务具有不同于有形产品的特征。表 6－1 对服务与有形产品的特性进行了归纳。

表 6－1　　服务与有形产品的区别

有形产品	服务
有形	无形
同质	异质
生产、传递与消费过程分离	生产、传递与消费过程同时发生
一种物体	一种活动或过程
核心价值在工厂中生产	核心价值在买与卖的交互过程中实现
通常客户不参与生产过程	客户参与生产过程
可以储存	无法储存
牵涉到所有权的转移	不牵涉到所有权的转移

为正确理解服务营销，必须明确服务是一种过程消费，而不是结果消费。图 6－1 归纳了有形产品消费和服务消费的本质。

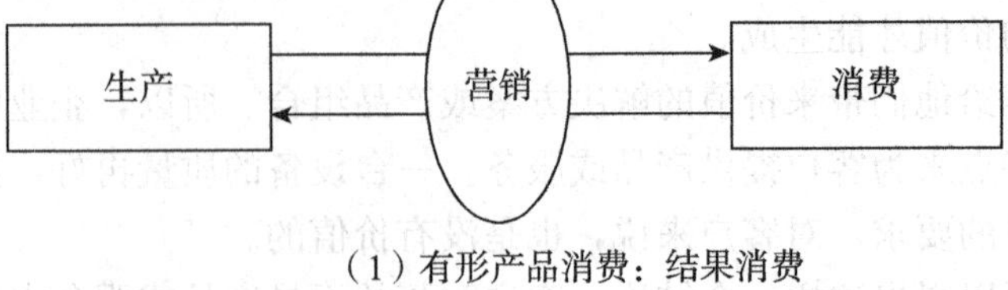

（1）有形产品消费：结果消费

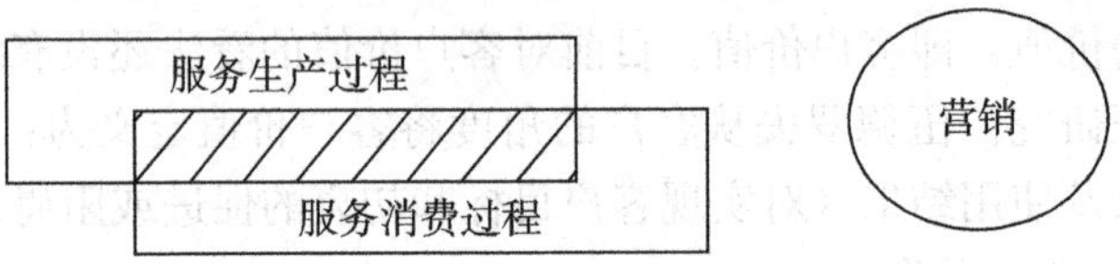

（2）服务消费：过程消费

图 6-1　有形产品消费、服务消费的本质及营销的作用

图 6-1 的上部表明的是有形产品的消费，我们从中可以看出生产和消费的过程，无论是从空间上还是从时间上看都是分离的。传统的营销理论（4Ps）正是以这一点为基础建立的，它是一座联系生产和消费的桥梁。图的下部表示的是服务的过程消费。在这里，生产与消费同步进行，消费者与生产资源（人）、有形资源、营运系统和信息系统等产生交互作用，并不需要将二者联系起来的“桥梁”。我们将连接服务的生产和消费过程视为服务营销的核心。我们必须将营销纳入到有机的服务过程，这与传统营销是不同的。

另外，人们之前对服务的研究具有极大的局限性，因为当时只有那些能够在账面上体现出来的服务才被称为服务。事实上，它们只是服务的一个组成部分。例如，任何客户（个人或组织）都会注意到这样一个事实：企业为他们所提供的服务远不止那些可在账面上反映的服务，还有许许多多的隐性服务，如票据处理、质量问题处理、服务补救、抱怨处理、客户培训、电子邮件收发、对特殊问题的关照、信守承诺、及时送货等。清晰、准确地处理票据，及时、有效地处理服务失误和客户抱怨，以及员工对客户的重视和理解，可以提高客户服务质量。这些努力可以使客户更轻松地接受企业的服务，在这些问题上，建立起良好的客户关系，有助于提高客户的重购率和减少客户的流失率。所以，这些隐性服务实际上是企业获取竞争优势的一个重要源泉。

现在，我们面临的问题是，管理人员通常并不将这些隐性服务归入服务范畴，也没有对其进行有效的管理和规划，因而未能使其成为企业竞争的“利器”。相反，管理人员认为，这些隐性服务不过是企业内部的日常管理程序，他们所要做是就是如何减少这部分支出，从而增加企业的效益。恰恰相反，将这些服务作为增加价值和竞争优势的策略（而不是日常管理程序），对于建立企业长期的竞争优势是必不可少的。

3. 服务竞争导向

服务竞争不是什么新名词。很多企业总是面临着非常严峻的竞争形势，但它们并没有意识到服务竞争的真正含义，所以，才会时常会陷入价格战的泥潭或者是过于强调市场沟通对企业生存与发展的作用。今天，越来越多的企业都清楚地认识到，核心产品、核心技术只是为它们参与竞争提供了一个基本的平台，而无法保证其肯定具有竞争优势。这就要求企业重新调整观念与导向，将服务（账面能够体现的或者是隐形的）作为新的竞争手段，否则，企业将面临被淘汰的命运。服务竞争导向的建立至少有三个原因：

在今天，客户的需求已不仅仅局限在具体的产品或技术上，客户群已经变得非常复杂，他们的信息获取量也比以前大大增加，所以，其需求也趋于复杂。在很大程度上来说，客户所追求的是更加舒适、更加可靠、更加便宜和更加安全的产品。简而言之，他们追求有更高价值的产品。第一，激烈的竞争强化了客户的这种需求。为了给客户提供价值更高的产品，企业开始关注服务，服务的重要性日益凸显出来。第二，科学技术，特别是信息技术的飞速发展，使得企业能够不断地推出新的服务项目。一个典型的例子是由于高性能计算机的发明，使准时制生产被广泛应用。近年来，互联网和电子商务的快速发展，更使得新服务的推出轻而易举。互联网是一种有很强的交互性的工具，它能使得企业与客户始终处于良好的交互和沟通状态，从而促进了企业核心产品价值的增加。电子商务更是加剧了这种趋势。新的信息技术在很大程度上使得企业能够更容易地保持与客户的良好关系，也促进了保持关系的新方法的产生。

当新的要素融入到保持客户关系所需要的产品和服务中去时，客户和企业的关系得以扩展。按照传统的观点，营销和促销是由营销部门和销售部门来进行的，他们对此负有全部责任，其他的部门对这项工作基本上不插手。但当客户与企业的关系得到扩展和新的服务不断推出后，企业与客户接触的增多，要求各部门扩大自己的职能。与客户保持关系的重任不再由营销部门独自承担，而是由各个部门分别承担的。在组织机构中，必须重新界定各部门的职责。

最后，管理层必须主动地认识并适应这种趋势。技术解决方案，不管是附着于产品还是服务，都无法成为竞争制胜的法宝。服务（包括账面上能反映的服务和隐性服务）在客户关系管理中是唯一能给客户创造价值的要素。至于技术解决方案，在客户心目中，应当是一种理应获得的东西，而不足对客户的额外“恩赐”。

今天，以制造业为研究对象的营销理论依然占据着绝对的统治地位。但是，这种状况正在逐渐改变，人们已经认识到仅仅研究有形产品的营销是不完善的。每个组织都无法回避残酷的服务竞争，服务营销理论在不断发展完善，服务竞争观念已深入人心。在服务竞争中，管理的中心任务是将服务战略观视为最重要的战略观，并应明确为了形成完整的服务产品组合体系该如何管理企业。这就是我们所说的服务管理，它是服务竞争白热化的必然产物。服务管理要得到高层管理者的关注，而不是仅仅得到营销部门的关注。

4. 服务战略观

在竞争中，企业可以采用不同的竞争战略。简单地归纳一下，战略可以分为：服务战略观、核心产品战略观、价格战略观、形象战略观。

（1）服务战略观意味着将服务视为与客户保持长期关系的战略性要素。不管是产品还是服务，要想依靠技术优势来长期保持竞争优势是相当困难的。因为这种技术优势必须非常明显。即使如此，也不能保证企业肯定会在竞争中取得成功。真正能给企业带来竞争优势的是我们前面所说的服务要素，因为这些要素对于我们发展与客户的长期关系具有重要的意义。我们将这种情况称为“服务竞争”。服务竞争的含义是：核心产品的特性是成功的先决条件，但仅有这一点是远远不够的；企业要想成功，还必须向客户提供完整和富有创见性的服务体系，而且这是必不可少的。

(2) 核心产品战略观是一种建立在传统的科学管理理论和方法基础上的竞争策略。按照这种观念，核心产品的质量是决定竞争优势最重要的因素。如果某个企业科技力量雄厚，具有长期的科技优势，这种策略将是有效的。这种策略有一个很重要的假设：核心产品是客户价值的唯一或最重要的来源。如果这个假设不能成立，那么，企业就有可能陷入价格战的泥潭。因为除了价格之外，客户找不到区分不同企业的参数，其结果必然是低价者入围，高价者出局。这种游戏规则显然是不能持久的，因为低价总是有限度的，而不是无限度的。

(3) 价格战略观意味着将价格作为唯一和长久的竞争手段。如果企业能够保持长久的低成本优势，这种策略并非不可行。但问题是，一旦企业的低成本优势丧失，采用这种策略就会变得非常危险。企业将面临不断降低价格的压力，其长久的发展将受到影响。

(4) 形象战略观指企业所关注的不仅仅是提供核心产品，也不仅仅是价格等竞争手段，而是通过持续的市场沟通，在市场上建立起良好的形象，并将形象作为竞争的手段。对于有些产品和服务，如时尚产品中的时装和香水、消费品中的软饮料、服务业中的快餐业等，形象是至关重要的。但这种策略需要企业首先拥有富有吸引力和功能良好的核心产品，这是根基；同时，客户还要将包装与特定的品牌联系起来。如果企业停止对这些识别要素的强化，这种产品或服务会逐渐失去其独特性，成为一般商品。所以，采用这种策略，要求企业有大量的和不间断的市场沟通投入。当企业资金拮据时，这种策略显然是不可行的。

企业可以采用前面所说的任何一种战略观，但每一种战略观的管理重点和方法是不同的，如表 6-2 所示。当然，选择其中的一种并不意味着排斥其他战略观。只是不同的战略观要求企业采用不同的发展模式和途径。例如，重视服务并不意味着忽视产品质量和技术。相反，由于存在激烈的竞争，企业更需要通过建立核心产品优势来获取服务竞争优势，但企业在对战略观排序时，必须分清主次，这样才能抓住主要矛盾，从而取得“纲举目张”的效果。

表 6-2　不同战略观的特性

战略观	各种战略观的特性
服务战略观	强调产品组合要能提高客户感知价值；仅依靠核心解决方案无法获取竞争优势：有形产品、服务、信息、对客户的关怀和其他重要素共同构成了服务产品组合，尽管它建立在有形产品之上；强化这个服务产品组合是管理者最重要的任务；不管是从账面上能够体现出来的服务，还是隐性服务，都是这个服务产品组合的组成部分。
核心产品战略观	企业管理的重点是保持产品核心技术优势；这种优势是形成客户感知价值最重要的源泉。对于服务或有形产品都是如此：附加服务是必要的，但并不处于战略位置；隐性服务，特别是那些账面上无法体现的隐性服务，不能成为增加客户感知价埴的决定性要素；企业通过技术优势形成与竞争者的差异。
价格战略观	价格是决定客户感知价值最重要的因素。企业利用低价进行竞争；忽略附加服务等对客户感知价值的影响，重视价格因素；企业通过低价策略进行竞争。
形象战略观	企业利用形象进行竞争，如品牌形象；这种独特的形象是通过广告和市场沟通而形成的；形象是提高客户感知价值最重要的因素，特别是其中的品牌形象。

二、关系营销的产生及发展

1. 交易观念

自20世纪70年代以来，产品和货币之间的交易一直是营销中最重要的活动。按照这种观点，营销就是计划、组织和实施将产品转化成货币的交易活动。这种对营销最简单的理解，对于标准的营销模式是有效的，也有助于营销活动的开展。受这种观点的影响，营销活动集中于如何使客户多多购买，不管他们是老客户还是新客户。在营销预算支出中，只有很小一部分被用于与老客户及现有客户的关系。

营销理论将这种营销模式称为交易营销，交易营销关注的是如何促使客户增加购买量和单个的交易行为。受这种理论影响，营销演变成一种“运动”，营销的目的就是提高产品或服务的销售量。营销人员会利用价格手段来促使客户重复购买，不管他们以前是否购买过公司的产品。这种“运动”也许会关注产品或服务的形象，但关注的目的依然是促进销售，而不是与客户建立长期的联系。

对于竞争不是十分激烈的市场来说，这些策略是有效的，但今天企业所面临的是竞争日益白热化的市场，这种传统的着重关注提高销售量的策略和方法已经无法适应新形势。

交易营销的观念发轫于对消费品的研究。在消费品市场上，营销组合管理策略及4Ps模型成为企业开拓市场最重要的手段。在那些快速增长、大量生产、大量分销、大量营销的市场上，需求强劲，竞争远没有今天这样激烈。很多企业试图通过大量分销赢利，而忽视了对客户关系的管理。

2. 关系观念

现在，大量营销的方法不再有效，也无法保证企业获得足够的利润。今天的市场已日趋成熟，供给远远大于需求。寻找新客户的努力往往受挫，企业不得不再次将目光投向老客户，老客户的维持问题重新引起企业家们的关注。在很多行业，只有老客户才能提高企业的利润，如物流业，客户成为企业利润的源泉可能要经过很长的时间。同时，物流企业与客户之间的信息对称程度也在提高。对于客户来说，获取市场信息已经是易如反掌的事情，所以，客户变得越来越成熟，对物流企业的要求也越来越高。

如果客户认为某个物流所提供的产品或服务质量次、价值低，而另一个物流企业则刚好具备满足客户的要求的能力，他们会对原来的服务提供者失去信任，并会毅然离去。如果物流企业采用低价策略，客户也许会多停留一会儿，但从长期来看，客户终将转换服务提供者，因为低价策略不是维持客户的长期战略。在这种情况下，物流企业应当做的是，将关注点放到服务上，提高客户感知服务质量和感知价值，也只有这样，才能保证客户对企业的忠诚，留住老客户。而服务是服务提供者与客户交互过程，一系列的服务接触的结果是服务提供者与客户某种关系的建立，即是服务的内在属性。这就诞生了一种新的营销理论——关系营销。这种理论建立在买者与卖者互动关系的基础之上。这种互动关系成为营销中最重要的因素，因为对这种关系的管理将直接影响到客户的购买行为。

关注企业与客户的关系，可以在连续或间断的层面上进行。采取连续性的观点，可以使企业将客户视为合作者，而不是一个从企业购买服务的个体。这种观点阐述的是，在营销中，交易并不是最重要的，最重要的是与客户建立起长期的关系。不间断购买行为的产生、销售机会的获得和交易行为的产生都源自对这种关系的有效管理。在营销中，单个交易行为不再是人们关注的焦点，相反，支撑每一个行为连续进行下去的客户关系成为营销中最重要的方面。

3. 交易观念与关系观念的差异

一次服务接触，如果一个客户在饭店中点菜或是打电话，肯定是一次关系交互的过程。即使是最简单的服务接触，其中也包含了服务提供者和与客户某种关系的建立。所以，服务的结果是在物流企业和客户之间建立起合作关系。于是，客户关系问题产生了。服务营销是建立在客户关系基础之上的，服务本身就是一种关系。

关系观念为客户创造价值的过程是不同的。我们可以用图 6－2 来表示两者的差异。

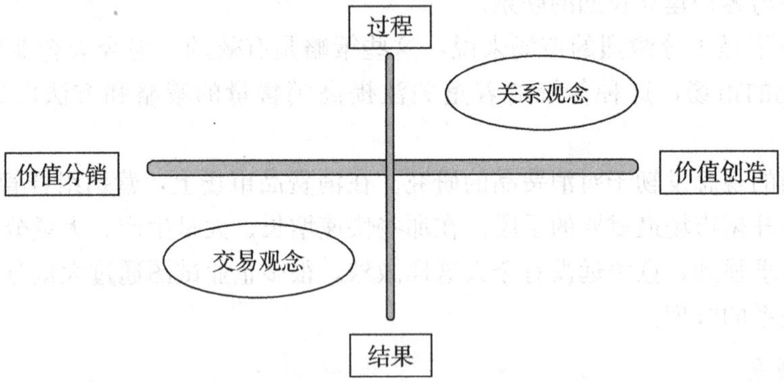

图 6－2　营销过程中关系观念与交易观念之比较

关系观念：营销的目的是为客户或供应商（服务提供者或有形产品制造商）创造价值。

交易观念：营销的目的是盈利。

传统的营销模式是建立在交易观念基础之上的。这种观念认为，价值是由企业创造的，特别是在工厂里或在服务企业的后台注入产品中，然后再分销给客户。这意味着，价值生成过程早在分销工作开始之前就已经完成了，营销所要做的就是价值通过适当的营销手段推销出去。它还意味着，生产过程的结果才是营销最应当关注的，尽管从道理上讲，营销还有为生产决策进行调查和提供依据的责任。简而言之，传统营销观的核心问题就是如何将已经生产出来的价值通过适当渠道分销或传送给客户。营销组合模型（4Ps）显然就是以交易营销观念为理论基础的。

正如图 6－2 所示，关系观念与此大相径庭。价值不是在工厂里或服务企业的后台制造出来的，甚至可以说，价值并不是产品本身，产品不过是价值的载体。价值是客户在与企业保持关系过程中创造出来的，很大程度上是在与供应商和服务提供商保持互动关系的过程中创造出来的。企业的关注点不再是产品本身，而是客户的价值生成过程，在这个过程中，客户创造并感知价值。一句话，根据关系观念，营销的核心目标是在与客户保持互动关系的过程中创造并支持客户消费和使用产品（服务）的过程，即客户创造出可感知的价值的过程。这个过程牵涉到企业所有的业务职能。

总而言之，关系观念认为，营销的重心是创造（而不是分销），是支持价值生成的过程，而不是简单地对现成的价值进行分销。

4. 关系营销

营销重心的转移使得营销的方法和内容都发生了许多变化，图 6-3 说明了这一点。交易营销的方法建立在大量营销的基础之上，在这样的市场上，消费者的个性被忽略了。营销所要做的就是促使客户购买本企业（而不是竞争对手）的产品。企业为客户提供（而不是与客户一道创造）某种产品和价值。两者的利益存在着冲突，客户不想买，但又被说服去购买产品。这种观念现在已经发展到了一个近乎极端的程度。与此相比，关系营销是建立在价值创造的基础之上的，而这种价值的创造有时是通过客户与企业的互动实现的，实现价值的前提是双方的合作。当然，这并不是说冲突就不存在了，但合作是主流，而冲突只是合作过程中一些小小的插曲。

关系营销：相互合作，共同创造价值。

交易营销：利用现成的价值来交易货币。

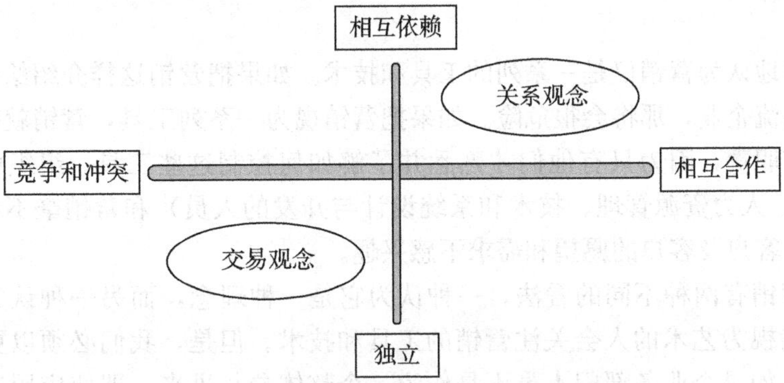

图 6-3　关系营销与交易营销的内在价值

在交易营销中，客户作为细分市场中企业争取的对象，面临着许多竞争品牌的诱惑，假定他们要从这些现成的品牌中独立地做出选择。而在关系营销中，互动与合作存在于各个层次，无法将服务提供商与客户完全分开，客户是否购买取决于在互动关系中双方相互的影响程度，双方不是分离，而是相互依赖。

在交易营销中，企业将客户作为竞争的对手，他们必须说服客户做出一个特定的选择。而在关系营销中，客户被视作一种资源，一种创造价值的资源，企业与客户合作，为客户创造价值，满足他们的要求并解决他们所面临的问题。

当客户数量稀少、服务提供商与客户的交往行为不间断进行时，关系营销的观念就很容易被采纳。如果企业所面临的是一个大量营销的情形，企业与客户的直接接触非常有限，那么关系营销的事实就不会那么迫切。但它依然具有必要性而且也有现实可行性。借助信息技术就可以解决与大量客户沟通的问题。

我们将关系营销的概念定义如下：

关系营销建立在客户与企业互动关系的基础之上，它不是营销的工具，相反，它是一种理念，一种与客户共同创造价值（而不是将现成价值分销给客户）的全新营销理念。关系营销的目的就是要发现、建立、保持和强化与客户的关系。当然，在有些情况下，如果需要的话，也会中断与某些客户的关系，以便更好地满足其他客户的经济或其他需要。这个目的是双方在不断做出承诺和履行承诺的过程中来实现的。

只有当企业以关系导向来处理与所有的客户（至少是最重要的客户）的关系时，关系营销才会产生。

衡量关系营销的一种方法是看某个特定的客户从同一企业购买产品的频率。如果客户对这家企业产品的购买具有连续性，而且与企业的接触也是积极有效的，那么，我们可以说，这家企业与客户之间已经初步建立起相互的关系。衡量关系营销的另一种方法是从态度角度进行界定。当客户意识到与服务企业之间存在着相互理解时，关系就建立起来了。此外，还可以从客户角度进行界定，如果客户和服务企业相互承诺、相互忠诚，那么它们之间的关系也就达到了一个较高层面。

三、营销的含义

人们更多地认为营销仅是一系列的工具和技术。如果把营销这样介绍给组织，特别是服务组织如物流企业，那将会很危险。如果把营销视为一系列工具，营销就变成了一群营销专家的专有职责，因为只有他们才熟悉并了解如何控制这些工具。组织中的其他人员（如从事运营、人力资源管理、技术和系统设计与开发的人员）和营销毫不相干，这意味着这些人员对客户及客户的愿望和需求不感兴趣。

人们对营销有两种不同的看法，一种认为它是一种理念，而另一种认为它只是一种艺术。把营销视为艺术的人会关注营销的工具和技术。但是，我们必须以更广阔的视野去看待营销。如果企业各部门人员不是作为一个整体参与进来，即使应用这些工具和技术，营销活动一样会失败。例如，如果企业的生产人员和送货人员无法兑现广告中的承诺，那么无论广告活动怎样天花乱坠都无济于事。如果发生这种事，假如单纯地从营销工具的运用来看，我们可能已经成功运用了广告等系列营销工具，但营销的目标依旧没有实现。

我们至少可以从三个层面看待营销：

其一，营销是一种理念、态度或思考方式；

其二，营销是将企业的不同功能和过程组织在一起的方式；

其三，营销是能让客户感觉到的一系列工具、技术和活动。

营销是一种思考方式。营销在组织中首先是一种理念或思考方式。作为一种理念，营销的概念必须能够引导所有的人、过程、功能及组织中的各个部门。组织中的每个人和部门都必须理解和接受它。营销首先应该是一种态度。这是成功开展营销活动的基础。营销理念宣称，现有客户和潜在客户及其他利益相关人对公司产品、沟通和执行情况的看法和反应，以及让员工、技术、系统按照客户的利益发挥作用，应该成为公司决策时的首要考虑的因素。

营销是一种组织方式。成功的营销要求企业以一种恰当的方式组织起来。做出承诺并兑现承诺的不同部门能够而且必须相互比较，并相互合作。各部门缺乏合作意愿并相互冲突时，企业就无法按最佳营销方式组织起来，也无法把营销视为一种贯穿组织的思想态度，同样它也无法实施客户认为的好的营销活动。

必须按照客户导向的原则来关注营销和销售活动，这通常是客户关系的一部分。与客户联系的其他部分，通常是那些与客户发生互动的部分，受控制的程度要差一些。因此整体的营销效果或者客户关系管理效果就会更差，结果往往可能会是灾难性的。

在当今竞争的环境中，企业无法忍受部门间存在的障碍。营销理念必须在组织中广泛传播，组织的解决方案也必须支持这种理念。营销是一系列的想法，这些想法必须在整个组织中整合并由高级管理层进行检查。

营销是一系列工具、技术和活动。当然，这是营销中很重要的一个方面，因为客户只能发现营销作为工具的一面。这是人们在许多实践场合中对营销产生误解的原因，人们把营销主要或仅仅视为一系列工具、技术和活动。例如，产品包装、促销、分销和定价活动。但是，如果以这种狭义的眼光看待营销，营销产生的结果就很有限。

有一种大家熟悉的营销的定义：营销组合的方法。

营销组合被定义为“4Ps”，4Ps 包括产品（Product）、地点（Place）、价格（Price）、促销（Promotion）。后来营销学者不断发现 4Ps 的内容太局限，建议加入多种营销变量，且这些变量的英文名称都以 P 作为首字母，即人（People）、过程（Process）、有形展示（Physical evidence）、公共关系（Public relation）和政治（Politics）。根据营销组合的方式对营销下定义，就像用一个清单描述定义。

事实上，这种定义方式显露了营销组合的致命弱点，一个清单不可能包括所有的因素，也无法适应所有的环境，而且该定义也过时了。单纯增加营销变量的数量是于事无补的，它也正是营销组合的失败原因。但在某些方面仍然有用，比如对有些产品，需求和市场的增长巨大，营销组合和它的 4Ps 方法显示出一定的功效。在关系导向的营销中，仍然需要营销组合中的许多因素，因为营销组合中包含了许多变量，如促销和定价，这些变量在服务竞争中都是很重要的营销变量。

在服务竞争的环境中，市场越来越成熟，竞争也越来越激烈，营销组合管理和 4P 方法的弱点日渐明显。在实践中，此种做法的出发点是预先设定好部分决策领域作为营销中的一部分，其他的决策领域就被排除在营销范围之外。它使得营销变成只有营销专家完成的孤立于其他职能部门的独立部分，使营销与生产、制造、研发、人力资源管理和财务管理之间的联系被忽略了，而且他们经常发生争执。营销部门只管销售，其职能就是发现客户利益所在，他们有时可能会限制企业与客户的往来，甚至根本不去同客户联系。那些在客户生命周期的消费和实用阶段（递送、维修、客户培训、抱怨处理、开张单等）与客户打交道的员工一般是一些没有受过营销培训的人或者对客户毫无兴趣的人。这样使得企业对与客户长期稳定互动关系的整体管理十分欠缺，其后果很明显——感知服务质量低劣、客户价值丧失，甚至最终导致企业倒闭。

这些营销组合管理方式的不足造成了以下后果：

（1）营销是营销专家的职能，因此，在组织中灌输营销是一种思想这一想法很困难。

（2）组织中的大部分人员没有受过营销培训，所以客户的利益只能在客户关系生命周期的某个阶段受到关注（主要是在初始阶段和购买阶段），因此消费阶段的客户关系是由一群非营销部门的员工控制，他们无法周到地照顾客户。

（3）最后，由于营销组合的决策变量导向，营销活动和营销规划已经根据营销组合先入为主地制定和改进营销决策。同时，在整个客户关系生命周期中给客户以足够的关注并确保客户留下来的过程被忽略了，而这个过程恰恰要求进行营销规划时要考虑其他决策领域。

在服务竞争中，营销组合方式无法涵盖客户关系生命周期中所有的资源和活动。在消费阶段，特别是在服务企业与客户有一系列的联系时，营销组合的4Ps方法显得无能为力。管理和开展这些联系都是运营部门及其他非营销部门的职责。然而，这些联系——购买者与销售者间的互动或服务接触对客户今后的购买行为和公司的口碑影响很大。换句话说，它们与营销联系紧密，因此应该被视为营销资源和活动，并加以管理。

在实践中，营销组合方式把营销概念转化为营销实践，但以这种方式思考其应用范围太过于狭窄，以至于在许多服务场合中它的用处很有限。为此，又有了另一种对营销的定义：关系的方法。

营销的关系，即营销的目的是确认、建立、维护和巩固并在适当的时候终止和客户、合作者的关系，以便实现各方的经济目标和其他目标。关系是在相互交换及承诺兑现过程中形成的。

此定义根据关系的观点（关系本身）、关系中的关键过程和常常发生在合作伙伴的网络中的关系营销事实指出了营销的主要现象。

最后，根据关系的观点，我们可以提出营销的一般定义：营销意味着企业的市场关系。该定义包含了企业与其客户和市场中其他参与方的关系。

长期的客户关系意味着营销的主要目的是寻求与客户的稳固关系。确认、建立、维护和巩固客户关系表明营销过程应包括以下内容：

（1）进行市场研究，确认有潜在兴趣和能为企业带来利润的客户并与之联络。

（2）与客户首次接触，使双方建立关系。

（3）维护已存关系，使客户对感知服务质量和接收到的价值感到满意，并愿意持续与关系中的其他参与方做生意。

（4）巩固持续性的关系，使客户决定通过从同一家卖主那里购买更多的新型产品和服务拓展关系的内容。

（5）终止关系。有时企业必须处理客户决定终止关系或企业发现没有必要再维系与客户间的关系的情况。企业应该有效管理这些情况，以便在将来重新建立关系。

这些情况从营销的观点看来彼此相异。简言之，建立首次联系要求有很好的沟通和销售技巧。良好的口碑和著名的良好形象对此都有帮助。维护和巩固客户关系需要其他的工具和活动。为了巩固客户关系，特定客户关系中的产品、服务、信息、个人联系和其他服务元素的感知服务质量必须很好。另外，巩固客户关系还需良好的销售技巧。好的销售不仅包括销售人员的良好表现，也包括和客户接触的员工在服务过程中良好的销售和沟通技巧。

总之，根据关系方式理解的营销是一个过程，而不是一种职能，它是组织中每个职能部门都要考虑的事情，要求每个员工都有营销的意识。当然，关系的观点不是营销概念中唯一的市场导向方式，但它是一种易于在服务业和服务竞争中理解、规划和执行的方式。

小案例

在一个村庄，有一个叫明华的年轻米商，加上他村里一共有 6 个米商。他整日坐在米店前等待客户的光临，但他的生意实在是太糟了。

一天，明华意识到他必须要了解一下乡亲们，了解他们的需求和愿望，而不是单纯地将米卖给那些来到店里的乡亲。他认识到，他必须要让乡亲们买他的米时感到物有所值，而且比买其他几个米商的米都合算。于是，他决定对销售过程进行记录，记录下乡亲们的饮食习惯、订货周期和供货的最好时机。为了进行市场调查，明华开始了走访，他逐户询问：

- 每个家庭中的人口总数；
- 每天大米的消费量是多少碗；
- 家中存粮缸的容量有多大。

针对所得到的资料，他向乡亲们承诺：

- 免费送货；
- 定期将乡亲家中米缸添满。

例如，一个四口之家，每个人每天要吃 2 碗大米，这样，这个家庭一天米的消费量是 8 碗，根据这个测算，明华发现，该家庭米缸的容量是 60 碗，接近一袋米，一缸米可以消费 15 天。于是，他决定每隔 15 天为这个家庭送一袋米。

通过建立这样极有价值的记录和推出新的物流服务，明华与客户建立起广泛而深入的关系。先是他的老客户，然后逐步扩展到其他的乡亲。他的生意不断地扩大，以至于不得不雇人来帮助他工作——一个人帮助他记账，一个人帮助他记录销售数据，一个人帮助他进行前台销售，还有两个人帮助他送货。明华主要的职责就是与乡亲们不断接触，搞好与大米批发商的关系，因为当时米是非常紧缺的，只有为数不多的大米生产者。结果他的生意蒸蒸日上。

思考题：

1. 明华前后两种营销方式有何不同？
2. 明华为何可以将其他米商远远甩在后面？

[资料链接]

客户关系生命周期

从客户的角度看，每个客户都与销售者形成一种关系，企业应该开发和维护这些关系。所有的业务都是以关系为基础的。但是，客户关系并不是靠魔力形成的，它是靠企业的努力争取来的。企业和分销商、供应商及其他合作伙伴的关系也是如此。以生命周期的形式开发客户关系的观点很有用。图6-4显示了客户关系生命周期的含义，以及生命周期的三个基本阶段。

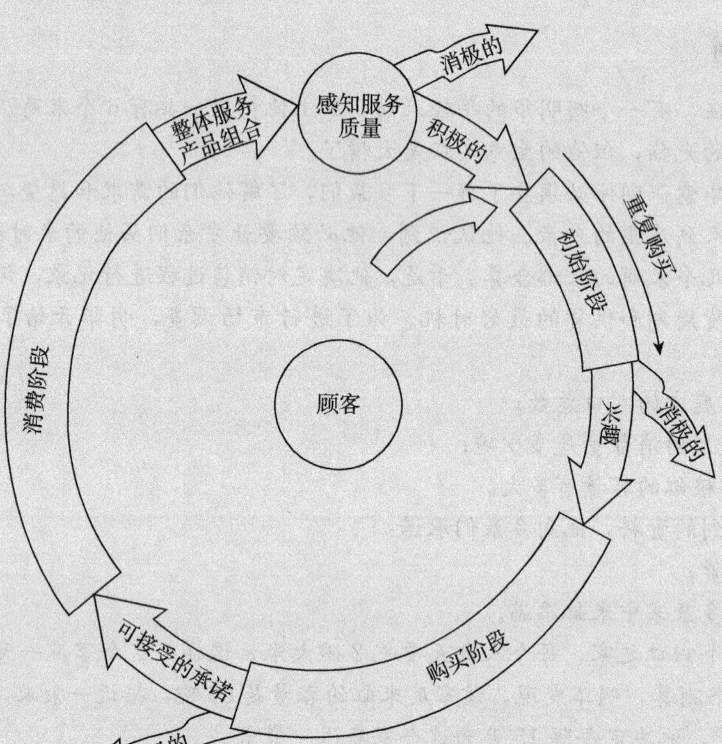

图6-4 客户关系生命周期

对企业一无所知的潜在客户和企业所提供的产品处在客户关系生命周期中的初始阶段。如果客户认为企业可以满足其需求，该客户就可以认识到企业的物流服务并进入客户关系生命周期的第二阶段，即购买阶段。

在购买过程中，潜在客户根据其寻求的目标评估物流服务并准备出资购买。如果该过程的结果是积极的，客户决定尝试物流服务，开始首次购买，就将客户带到了客户关系生命周期的第三个阶段，即消费阶段（又叫使用阶段）。在此过程中，客户可以观察企业处理问题并提供物流服务的能力，客户感知的是物流服务质量。若客户对自己理解的质量感到满意并感到企业提供的价值已经足够好，客户与企业的这段关系就有可能持续下去，然后会产生一段新的或更长的消费或使用过程。如果消费者感到不满意，这段关系可能就会告终。

在这个周期的任何阶段，客户都有可能离去，或者留在这个周期中走到下一个阶段。在消费或使用阶段之后，客户可能离去，可能会在同一企业中重复从前的购买行为。很明显，企业的营销努力会影响客户的决策。企业营销规划和活动的目标取决于客户在客户关系生命周期中所处的阶段。因此，企业应该识别客户在客户关系生命周期中的位置，更好地管理与某个特定客户的关系，这样就可以产生实质性的营销成果。在初始阶段，营销目标是在企业及其物流服务中培养客户的兴趣。在购买阶段，一般的兴趣应该转化为潜在客户可以接受的承诺所带来的销售。潜在客户应该意识到接受承诺是一个好的选择。在消费或使用阶段，客户应该对企业处理问题的能力有积极的体验。在此阶段客户可接受的承诺应该被兑现，因而可以实现重复销售、关联销售、持久的客户关系。

任务二　物流服务营销策略

[案例引入]

新加坡航空公司——保持优质的服务

背景描述：

新加坡航空公司（SIA）是一家获国际认可的、世界一流的航空公司。新加坡航空公司希望在任何时候、任何方面，公司都比竞争对手好一点点。

1. 提供优质的肌务

新航女郎是公司的标志，公司为她们而感到骄傲，公司一直在提高她们的技能。然而，公司不只是集中在新航女郎上。航班的服务可以分为很多不同的部分。公司必须使任任何一个部分都达到优质的标准，公司不仅仅只是在商务舱提供组好的座椅给乘客使用。公司希望提供最好的乘客服务、最好的食物、最好的地面服务，这些就和提供最好的座椅一样，而且价格不能太高。

2. 培训是提供优质服务的保障

只有对员工进行全方位的培训，才能增强员工的满意度，只有这样才能使员工提供最好的服务给乘客。培训是必需的，每个人都必须接受培训。公司对员工的培训不会受经济波动的影响。

在新加坡航空公司，对待培训几乎到了虔诚的程度。公司相信，任何时候不管你多老，你都能学习。所以，对于公司来说，包括高级副总裁都要经常被送去培训，公司每个人都有一个培训计划。

在新加坡航空公司，人是一个很重要的因素，所以公司采取了全面的、整体的方法来发展它的人力资源。从本质上讲，有两类培训：职能培训和一般管理培训。职能培训是训练员工的工作技能，让他们在技术方面有足够的能力和信心。新加坡航空集团有几个培训学校，专门提供几个核心的职能培训：机舱服务、飞行操作、商业培训、IT、安全、机场服务培训。

和工程（MDC）负责提供一般管理培训。这种培训主要关注软技能，是集中进行的。这样，工程师、IT专家和市场人员等都能聚在一起。他们一年能培训9 000个员工，而且以动态和专注于培训而闻名。

公司将近70%的培训课程是在内部完成，比如机舱服务和商业培训。有时会邀请乘客来分享他们的经历，帮助员工学习。对于一些服务方面的培训，公司还请了一些“培训员”。他们亲自到一线去观察实际情况，然后回来为员工做培训。对于一些一般的管理培训，可以请一些咨询顾问、大学教授等“来访师资资源”。

新加坡航空公司最近一次优质服务创新叫做客户服务转型（TCS），它涉及了五个核心职能部门的员工，其中有机舱服务、工程、地面服务、飞行操作和销售支持。为了确保客户服务转型文化在全公司内发扬，公司还加入了管理培训的内容。管理发展中心把员工召集起来，进行了一次为期两天，题为“TCS职能部门的战略协同”的培训课程。这个课程是关于如何在关联职能部门的员工中建立一种团队的精神，这样可以让团队充分合作，使整个为乘客服务的进程令人愉快，而且尽量衔接紧密。

3. 帮助员工处理来自客户的压力

因为新加坡航空在优质服务方面享有盛誉，而且一直在不断的提高，其客户可能对新加坡航空有很高的期望而且要求很苛刻，这样就会给一线员工很大的压力。因此，公司要帮助他们处理因为给客户提供服务，让他们满意而带来的情绪上的波动。同时，公司也要确保公司的员工不会产生被人利用的感觉。新加坡航空公司的挑战是如何帮助员工处理一些艰难的情况和一些贬责的话，这将是公司下一步培训的重点。

4. 沟通和激励

新加坡航空公司认为，要鼓励员工为乘客提供更好的服务，就必须和员工有很好的沟通。公司定期举行全公司大会和简会，告诉员工公司最近的情况。公司内部实时通讯和公告也加强了信息传递。在定期的员工会议上，鼓励经理和员工之间互相交流。假如，公司增加了一项服务，公司会在事前、事中、事后告诉大家。公司还会和大家讨论这项新服务的重要性和它的价值，以确保每一个人都知道公司在做什么，为什么这样做。这也使员工在做事的时候有自豪感。

公司还利用非物质奖励来鼓励优秀的服务人员。实时通讯会和大家分享和表扬优秀的服务，公司会设法去表扬那些做得比较优秀的员工。每年，公司都颁发“副主席”奖，这也是高级管理层感谢那些优秀员工的一个方式。公司会为那些赢得新加坡航空管理发展中受到很多乘客称赞的员工颁发一个特别的奖章，以表扬那些优秀员工所作出的贡献。

思考题：

1. 新加坡航空公司是如何使优质服务有形化的？
2. 新加坡航空公司是如何提高内部员工满意度的？
3. 如果你是该公司的营销经理，该如何设计服务过程？

[相关知识]

服务与有形产品相比有很大的不同，这在之前已经论述过。20 世纪 70 年代服务业迅速发展，人们发现传统的 4Ps（产品、价格、渠道、促销）理论已很不适应。1981 年，布姆斯和比特纳在传统的 4Ps 市场营销理论的基础上增加了三个服务性的“P”，即人（People）、有形展示（Physical evidence）、服务过程（Process），成为 7Ps，由此形成一体化的物流服务解决方案。

一、物流服务人员参与策略

1. 人员的地位及服务利润链

在提供服务产品的过程中，人（物流企业的员工）是一个不可或缺的因素，尽管有些服务产品是由机器设备来提供的，如网上服务等，但物流企业的员工在这些服务的提供过程中仍起着十分重要的作用。对于那些要依靠员工直接提供的服务，员工因素就显得更为重要。一方面，高素质、符合有关要求的员工的参与是提供服务的一个必不可少的条件；另一方面，员工服务的态度和能力水平也是决定客户对服务满意程度的关键因素之一。

通常，一个高素质的员工能够弥补由于物质条件的不足可能使客户产生的缺憾感，而素质较差的员工则不仅不能充分发挥物流企业拥有的物质设施上的优势，还可能成为客户拒绝再次使用服务的主要缘由。考虑到人的因素在服务中的重要性，克里斯廷·格罗普斯提出，服务实际上由三个部分组成（如图 6－5 所示）。

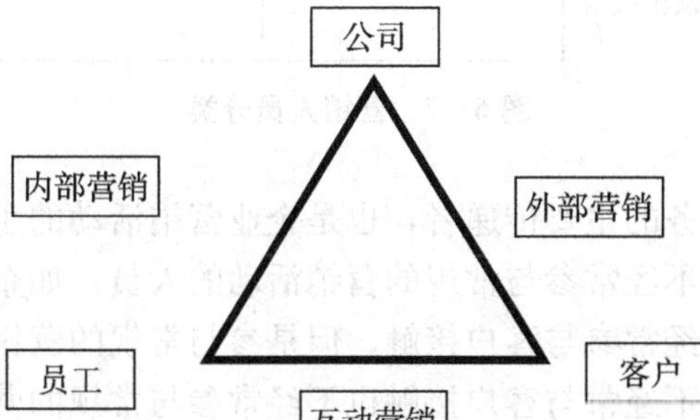

图 6－5　服务业三种类型的营销

其中，外部营销包括物流企业提供的服务准备、服务定价、促销、分销等内容；内部营销则指物流企业培训员工及为促使员工更好地向客户提供服务所进行的其他各项工作；互动营销则主要强调员工向客户提供服务的技能。图 6－5 中的模型清楚地显示了员工因素在物流服务营销中的重要地位。

客户对物流企业服务质量评价的一个重要因素是一线员工（或称前线员工）的服务素质和能力，而要形成并保持一支素质一流、服务质量优异的一线员工队伍，物流企业管理部门就必须要做好员工的挑选和培训工作，同时要使物流企业内部的“二线”“三线”队伍都围绕着为一线队伍的优质服务提供更好的条件这一中心展开：只有为一线员工创造了良好的服务环境，建立员工对物流企业的忠诚，进而才能实现员工为客户服务的热忱，并通过较高的服务质量赢得客户对企业的忠诚，从而使得企业获取收益。而服务利润链对这一思路做出了很好的说明，如图 6－6 所示。

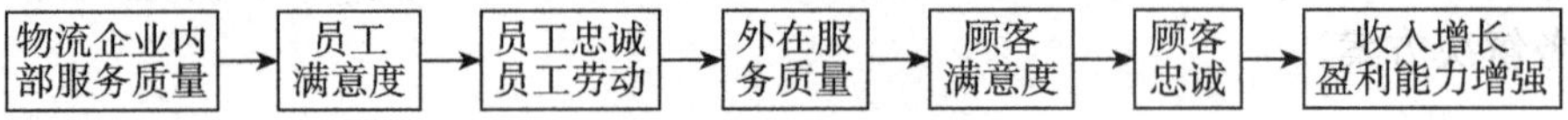

图 6－6　服务利润链

物流企业要对员工从事内部营销，对客户从事外部营销，而员工之间则交互营销，共同为客户提供服务。因此，物流企业的营销不仅要施之于客户，而且还要任之于内部员工身上，这不同于有形产品的销售。

2. 营销人员及客户对服务的影响

贾德（Judd）根据服务人员接触客户的频繁程度不同和参与常规营销活动的程度不同把服务营销中的人员分为四类，如图 6－7 所示。

	参与常规营销组合	不直接参与营销组合
频繁地或定期地与顾客接触	接触者	改善者
不频繁地或没有与顾客接触	影响者	隔离者

图 6－7　营销人员分类

接触者是物流企业服务的主要传递者，也是企业营销活动的主要执行者。改善者指经常地与客户接触，但是并不经常参与常规的营销活动的人员，如企业的接待人员、财务收款人员等。影响者是指不经常参与客户接触，但是参与常规的营销活动的人员，如产品设计开发人员等。隔离者是不经常与客户接触也不经常参与常规的营销活动的人员，如人事等部门的员工。

物流企业的具体服务人员包括运输、储存、包装、搬运、装卸以及配送和信息处理等这一系列过程中涉及的服务人员。这些人可能有实现生产或操作的任务，但他们也可能是与客户直接接触的角色，他们的态度对物流服务质量的影响程度和正式客户业务代表态度的影响程度可说是一样的。因此，高素质的服务人员对物流企业来说尤为重要。

在服务营销组合中，“人”的要素的另一个方面就是客户。在物流企业的营销活动中客户的参与意识越来越强，之前的关系营销理念对此亦有阐述。

二、内部营销

1. 内部营销思想的提出

内部营销不是新提出的概念，20 世纪 70 年代就有人在服务营销中使用这个词汇了。它可以为人力资源管理提供三个方面的新观点：

(1) 对于企业的产品和外部营销计划来讲，员工是企业的第一个市场，即一个内部市场；

(2) 以积极、协作及目标导向的方式实现员工导向的努力，将这些内部努力和过程与企业外部效率（客户关系中的互动营销表现）相结合；

(3) 强调将企业内部的人员、功能和部门视为内部客户的必要性，企业要像为外部客户提供服务那样为他们提供内部服务。

第一点相当重要，因为它指出了企业为客户提供的一切（包括计划性营销传播、服务产品组合等），首先要经过公司内部人员的感知和评估。如果员工不相信公司在外部营销活动中做出的承诺，对如何提供服务产品组合或如何在服务过程中使用技术或系统一无所知，他们就不会接受企业做出的承诺。在这种情况下，他们就无法或不愿作为有效的兼职营销人员来完成工作，并对互动营销做出贡献。员工构成了企业应该关注的第一个市场。

第二点同样非常重要，因为它强调了这样的事实，即所有的内部努力、项目或过程都要和维持或改善物流企业的外部绩效这一目标相适应。人力资源管理并不是一项内部事务，因为它必须要确保员工能够对企业的外部绩效做出贡献。

第三点承认内部客户的存在，并认为对待内部客户的方式要和对待外部客户一样，这对组织的内部关系建设至关重要。相关员工在公司内部最好不要受到延迟的、漫不经心的、粗心的内部支持和服务，如果发生这种情况，这些员工为企业外部客户提供优质服务并创造较高的客户感知服务质量的能力就会大打折扣。

人力资源对任何物流企业来讲都是一种战略资源。如果企业的员工没有获得充分培训，其对工作及内部客户、外部客户的态度就不会好；或者没有得到来自内部系统、技术、内部服务提供者及其经理的足够支持，这种物流企业根本没办法成功。因此，尽管信息技术的开发和高技术含量的服务增长势头正猛，但内部营销仍然是一个战略问题。如果高层管理者认识不到内部营销的战略作用，投入到内部营销方面的资金就会被浪费。在这种情况下，投入到信息技术和系统中的资金也无法得到回报。来自高层管理者的积极和持续的支持对成功的内部营销来说是必要的，同时对成功进行外部营销和客户关系管理也十分必要。

内部营销的重点是在组织中各个层级之间建立良好的内部关系，这样，在与客户接触的员工、参与内部服务过程的支持员工、团队领导及各级经理的头脑中才会有服务导向和客户导向的思维，但是仅有思维方式是不够的，还要有足够的技能和支持系统，因为它们也是内部营销的一部分。

内部营销是一个整体的管理过程，它将企业的多种职能集成为两种方式：第一，它确保物流企业所有层级的员工都理解自己的工作；第二，确保员工积极主动地以服务导向的方式行事。

2. 内部营销概念

随着服务过程中信息技术、自动化和自助服务系统的引入，员工对物流企业的作用越来越大。由于与客户的接触不停的发生，企业就要让客户持续的对服务感到满意。

在互动营销过程中及客户关系管理中，员工的作用是非常重要的。营销部人员并不是营销工作中唯一的人力资源，有时甚至不是最重要的。在与客户联系过程中，除了专职营销人员，还有另外一些人肩负着生产作业、技术服务、索赔管理或其他不被视为营销过程的职能。然而，这些员工的客户导向、服务意识在客户对物流企业的感知及今后对物流企业的购买行为中起关键作用。因此在物流企业中，每个部门都必须具备客户导向和服务于客户的意愿。

内部营销是指在服务意识驱动下，通过一种积极的、目标导向的方法为创造客户导向的业绩做准备，并在物流企业内部采取各种积极的、具有营销特征的、协作活动和过程。

内部营销是将员工视为客户的管理哲学。员工应该对工作环境和组织中的同事关系感到满意。

内部营销的管理核心是培养具有“客户意识”和“全员营销意识”的员工。

内部营销作为一种全面的管理过程，能保证物流企业的员工理解并支持物流企业的各种营销行为，使物流企业的所有员工都能得到足够的激励。

3. 内部营销的主要内容

内部营销意味着两个管理过程，即态度管理和沟通管理。

（1）态度管理。必须对所有员工的态度及他们的服务意识产生的动机进行管理，这是实施内部营销的先决条件。

（2）沟通管理。经理、主管、与客户接触的员工和支持人员需要各种信息以完成他们的工作。这些信息包括工作计划、产品和服务特征和对客户的承诺等。他们同样需要与管理层就其需要、对提高业绩的看法及客户需要等内容进行沟通。

一个成功的内部营销过程需要态度管理和沟通管理的支持。态度管理是一个持续的过程，而沟通管理可能更像是一个包括在恰当的时机出现的信息活动的独立过程。但是内部营销的这两个方面也存在相互影响的关系。从本质上说，员工可以共享的大多数信息对态度有重要影响。例如，与客户接触的员工在事先得到广告活动通知后对于兑现广告中的承诺会有更积极的态度。部门中的经理、主管和团队领导的任务就是进行态度管理和沟通管理。

4. 企业内部营销的特点

内部营销把市场概念引入企业内部，认为只有首先在内部市场开展积极的营销，企业才能更好地在外部市场服务外部客户。这有两层内涵：一是管理者把员工看作是自己的客户，重视员工需求，积极地与员工沟通，并通过互相协调的方法促使物流企业内部员工为客户更好地服务。二是企业各部门视彼此为自己的客户，加强部门之间横向沟通、信息共享与协作。企业内部营销的特点主要有：

（1）突破了仅仅把企业员工视为经营发展的工具、忽略员工需求的观念与管理方式，把提高内部客户满意度作为企业经营的基础。认识到内部客户满意到外部客户满意的价值链是内部营销理论的重要贡献。实施内部营销的最终目的是更好地满足外部客户的需求。内部营销是外部营销的基础，并且所有的活动都是服务于外部营销。

(2) 内部营销是一个企业的员工以及部门之间建立、保持和发展关系的过程，并且这个过程建立在相互满意的价值交换基础上，这和企业与客户发展关系的原则是一样的。实施内部营销要求管理者首先考虑如何增加员工的让渡价值，而不能仅仅考虑从员工的工作中获取更多利益。

(3) 实施内部营销能使员工对企业各项经营活动有更高的参与度，并且其影响员工参与的作用力是“拉”式的，这和未实行内部营销的“推”式的员工参与有着很大的不同。在“拉”式的这种模式中员工的参与能最大限度地与企业高层对企业整体改善的专注保持一致，因而有利于企业战略的推行；而“推”式的员工参与往往是被动的，与企业战略缺少整合，并且由于仅仅专注于参与活动本身，而不是专注于客户的满意，在全面质量管理中容易和企业目标发生冲突。

(4) 实施内部营销后的企业组织结构更倾向于有机化，对于复杂的竞争环境有更强的适应能力。

5. 物流企业内部营销实施策略

内部营销管理源于市场，融于企业，具有灵活性、主动性和能以较低成本实现有效管理的特点。企业要想在竞争中取胜，内部营销不失为一大法宝。那么，如何有效开展企业内部营销呢?

(1) 培育以人为本的物流企业文化。物流企业文化的内涵众说纷纭。有人用一个简化的公式来表达物流企业文化的主要内涵，即物流企业文化＝价值理念＋行为规范。内部营销首先是一种管理理念，该理念对物流企业与员工的关系进行了重新认识。内部营销理论将人放在管理的中心地位，从员工的需求出发，对员工进行管理。这主要表现在物流企业的聘用、管理中，物流企业的目标必须与员工的目标相契合，物流企业的各种管理制度、行为准则必须在以人为本的前提下制定，而非传统管理中将员工看成管理的对象，从管理者角度对员工采用强制的手段、硬性的制度等进行约束式管理。从这个角度来说，物流内部营销需要培养以人为本的物流企业文化。

(2) 建立内部沟通体系。内部营销把市场概念引入到物流企业内部，内部营销的主要内容包括以下两方面：一是管理者把员工看作自己的客户，重视员工需求，积极地与员工沟通，并通过互相协调的方法促使物流企业内部员工为客户更好地服务；二是物流企业各部门视彼此为自己的客户，加强部门之间的横向沟通、信息共享与协作。管理层和员工之间的持续沟通非常关键，因为每一位一线员工都与成百上千的客户接触，所以经理们应该与这些员工交流，了解客户的需要，以便决定公司怎样才能使员工对客户的服务更具有针对性，而沟通的设计必须要对员工形成反馈机制。研究发现，只要把从客户那里收集来的信息通报给员工，就会改变员工的态度和表现。

(3) 重视员工的招聘、培训、再培训工作。客户购买服务时，客户眼中的服务提供者在一定程度上就是服务产品，所以营销人员素质只有比较高时，才能提高客户对物流企业服务质量的认可。选择合适的员工从事某一特定的工作，是物流企业中内部营销首要且关键的一步。因此，我们在招聘员工时要注意员工的知识水平、应变能力、服务技巧、语言表达能力及外观形象等方面。

对员工的培训直接关系到员工的专业技能、技巧的提高，关系到员工自身的发展，合理的培训机制能提高员工的归属感，增强员工队伍的凝聚力，而从物流企业的培训工作来看，对员工的培训一般只限于入职培训。内部营销强调的员工培训应该是广义的，不仅是岗位技能的培训，还包括与能力和工作看似无关，但从长远来看能增强客户满意度的技能，并且这种培训应该是动态的、连续的，目的是使物流企业对客户时刻保持准确的认识。

(4) 建立一种行之有效的激励机制。激励机制的目的是奖励物流企业所期望的行为，通过满足员工的需求以调动员工的积极性。如果要建立一支客户导向的员工队伍，就一定要对其服务质量予以奖惩。然而仅有物质奖励是不够的，在报酬丰厚又公平的情况下，精神奖励胜于物质奖励。内部营销关注的是员工的需求，而需求是多层次的，物流企业应向员工提供个人提升的机会，同时适当授权让员工认识到自己在公司中存在的重要性，激励员工对自己的工作承担责任。

(5) 内部营销调研。内部营销的对象是物流企业的员工，要让员工满意，员工的需求与欲望是首先要关注的问题。只有真正了解员工的需求和情感，一对一的内部营销策略才能使全体员工满意，不至于造成成本上的损失。

小案例

联邦快递立志做客户的“全球物流专家”。在实施过程中，它除了致力于为客户提供高水平的服务之外，还强调员工在客户服务中扮演的重要角色，要求全体员工树立客户至上的理念。联邦快递认识到良好的客户服务不是单靠技术，而更要突出地强调员工的主观能动性。

联邦快递主要通过以下三个方面的措施鼓励和管理员工，努力提高客户的满意度。

首先，是建立呼叫中心，听取来自客户的意见和需求，比如在联邦快递的中国台湾分公司，700 名员工中有 80 人在呼叫中心工作。其主要任务除了接听来自客户的询问电话外，还包括主动打电话与客户联系、收集客户信息等。联邦快递为保证与客户接触的一线员工的素质和他们能给客户留下良好的印象，对员工进行了严格的培训。呼叫中心的员工要先经过一个月的课堂培训，再接受两个月的操作训练，学习与顾客打交道的技巧，考核合格后，才能正式参加工作、接听和回应客户的来电。其次，是着力提高一线员工的素质。仍以联邦快递中国台湾分公司为例，为保证与客户接触的运务员符合企业形象和服务要求，联邦快递在招收新员工时要进行心理和性格测验；对新进的员工在入门培训中进行深刻的企业文化灌输，先接受两周的课堂训练，接下来是服务站的训练，然后让正式的运务员带半个月后才独立作业。最后，联邦快递还采取了有效的激励和奖励机制，鼓励员工与客户建立良好的关系。联邦快递认为只有善待员工，才能让员工热爱工作，不仅做好自己的工作，而且主动为客户提供服务。所有这些措施都保证了在客户面前，联邦快递的所有员工，从话务员、运务员到经理都体现出较高的综合素质和以客户为中心的企业理念。

小案例

Megaproducts 公司参加培训计划的规则非常简单——任何想要参加公司提供的培训计划的员工都可以参加，物流经理根据物流管理的需要制订一个培训计划。这个计划涵盖了几个星期的活动，包括主题为介绍大学物流的课程——采用练习的方式，这些员工可以分析实用的、直接应用的例子。参与者有：从营销部门新转到物流部门的管理者、仓库的长期操作人员、从一个职能部门刚提升的现在负责几个职能领域的中层管理者。培训的讲义由一家大型教科书出版社负责，公司负责所有员工的培训费用。

培训甚至会超出组织的界限——向供应商和客户开放：一些中层管理者经过认证成为根源错误分析（RCFA）培训师，他们为自己的下属和客户提供课程，但同时也需要运输供应商接受这些课程。Megaproducts 公司对全世界范围内的全部承运商进行培训，并承担这些费用。

公司还存在其他需要的培训课程，尤其为那些接任新工作的员工。管理者提升职位前要经历几项培训，而且为了保持他们的技能，一直要接受新的培训。

公司鼓励制订个人发展计划。例如，压力管理、时间管理和沟通技巧。物流经理支持有助于员工发展以及影响他们在家中和工作中的行为培训。

其结果是：该公司是几年内全球所有非铁路运输按时交货率超过98%的公司，不存在管理层、监督层、操作层人员的跳槽情况。

三、物流服务有形展示策略

基于物流服务无形性和其他特性，客户会更多地将注意力集中于通过多种邮箱的线索来强调和区分事实。因此，物流企业要善于通过对服务工具、设备、员工、信息资料、其他客户和价目表等所有这些为客户提供服务的有形物的服务线索的管理，增强客户对服务的理解和认识，为客户做出购买决策传递有关服务线索的信息。有形展示是服务市场营销组合策略的七大要素之一。

1. 服务有形展示的概念

1973 年，科特勒把“营销氛围”作为一种营销工具，建议“设计一种环境空间，以对客户施加影响”。1977 年，萧斯塔克引入了“服务展示管理”术语。对服务营销人员来说，服务展示管理就是对服务有形物以及能传递有关服务的适当信号的线索进行管理。

服务产品却具有“不可感知性”的特征，它本身就是抽象的、不可触及的，无法再用另外一种无形的概念来赋予服务产品以某种特殊意义或形象。这就给企业有效地推广服务产品带来了难题。因此，如何使这种既看不见又摸不着的产品尽可能地实体化，能让客户感知并获得一个初步印象，是营销人员思考的一个问题。

所谓“有形展示”是指在服务市场营销管理的范畴内，一切可传达服务特色及优点的有形组成部分。在产品营销中，有形展示基本上就是产品本身，而在服务营销中，有形展示的范围比较广泛。

2. 物流服务有形展示的构成要素

物流服务有形展示的构成要素主要表现为三种类型：物质环境、信息沟通、价格（如图 6-8 所示）。

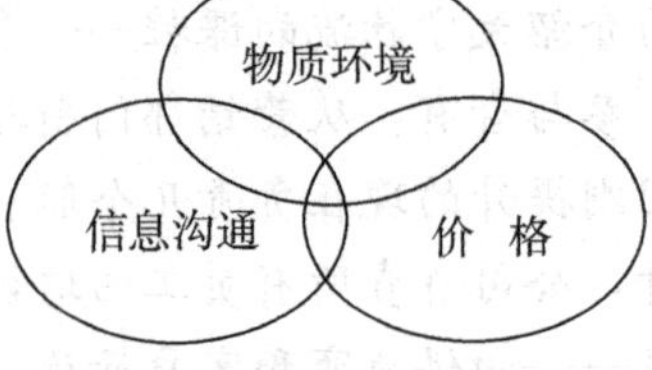

图 6-8　有形展示的构成要素

（1）物质环境。

物质环境有三大类型：周围因素、设计因素和社会因素。

1）周围因素。这类要素通常被客户认为是构成服务产品内涵的必要组成部分，是指消费者可能不会立即意识到的环境因素，如气温、湿度、气味和声音等。它们的存在并不会使客户感到格外的兴奋和惊喜。

2）设计因素。设计因素是刺激消费者视觉的环境因素，这类要素被用于改善服务产品的包装，使产品的功能更为明显和突出，以建立有形的、赏心悦目的产品形象。比如，服务场所的设计、企业形象标识、用于外向服务和内向服务的设备等便同于此类因素。设计性因素是主动刺激，它比周围因素更易引起客户的注意。因此，设计性因素有助于培养客户的积极的感觉，且鼓励其采取接近行为，有较大的竞争潜力。设计性因素又可分为两类：美学因素（如建筑风格、色彩）和功能因素（如陈设、舒适）。

在实施有形展示策略的过程中，服务环境的设计往往是企业营销努力的重点，因为客户在接触服务之前，他们最先感受到的就是来自服务环境的影响，尤其是对于那些容易先入为主的客户而言，环境因素的影响至关重要。所谓服务环境是指企业向客户提供服务的场所，它不仅包括影响服务表现水准和沟通的任何设施，而且还包括许多无形的要素。

3）社会因素。这类要素是指在服务场所内一切参与及影响服务产品生产的人，包括服务员工和其他在服务场所同时出现的各类人士。他们的言行举止皆可影响客户对服务质量的期望与判断。

服务产品展示与有形产品展示唯一的不同是，服务人员的表现在服务展示管理中特别重要。因为客户一般情况下并不对服务和服务提供者进行区分，服务产品很大程度上取决于人。所以，人就必须被适当地包装。

（2）信息沟通。

信息沟通是另一种服务展示形式，这些来自公司本身以及其他引人注意的沟通信息通过多种媒体传播、展示服务。从赞扬性的评论到广告，从客户口头传播到公司标记，这些不同形式的信息沟通都传送了有关服务的线索，影响着公司的营销策略。

物流企业通过强调现有的服务展示并创造新的展示来有效地进行信息沟通管理，从而使服务和信息更具有形性。图 6-9 总结了服务企业通过信息沟通进行服务展示管理所能使用的各种方法。

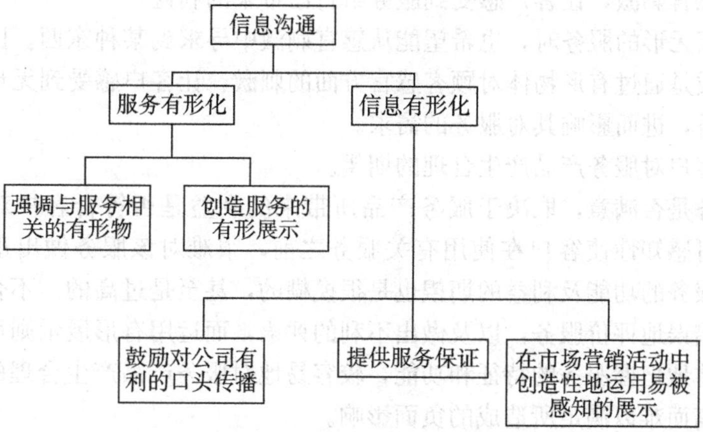

图 6-9　信息沟通与服务展示

1）服务有形化。服务有形化强调与服务相关的有形物，创造服务的有形展示。

2）信息有形化。信息有形化的一种方法是鼓励对公司有利的口头传播。因为客户特别容易接受其他客户提供的可靠的口头信息，并据此做出购买决定。例如，客户在选择保健医生、律师、汽车机械师或者大学教授的选修课之前，总要先询问他人的看法。

(3) 价格。

价格是市场营销组合中唯一能产生收入的因素，而其他的因素都会引起成本增加。此外，价格之所以重要还有另一个原因；客户把价格看作有关产品的一个线索。价格能培养客户对产品的信任，同样也能降低这种信任。价格可以提高人们的期望（它这样昂贵，一定是好货），也能降低这些期望（付出这么多钱，得到了什么）。

在物流服务行业，正确的定价特别重要，因为物流服务是无形的，物流服务的不可见性使可见性因素对于客户做出购买决定起重要作用。价格是对服务水平和质量的可见性展示。价格成为消费者判断服务水平和质量的一个依据。

营销人员把服务价格定得过低就暗中贬低了他们提供给客户的价值。客户会怀疑，这样低廉的服务意味着什么样的专长和技术？过高的价格给客户以价值高估，不关心客户，或者“宰客”的形象。

与物质环境、信息沟通一样，价格也传递有关服务的线索。价格能展示“空洞”的服务，也能展示“饱满”的服务；它能表达对客户利益的关心，也能让人觉得漠不关心；制定正确的价格不仅能获得稳定的收益，而且也能传送适当的信息。价格的高低直接影响着企业在消费者心目中的形象。

3. 物流服务有形展示的效应

物流服务有形展示的首要作用是支持公司的市场营销战略。在建立市场营销战略时，应特别考虑对有形因素的操作，以及希望客户和员工产生什么样的感觉，做出什么样的反映。有形展示作为服务企业实现其产品有形化、具体化的一种手段，在物流服务营销过程中占有重要地位。但是，有形展示能被升华为物流服务市场营销组合的要素之一，它所起到的作用及其战略功能当然不局限于评估品质，具体来说主要包括以下几个方面：

（1）通过感官刺激，让客户感受到服务给自己带来的利益。

客户在购买无形的服务时，也希望能从感官刺激中寻求到某种东西。因此，企业采用有形展示的实质是通过有形物体对顾客感官方面的刺激，让客户感受到无形的服务所能给自己带来的利益，进而影响其对服务的需求。

（2）引导客户对服务产品产生合理的期望。

客户对服务是否满意，取决于服务产品所带来的利益是否符合客户对其的期望。但是，服务的不可感知性使客户在使用有关服务之前，很难对该服务做出正确的理解或描述，他们对该服务的功能及利益的期望也是很模糊的，甚至是过高的。不合乎实际的期望又往往使他们错误地评价服务，以及做出不利的评语，而运用有形展示则可让客户在使用服务前能够具体地把握服务的特征和功能，较容易地对服务产品产生合理的期望，以避免因客户期望过高而难以满足所造成的负面影响。

（3）影响客户对服务产品的第一印象。

对于新客户而言，在购买和享用某项服务之前，他们往往会根据第一印象对服务产品做出判断。既然服务是抽象的、不可感知的，有形展示作为部分服务内涵的载体无疑是客户获得第一印象的基础，有形展示的好坏直接影响到客户对企业服务的第一印象。

（4）促使客户对服务质量产生“优质”的感觉。

服务质量的高低并非由单一因素所决定。例如，服务设施、服务设备和服务人员的仪态仪表，都会影响客户感觉中的服务质量。通过有形因素提高质量意味着对微小的细节加以注意，可见性细节能向客户传递公司的服务能力以及对客户的关心。为客户创造良好的环境，提高客户感觉中的服务质量。

（5）帮助客户识别和改变对服务企业及其产品的形象。

形象的改变不仅是在原来形象的基础上加入一些新东西，而且要打破现有的观念，所以它具有挑战性。要让客户识别和改变服务企业的市场形象，更需提供各种有形展示，使消费者相信本企业的各种变化。

（6）协助培训服务员工。

从内部营销的理论来分析，服务员工也是企业的客户。由于服务产品是“无形无质”的，从而客户难以了解服务产品的特征与优点，那么服务员工作为企业的内部客户也会遇到同样的难题。如果服务员工不能完全了解企业所提供的服务，那么企业的营销管理人员就不能保证他们所提供的服务符合企业所规定的标准。

4. 物流服务有形展示的策略

物流企业之所以要采用有形展示策略是因为服务产品具有不可感知的特性，而对“不可感知性”则可以从两个方面理解：一是指服务产品不可触及，即看不见摸不着；二是指服务产品无法界定，难以从心理上进行把握。因此，物流企业要想克服营销方面的难题，采用有形展示策略，也就应以这两个方面为出发点。

（1）服务的有形化。服务的有形化就是使服务的内涵尽可能地附着在某些实物上。例如，符合要求的运输车辆、高水平的信息处理平台等。

（2）使服务更容易为客户所把握。要做到这一点，有两个原则要遵循：一是把服务同易于让客户接受的有形实物联系起来，这些实物必须是客户认为很重要的，而且要确保他们暗示的承诺能兑现。二是要把重点放在发展和维护物流企业同客户的长期关系上，因为客户之所以购买服务，是因为他们更倾向于从事服务的人员，而非服务本身。

小案例

广告片以一个 FedEx 速递员被困在一个交通事故造成的塞车中开始，他身处在一座桥上，短时间内无法突围而出，在这种情况下，他致电求助。

被困在桥上无法突围，紧急呼叫 FedEx 团队！

镜头转到了河边岸上，只见速递员正准备“走”在水面上前往河对岸，手中拿着 FedEx 包裹。然后速递员真的在水面上行走！奇迹地到达了河的对岸，而包裹丝毫无损，并且没有水渍。

这是奇迹……真的吗？

下一幕可见 FedEx 团队，全部在水底列队，支撑同事使他可以在水面上行走。这队 FedEx 员工象征每一个在幕后工作的 FedEx 员工，虽然工作不为客户所见，却是保证客户包裹能安全准时送达的主要原因。

这一辑广告片说明 FedEx 每一个速递员，背后都有一群愿意超越责任所需，为确保客户包裹准时送达，而愿意额外付出的员工。除了合作无间的团队精神，它还显示出 FedEx 员工在遇到困难时，会合力有弹性地解决问题。

四、物流服务过程管理策略

物流服务过程是指物流服务产品交付给客户的程序、任务、日程、结构、活动和日常工作。物流服务生产和交付给客户的过程是物流服务营销组合中的一个主要因素，因为客户通常把服务交付系统感知成服务本身的一个部分。物流企业客户所获得的利益和满足，不仅来自服务本身，同时也来自服务的递送过程。因此，物流过程管理策略对服务营销的成功十分重要。

理解服务过程的本质，实际上就是以客户对服务的消费过程为基础，设计一个与客户消费过程相适应的服务流程，主要方法有两种：编写服务剧本和绘制物流服务蓝图。

1. 编写服务剧本

人们发现，物流服务经历是由一系列先后有序的事件构成，就像是舞台上的一出戏剧表演。因此，服务传递过程可以被设计成服务剧本，以展示其前台行为。所谓服务剧本，是指从客户角度出发，以时间为顺序对物流服务过程构成步骤的详细描述。经过认真编写服务剧本，物流企业可以从客户角度来看待物流服务提供过程，来发现哪些活动应该发生，哪些不应该发生。

2. 绘制物流服务蓝图

物流服务蓝图，也有人称之为物流服务流程图（service blueprint）。所谓物流服务流程图，是指物流服务过程的关键构成要素的图形表现。它识别的内容包括：客户、服务人员（前台与后台）、客户与服务人员的接触点、员工与员工的接触点、前台有形证据和后台活动。更重要的是，物流服务流程图把这些要素当作一个整体来描述，展示它们如何共同创造服务表现。尽管对于如何绘制物流服务流程图没有严格规定，但是物流服务流程图应该包括服务的全部步骤，不管是客户看得见的，还是客户看不见的。因此，主持绘制过程的人要对物流服务作业相当熟悉。

物流服务蓝图直观上同时从几个方面展示物流服务：描绘物流服务实施的过程、接待客户的地点、客户雇员的角色以及物流服务中的可见要素。它提供了一种把物流服务合理分块的方法，再逐一描述过程的步骤或任务、执行任务的方法和客户能够感受到的有形展示。

(1) 物流服务蓝图的主要构成。

物流服务蓝图包括客户行为、前台员工行为、后台员工行为和支持行为（如图 6－10 所示）。绘制物流服务蓝图的常规并非一成不变，因此所有的特殊符号、蓝图中分界线的数量，以及蓝图中每一组成部分的名称都可以因其内容和复杂程度而有所不同。

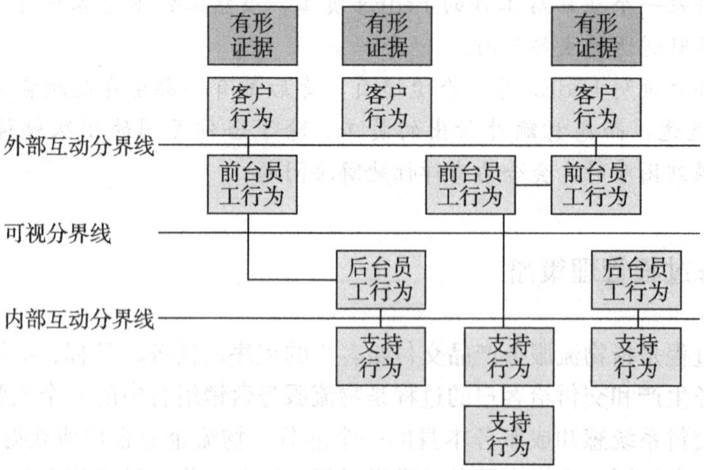

图 6－10　物流服务蓝图的构成

客户行为部分包括客户在购买、消费和评价服务过程中的步骤、选择、行动和互动。这一部分紧紧围绕着客户在采购、消费和评价服务过程中所采用的技术和评价标准展开。

与客户行为平行的部分是服务人员行为。那些客户能看到的服务人员表现出的行为和步骤是前台员工行为。这部分则紧围绕前台员工与客户的相互关系展开。

那些发生在幕后，支持前台行为的雇员行为称作后台员工行为。它围绕支持前台员工的活动展开。

物流服务蓝图中的支持过程部分包括内部服务和支持服务人员履行的步骤和互动行为。这一部分覆盖了在传递服务过程中所发生的支持接触员工的各种内部服务、步骤和各种相互作用。

物流服务蓝图与其他流程图最为显著的区别是包括了客户及其看待服务过程的观点。

实际上，在设计有效的物流服务蓝图时，值得借鉴的一点是从客户对过程的观点出发，逆向工作导入实施系统。每个行为部分中的方框图表示出相应水平上执行服务的人员执行或经历服务的步骤。

四个主要的行为部分由三条分界线分开：

第一条是外部互动分界线，表示客户与物流企业间直接的互动。一旦有一条垂直线穿过互动分界线，即表明客户与物流企业间直接发生接触或一个服务接触产生。

第二条分界线是极关键的可视分界线，这条线把客户能看到的服务行为与看不到的分开。看蓝图时，从分析多少服务在可视线以上发生、多少在以下发生入手，可以很轻松地得出客户是否被提供了很多可视服务。这条线还把服务人员在前台与后台所做的工作分开。比如，在医疗诊断时，医生既进行诊断和回答病人问题的可视或前台工作，也进行事先阅读病历、事后记录病情的不可视或后台工作。

第三条线是内部互动分界线，用以区分服务人员的工作和其他支持服务的工作和工作人员。垂直线穿过内部互动线代表发生内部服务接触。

物流服务蓝图的最上面是物流服务的有形展示。最典型的方法是在每一个接触点上方都列出服务的有形展示（如图 6－10 所示）。

（2）物流服务蓝图的构成要素。

物流服务蓝图包括“结构要素”与“管理要素”两个部分：

1）结构要素，实际上定义了服务传递系统的整体规划，包括服务台的设置、服务能力的规划；

2）管理要素，则明确了服务接触的标准和要求，规定了合理的服务水平、绩效评估指标、服务品质要素等。以此制定符合客户导向的服务传递系统，首先关注识别与理解客户需求，然后对这种需求做出快速响应。介入服务的每个人、每个环节，都必须把客户满意作为自己服务到位的标准。

（3）物流服务蓝图的阅读使用。

根据不同的意图物流服务蓝图可以用不同的方法阅读。如果你的意图是了解客户对过程的观点，可以从左到右阅读，跟踪客户行为部分的事件进行。随之而来会提出这样的问题：客户是怎样使服务产生的？客户有什么选择？客户是被高度涉入服务之中，还是只需要其做出少数行为？从客户角度看，什么是服务的有形展示？这与组织的战略和定位始终一致吗？

如果意图在于了解服务员工的角色，也可以水平阅读物流服务蓝图，但这回要集中在可视线上下的行为上。有关问题会是：过程是否合理，有效率、有效果吗？谁与客户打交道，且何时进行，频率如何？一位雇员对客户负责到底还是客户会从一位雇员转到下一位雇员？物流企业应当认识到，客户会在几乎无专人接待的情况下从一位员工处转到下一位员工。如果物流企业给每位客户都被指派一位专职服务人员，满足其从提出购买物流服务到服务结束的所有要求。结果是不仅经营费用减少，而且提高了病人的满意度。

如果意图在于了解服务过程不同因素的结合，或者识别某一员工在大背景下的位置，服务蓝图可以纵向分析。这时就会清楚什么任务、哪些员工在服务中起关键作用，还会看到物流企业深处的内部行为与一线服务效果之间的关联。有关问题是：为支持客户互动的重要环节，在幕后要做什么事？什么是相关的支持行为？整个过程从一位员工到另一位员工是如何发生的？

（4）物流服务蓝图的作用。

物流服务蓝图具有直观性强、易于沟通、易于理解的优点，主要表现为以下几个方面：

1）促使企业全面、深入、准确地了解所提供的服务，有针对性地设计服务过程，更好地满足客户的需要。

2）有助于企业建立完善的服务操作程序，明确服务职责，有针对性地开展员工的培训工作。

3）有助于理解各部门的角色和作用，增进提供服务过程中的协调性。

4）有利于企业有效地引导客户参与服务过程并发挥积极作用，明确质量控制活动的重点，使服务提供过程更合理。

5）有助于识别服务提供过程中的失败点和薄弱环节，改进服务质量。

［资料链接］

物流服务蓝图绘制步骤

1. 识别需要制订蓝图的服务过程

物流服务蓝图可以在不同水平上进行开发，这需要在出发点上就达成共识。快递蓝图，是在基本的概念水平上建立的，几乎没有什么细节，基于细分市场的变量或特殊服务也没有列出。也可以开发这样一些蓝图，描述两天的快递业务、庞大的账目系统、互联网辅助的服务，或储运中心业务。这些蓝图都与概念蓝图具有某些共同的特性，但也各有特色。或者，如果发现“货物分拣”和“装货”部分出现了问题和瓶颈现象，并耽误了客户收件的时间，针对这两个步骤可以开发更为详细的子过程蓝图。总之，识别需要绘制蓝图的过程，首先要对建立服务蓝图的意图做出分析。

2. 识别客户（细分客户）对物流服务的经历

市场细分的一个基本前提是各个细分部分的需求是不同的，因而对服务或产品的需求也相应变化。假设物流服务过程因细分市场不同而变化，这时为某位特定的客户或某类细分客户开发物流服务蓝图将非常有用。在抽象或概念的水平上，各种细分客户纳入在一幅蓝图中是可能的。但是，如果需要达到不同水平，开发单独的蓝图就一定要避免含糊不清，并使蓝图效能最大化。

3. 从客户角度描绘服务过程

该步骤包括描绘客户在购买服务、消费和评价服务中执行或经历的选择和行为。如果描绘的过程是内部服务，那么客户就是参与服务的员工。从客户的角度识别服务可以避免把注意力集中在对客户没有影响的过程和步骤上。该步骤要求必须对客户是谁（有时不是一个小任务）达成共识，有时为确定客户如何感受服务过程还要进行细致的研究。如果细分市场以不同方式感受服务，就要为每个不同的细分部分绘制单独的蓝图。

4. 描绘前台与后台的行为

首先画上互动线和可视线，然后从客户和服务人员的观点出发绘制过程、辨别出前台服务和后台服务。对于现有物流服务的描绘，可以向一线服务人员询问其行为，以及哪些行为客户可以看到，哪些行为在幕后发生。

5. 把客户行为、服务人员行为与支持功能相连

下面可以画出内部互动线，随后即可识别出服务人员行为与内部支持职能部门的联系。在这一过程中，内部行为对客户的直接或间接影响方才显现出来。从内部服务过程与客户关联的角度出发，它会呈现出更大的重要性。

6. 在每个客户行为步骤加上有形展示

最后在蓝图上添加有形展示，说明客户看到的东西以及客户经历中每个步骤所得到的有形物质，包括服务过程的照片、幻灯片或录像在内的形象蓝图在该阶段也非常有用，它能够帮助分析有形物质的影响及其整体战略与服务定位的一致性。

任务三 物流服务销售

[案例引入]

中货航：VIP 物流服务从“点”做起

背景描述：

几年前，有国内航空货运业人士说：“上海是国内理想的航空货运始发地。”于是，各航空货运公司举着“掘金长三角”的大旗，开始了一场没有硝烟的“腹地”争夺战。如今，随着第五航权的逐步放开，架着“洋枪洋炮”的国外航空公司也加入进来，使这场“战争”愈演愈烈。

东方航空公司（简称东航）旗下的中国货运航空公司（简称中货航）作为上海基地航空公司，借助地理优势与浦东机场建立了长期合作关系，同时依托东航的网络优势，一度让人产生可以稳坐“山头”观“虎斗”的乐观心态。但随着东航整体战略部署的调整，将中货航原货物操作部门剥离成立了东方远航物流公司，中货航的发展和“养家”之本只剩下风险最大的运力销售。“内忧外患”使中货航人意识到，必须尽快调整主攻方向，只有练好内功打造物流服务品牌，提高公司核心竞争力，才能立于不败之地。

对于专营货物运输的航空公司来说，产品就是货机的舱位，销售之后必须有良好的物流服务品牌支持才能培养客户的忠诚度。在留住老客户的同时，不断开发潜在客户，这为中货航客户物流服务部确立了目标：与销售部携手共同做好客户管理工作。

为此，客服部成立之初，就提出 VIP 客户物流服务的构想，对 VIP 客户的货物实行全程信息跟踪，强调建立“信急绿色通道”“货物绿色通道”，提高中转运输物流服务质量，树立全新中转品牌，增强与外站沟通，协助外站提升销售能力。

由于货运物流服务流程复杂，涉及进出口各流程的每一个环节包括公司内部、地面操

作代理公司、外站等诸多部门及单位，因此，客服部提出先从一个“点”突破，再分阶总结完善 VIP 方案。

为了提高物流服务质量，降低货物破损及预防货物被偷盗，客服部先从进口这个“点”突破。于是，首先开展了重点货物跟踪物流服务，主要对目的港为上海的外交邮袋、贵重物品、高科技精密仪器、高价值货物、危险品及有特殊要求的货物开展现场跟踪物流服务。客服部根据外站提供的重点货物信息，实施卸机—分解—理货—交货全过程现场跟踪，收集信息并及时反馈给外站。

在一点时间内，客服部对东京等 9 个站点发来的 558 票直达重点货物、48 票中转重点货物等（总计 19 157 件、重达 354 564 千克）进行了跟踪物流服务，其中发现 10 票出现破损情况。在 9 个站点中，东京办事处要求跟踪的重点货物最多，共计 489 票，占总票数的 87%。需要整板交接的货物有 15 票，共计 25 块板，2 854 件，重达 38 355 千克。由于大多为精密仪器及电子产品，客户对操作的要求较高，于是客服部与东方远航物流公司仓管部门、中货航业公司协调，调整了整板交接货物的操作流程，全程不使用铲车，避免因操作不当造成货物破损。在总结近阶段重点货物跟踪物流服务的结果后，客服部依据总体情况，对 VIP 物流服务方案进行修改，对出口、中转、进口几方面的操作进行细化，并召集市场、销售等相关部门，在浦东召开 VIP 物流服务预案演示会，对预案的可操作性进行深入探讨，基本上得到全体人员的认可。主管市场的人士提出，方案中要具体体现针对客户的需求制定的操作标准，如超大件、超重货物如何操作等。对于方案中提及的加强货物运输网络建设、规范操作各外站作标准的要求，市场部准备对近期签署的中货航各外站与当地地面物流服务公司操作协议进行整理，并进一步完善。目前，中货航的信息网络建设已达到操作要求，信息管理部门已对各站点的系统使用情况进行了跟踪，对薄弱的站点制订了培训计划。会上大家达成共识，各部门要通力合作共同建立公司的物流服务品牌。

推出 VIP 物流服务是为了从点到线提升中货航的整体物流服务水平，为中货航做大做强建立坚实的基础。VIP 物流服务的终极目标是，为中货航所有客户提供一种主动的、集中的、贴切的、高效的、无缝的物流服务，让所有客户都成为 VIP。在 VIP 物流服务正式推行前，客服部将继续做好重点货物跟踪物流服务，真正为客户着想，以客户的满意为标准，不断提高货运物流服务水平。

（资料来源：宋方，等. 现代物流案例教学与实例. 北京：中国物资出版社，2007.）

思考题：

1. 中货航是怎样定位自己的？
2. 中货航采取了哪些措施来提高自身物流服务水平？

［相关知识］

一、巩固物流老客户

物流企业要生存和发展，必须创造利润，而物流企业的利润来自客户的消费。物流企业的利润客户来源主要有两部分：一类是新客户，即利用传统的市场营销组合 4Ps 策略，进行大量的广告宣传和促销等，吸引潜在客户来初次购买产品；另一类是原有企业的消费者，已经购买过企业的产品，使用后感到满意，没有抱怨和不满，或者是存在一定不满，经企业加以维护愿意连续购买产品的消费者。

新客户开发时，首先要对其进行大规模的市场调查，了解客户各个方面的感受，然后对调查结果进行总结分析，根据分析结果制定相应的广告宣传，同时还要不定期地进行大规模促销活动来提醒消费者购买。以上每一个环节都需要大量的财力、物力和人力支持，这样一来，单位产品成本大幅度提高，企业盈利相对就会减少，而对原有老客户，让他们进行再次购买则不需要上述环节。但是如何让老客户继续进行交易，让他们对自己的企业和产品保持足够的信心和好感？企业只有引入关系营销中的老客户维护策略，真正认识到老客户是企业最重要的一部分财产，才是企业长久发展的必由之路。

1. 老客户保留和维护的必要性

以往在企业营销活动中，有相当一部分企业只重视吸引新客户，而忽视保持现有客户，使企业将管理重心置于售前和售中，造成售后服务中存在的诸多问题得不到及时有效的解决，从而使现有客户大量流失。然而企业为保持销售额，则必须不断补充“新客户”，如此不断循环。这就是著名的“漏斗原理”。企业可以在一周内失去 100 个客户，而同时又得到另外 100 个客户，从表面看来销售业绩没有受到任何影响，而实际上为争取这些新客户所花费的宣传、促销等成本显然要比保持老客户昂贵得多，从企业投资回报程度的角度考虑是非常不经济的。因此，以“漏斗”原理作为制定企业的营销策略的指导思想，只适应于传统的生产观念以及产品观念和推销观念为主导的时代。如今，买方市场情况下，产品同质化程度越来越高，同时，由于科学技术的发展，产品本身的生命周期也是越来越短，很多企业推出的营销策略和手段也大同小异，消费者已变得相当理智，所以对客户进行维护和售后服务非常必要。

2. 老客户保留和维护的作用

首先，留住老客户可使企业的竞争优势长久。企业的服务已经由标准化细致入微服务阶段发展到个性化客户参与阶段。IBM 的年销售额由 100 亿美元迅速增长到 500 亿美元时，IBM 营销经理罗杰斯谈到自己的成功之处时说：“大多数公司营销经理想的是争取新客户，但我们的成功之处在于留住老客户，我们 IBM 为满足回头客，赴汤蹈火在所不辞。”又如，号称“世界上最伟大的推销员”的乔·吉拉德，15 年中他以零售的方式销售了13 001 辆汽车，其中 6 年平均售出汽车 1 300 辆，他所创造的汽车销售纪录至今无人打破。他总是相信卖给客户的第一辆汽车只是长期合作关系的开端，如果单辆汽车的交易不能带来以后的多次生意的话，他认为自己是一个失败者。65%的交易多来自老客户的再度购买。他成功的关键是为已有客户提供足够的高质量服务，使他们一次一次回来向他购买汽车。可见，成功的企业和成功的营销员，都是把留住老客户作为企业与自己发展的头等大事来抓。留住老客户比新客户，甚至比市场占有率重要。调查证明：留住老客户比只注重市场占有率和发展规模经济对企业效益奉献要大得多。

其次，留住老客户会使销售成本大幅度降低。发展一位新客户的投入是巩固一位老客户的5倍。在许多情况下，即使争取到一位新客户，也要在一年后才能真正赚到钱。对一个新客户进行营销所需费用较高的主要原因是，进行一次个人推销访问的费用，远远高于一般性客户服务的相对低廉的费用。因此，确保老客户的再次消费，是降低销售成本和节省时间的最好方法。

再次，留住老客户，会有利于发展新客户。在商品琳琅满目、品种繁多的情况下，老客户推销作用不可低估。因为对于一个有购买意向的消费者，在进行购买产品前需要进行大量的信息资料收集。其中听取亲友、同事或其他人亲身经历后的推荐往往比企业做出的介绍要更加为购买者相信。客户的口碑效应在于：一个满意的客户会引发8笔潜在的生意，其中至少有一笔成交；一个不满意的客户会影响25个人的购买意向。

最后，留住老客户，可获取更多的市场份额。由于企业着眼于和客户发展长期的互惠互利的合作关系，从而提高了相当一部分现有客户对企业的忠诚度。忠诚的客户愿意更多地购买企业的产品和服务，忠诚客户消费，其支出是随意消费支出的2～4倍。而且随着忠诚客户年龄的增长、经济收入的提高或客户企业本身业务的增长，其需求量也将进一步增长。

3. 巩固老客户的流程

我国的物流企业的客户关系管理还处于起步阶段，大多数物流企业对老客户的管理并不规范。如众多的客户信息都掌握在营销人员手中，一个核心营销人员的跳槽就可以带走企业众多客户，营销人员私下与客户分享回扣等，而国外物流企业如UPS、马士基、TNT等企业凭借雄厚的实力、先进的管理理念、出色的服务，特别是对客户的全方位关怀赢得了众多的客户，让国内同行感到巨大的竞争压力。

物流公司通过客户关系管理来有效地巩固老客户非常重要。以下是巩固物流老客户的流程：

（1）收集老客户的资料，建立客户资料库。

客户资料是一个有效的销售工具，物流企业可以利用它创造出更好的销售业绩。建立客户资料库就是在了解客户情况的基础上，将客户的各项资料科学地加以记录、保存、分析、整理、应用，以此来巩固与老客户之间的关系。物流企业通常会接触到两类客户，个人性质的客户和企业性质的客户。对于个人性质的客户，主要调查其基本信息（姓名、家庭住址、电话等）、教育情况、事业情况、个性情况等。

企业客户资料主要包括以下内容：

1）市场状况分析。提供客户在市场中的位置的相关数据，包括客户在市场中的份额、年收入、市场位置、市场模式以及该客户的成熟度。

2）竞争对手情况。列出客户主要竞争对手，说明从公平的市场角度看，该客户与竞争对手相比的优劣情况以及竞争对手通常采用的竞争策略。

3）客户概况。包括客户的名称及其主要业务的简要介绍，以及客户的服务宗旨和最近的重要资料。

4）服务介绍。介绍客户的每一项主要服务，并突出其与众不同之处。

5）财务状况简介。记录下资产负债表和损益表中的关键信息，看是否能从任何市场模式或过去的业绩中了解客户获得服务的情况。

6）高层主管简历。介绍客户高层主管的学历、工作经历、以往的成绩、与其他组织的联盟及关系情况，包括其面临的有可能为物流企业提供新机会的潜在问题。

7）潜在的需求。列出物流企业可能帮助客户解决潜在问题（若确实存在）的服务。进行客户信息调查最重要的一项就是要确定客户的需求，尽力让客户满意，不仅包括相关的服务，还包括核心服务之外的因素。企业正是通过满足和超过客户的期望迎合其需求来提高客户满意度的。

企业可以根据所获得的信息建立客户数据库。客户数据库对进行客户关系管理、巩固老客户有很大的作用，具体如下：

1）可以对客户开展一对一的营销。客户数据库是企业内部最容易收集的信息，对这些数据稍微加工，就可以使其成为营销决策最有价值的信息来源。因此，有营销专家说："没有数据库，就像在沙漠中迷失了方向一样会付出惨痛的代价。"

通过客户数据库对客户过去的购买和习惯进行分析，企业还可以了解到客户是否被服务所吸引，或是被价格所吸引，从而有根据、有针对性地向客户提供个性化的、一对一的营销。

2）可使物流企业之间的竞争变得更加隐秘。物流企业运用客户数据库可以直接针对目标客户进行一对一的营销，而无须借助大众宣传的方式，从而减少竞争对手的注意度，有效避免"促销战""价格战"等公开的行为，也比较容易达到预期的促销效果。运用数据库技术进行客户关系管理已成为企业获取竞争优势的重要手段和有效工具。

3）为物流企业深入分析客户并指导客户关系的努力方向提供帮助。运用客户数据库管理可以明确客户的数量，客户的基本情况，哪些是重要客户，哪些是主要客户，这些客户多长时间购买一次服务，时间间隔是多少，怎样买，客户通过什么途径了解物流企业，客户对服务有什么意见或建议，客户想要什么样的服务。

4）可以实现对客户的动态管理。客户的情况总是在不断变化，客户的资料也应随之不断地进行调整。物流企业如果有一套好的客户数据库，就可以对客户进行长期跟踪，不断调整、剔除陈旧的或已经变化的资料，及时补充新的资料，使物流企业对客户的管理保持动态性。

另外，物流企业建立客户数据库后，任何业务员都能在前面业务员的基础上继续发展与客户的亲密关系，而不会出现由于某一业务员的离开造成业务中断的情况。

（2）客户的分析和分类管理。

在客户的分析阶段，首先要对客户一般构成进行分析，例如，销售额或销售量指标基本分析、客户与本公司的交易业绩分析、不同商品的销售构成分析等。

然后再进行各种基本比率分析，以此可以确定该客户对企业收益的贡献程度，具体包括销售毛利率分析、商品周转率的分析、交叉比率的分析、贡献比率的分析。

在客户管理中，对客户进行分类，是企业重要的工作之一。通过对客户的分类管理，可以有效地识别客户的需求，合理配置企业资源，利于为客户提供个性化服务，使营销对策更专业，最终达到巩固核心客户的目的。

物流企业的客户分析、分类管理一般根据ABC分类法，如图6－11所示。ABC分类法又称帕累托分析法或主次因素分析法、分类管理法、重点管理法。它根据事物在技术或经济方面的主要特征进行分类排队，分清重点和一般，从而有区别地确定管理方式的一种分析方法。对于客户，我们可以按照成交额进行划分，或根据客户的发展潜力来划分。通过ABC分类法，我们为客户划分了不同的等级，并针对性的采取不同的管理办法。

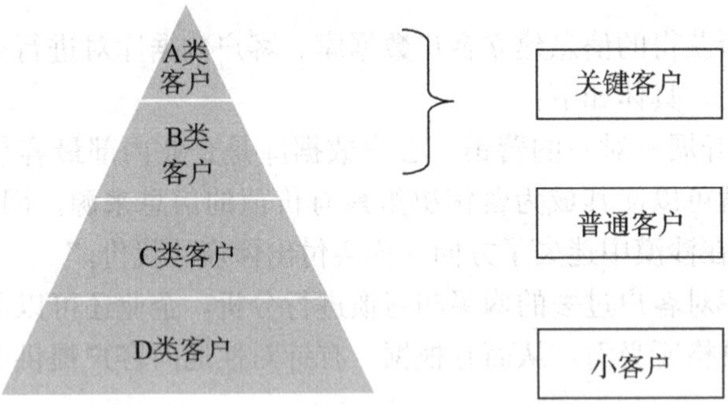

图6-11 ABC分类法

1）A类客户（重要客户）：A类客户是能够给企业带来最大价值的前1%的客户，他们的进货额占总销售额的70%～80%，位于客户金字塔的最高层。A类客户往往是产品的重度用户，对企业忠诚，是企业客户资产中最稳定的部分。为企业创造了绝大部分和长期的利润，而企业却只需支付较低的服务成本；A类客户对价格不敏感，也乐意试用新服务，还可帮助企业介绍潜在客户，为企业节省开发新客户成本；A类客户不但有很高的当前价值，而且有巨大的增值潜力，其业务总量在不断增大，未来在增量销售、交叉销售等方面仍有潜力可挖。A类客户是最有吸引力的一类客户，可以说，企业拥有A类客户的多少，决定了其市场上竞争地位的高低。

2）B类客户（主要客户）：B类客户是除重要客户以外给企业带来最大价值的前20%的客户，它位于客户金字塔的次高层。B类客户可能是物流企业服务的大量使用者，也可能是中度使用者，对价格的敏感度比较高，为物流企业创造的利润和价值没有重要客户那么高。

A类客户和B类客户属于企业的关键客户。关键客户管理的目标是提高关键客户忠诚度，并在保持联系的基础上，提升A类客户给企业带来的价值。为此，必须做好三个方面的工作。第一，成立为关键客户服务的专门机构，主要负责联系关键客户；利用数据库分析每位客户的交易历史，及时与关键客户进行市场趋势沟通；为企业高层提供准确的关键客户信息，根据客户要求设计不同的服务方案；关心关键客户的利益得失，绝不能让其转向竞争对手；关注关键客户的动态，强化对关键客户的跟踪管理。第二，通过沟通和感情交流密切双方的关系，要经常地征求关键客户的意见；有目的、有计划地拜访客户；利用多种沟通渠道进行有效沟通；及时、有效地处理关键客户的异议或者抱怨；增进与关键客户的关键交流。第三，集中优势资源服务于关键客户，加大关键客户的服务力度，为他们提供“优质、优先、优惠”的个性化服务。

3）C类客户（普通客户）：C类客户是客户金字塔中处在第三层的客户，是除A类客户与B类客户之外的为企业创造最大价值的前50%的客户，一般占客户总数的30%。

普通客户包含的客户数量较大，但购买力、忠诚度和能够带来的价值远比不上重要客户与主要客户。

对于普通客户的管理主要强调提升级别和控制成本两个方面。对于有升级潜力的普通客户，企业要制订周密、可行的升级计划，吸引普通客户加强与企业的合作。针对没有升级潜力的普通客户，企业可以采取“维持战略”，提供常规档次的产品或一般性的服务。

4）D类客户（小客户）：D类客户是客户金字塔中最底层的客户，指除了上述三种客户外，剩下的50%的客户。小客户既包含利润低的“小客户”，也包含信用低的客户。

这类客户购买量不多，忠诚度很低，偶尔购买，却经常延期支付甚至不付款。这类客户经常会提出苛刻的服务要求，几乎不会给企业带来利润，还会消耗掉企业的资源。有时这类客户是问题客户，会向他人抱怨，破坏企业形象。

对于小客户要科学地评判，不能因为目前客户“小”，就盲目抛弃，要用动态的眼光看趋势。企业在认真分析小客户价值低的原因之后，判断和甄别这类客户是否有升级的可能。如果有升级的可能，企业就要加强对他们的培育，帮助其成长，挖掘其潜力，通过多种方法与这类小客户建立特殊的关系。如果非淘汰不可，可以采用提高销售价格、降低服务成本投入等方法有理、有节的淘汰；对于信用低的客户，坚决淘汰。

（3）改善老客户满意度。

物流企业要赢得长期客户，就要创造客户满意。客户满意是“客户对其要求已被满足的程度的感受”是人们在接受了产品或服务包括其所携带信息的刺激以后，所做出的一种肯定的状态，是人们对产品的一种主观的综合的评价。只有客户满意了才会成为企业的回头客。要想留住客户，企业应从以下方面实施客户满意策略：提高企业产品或服务的质量、建设合理的营销渠道、选择合理的定价策略、选择受客户欢迎的促销形式、开展关系营销等来提高客户满意度，从而留住回头客。

（4）跟进异议并积极回应或解决。

客户异议是发生在企业和客户建立关系的任何阶段，处理好客户异议不但可以明确物流企业服务的缺点，更好地改进服务，还可以加强客户管理，将其发展成为公司的长期客户。

（5）争取流失客户。

新陈代谢是自然界的客观规律。物流企业的客户也有一个新陈代谢的过程，特别是在今天的市场上，在各种因素的作用下，客户流动的风险和代价越来越小，客户流动的可能性越来越大，客户关系在任一阶段、任一时点都可能出现倒退，不管是新客户还是老客户，都可能会流失。

根据客户流失产生的主导因素的不同，可以将客户流失分成主动流失和被动流失。主动流失是指由于客户自身原因自愿离开，也称为自愿流失。造成客户主动流失主要是由业务竞争造成的。可以说，随着新的服务、应用的增长，客户拥有了比以往更多的选择空间。这使现有企业不得不面临更大的挑战。被动流失是指物流企业由于某种原因而决定终止向客户提供服务。这些问题的经常发生其实是由于企业未能有效地监控到那些具有信用风险的客户，并且没有适时采取措施。

当客户关系出现倒退时，企业不应该轻易放弃流失客户，而应当重视并积极对待、尽力争取挽回流失客户，尽快恢复彼此的关系，促使其重新购买企业的服务，并进行客户流失的管理。要做好客户流失管理，就是要在明确客户流失的根本原因的基础上，有针对性地制定各种层面的应对措施，通过企业的销售、营销、服务等部门及其渠道分销商，运用商务、技术手段从全方位进行客户流失管理。客户流失管理将通过流程的标准化、有效的度量、及时的改进和控制，真正帮助企业达到挽留客户、提高收益的目标。

挽回流失客户的策略如下：

1）调查原因，缓解不满。一方面，企业要积极与流失客户联系，访问流失客户，诚恳地表示歉意，赠送小礼品，缓解其不满；另一方面，要了解流失的原因，弄清问题究竟出在哪里，并虚心听取客户的意见、看法和要求，让其感受到企业的关心。公司不仅要和那些流失客户谈话，而且对每一位流失客户都要求相关的营销人员写一份详细报告，说明原因并提出改进意见，采取一切办法恢复客户关系，控制客户的流失率。

2）采取策略预防和避免客户的主动流失行为。面对激烈的市场竞争，企业一般可以采取三种策略预防和避免客户的主动流失。第一，进攻策略。集中力量，发挥自身优势，主动发起攻势，改进服务质量，提高产品声誉，加强品牌优势。第二，防守策略。如果企业自身能力有限，就应当努力提高服务水平和质量，实行优惠价格，尽量保持和巩固现有市场。第三，撤退策略。企业通过市场分析或前景预测，如果感到前景对自己不利，就干脆放弃这种服务品种，以节约资源。

3）采取措施预防和避免客户的恶意被动流失行为。第一，建立完善的客户资料库；第二，对客户信誉度进行评估；第三，运用法律手段解决客户的恶意欺诈行为。

4）对不同级别客户的流失采取不同的态度。在资源有限的情况下，企业应该根据客户的重要性来分配投入挽回客户资源，以达到挽回收益的最大化。

二、物流客户异议的处理

小案例

某航空货运代理企业（简称A公司），其核心业务包括航空货运代理和速递业务，与某国际知名品牌手机公司（简称B公司）强强合作，签订了物流合作协议。B公司业务主要通过空运从北京运往A公司全国各地分公司，再通过分公司或当地代理企业发往各地销售网点客户端。

合作以来，B公司对A公司的服务基本满意，但12月份物流部门统计的各销售终端客户拒收率高达18%，尤其是上海高达26%，为此B公司专门打电话到A公司进行投诉。

思考题：

1. 若作为营销人员在接到电话后应做哪些工作？
2. 若作为客户经理，应当如何处理此项客户异议？

1. 物流客户异议产生的原因

成功的客户异议处理不仅有助于企业了解客户的需求，保持企业的持续改进，而且有助于与客户建立良好的关系，得到客户的理解与信任，从而保持客户的忠诚。要处理好客户的异议，首先要了解异议产生的原因，再针对产生的原因，有针对性地提出处理措施与办法。物流客户异议原因分类如表6-3所示。

表6-3　物流客户异议原因分类

序号	异议原因	异议原因描述
1	业务人员操作失误	计费重量确认有误；货物包装破损；单据制作不合格；报关、报验出现失误、运输时间延误、结关单据未及时返回、仓位无法保障、运输过程中货物丢失或损坏等情况
2	销售人员操作失误	结算价格与所报价格有差别；与承诺服务不符；对货物运输过程监控不利；与客户沟通不够、有意欺骗客户等
3	工作态度差	物流企业一线工作人员工作态度恶劣，服务质量差，给客户带来不便
4	供方操作失误	运输过程中货物丢失或损坏；送（提）货时不能按客户要求操作；承运工具未按预定时间起飞（航）等
5	代理操作失误	对收货方的服务达不到对方要求，使收货方向发货方异议而影响公司与发货方的合作关系等
6	客户自身失误	客户方的业务员自身操作失误，但为免于处罚而将责任归于货代公司；客户方的业务员有自己的物流渠道，由于上司的压力而被迫合作，但在合作中有意刁难等
7	不可抗力因素	天气、战争、罢工、事故等所造成的延误、损失等

2. 客户异议处理原则

（1）预防原则。

客户异议往往是由企业的组织不健全、管理制度不完善或疏忽大意引发的，所以防患于未然是客户异议管理的最重要原则。即要求企业必须改善管理，建立健全各种规章制度，加强企业内外部的信息交流，提高全体员工的素质和业务能力，养成以客户为中心的全心全意为客户服务的工作习惯。

（2）及时处理原则。

对于客户异议，物流企业各部门应通力合作，迅速做出反应，力争在最短的时间里全面解决问题，给客户一个圆满的结果。否则，拖延或推卸责任，会进一步激怒异议者，使事情进一步恶化。

（3）记录原则。

记录原则是指对每一起客户异议都进行详细的记录，包括异议内容、异议处理进程、异议处理结果、客户反应、惩罚结果等。这样做的目的是全面收集、统计和分析客户的意见，不断改进客户异议的处理办法，并将获得的信息整理后传达给其他部门，以便及时总结经验和教训，为将来更好地处理客户异议提供参考。

此外，要对异议的处理过程进行总结与综合评价，提出改进对策，不断完善企业的客户异议系统。

(4) 责任原则。

对客户异议处理过程中的每一个环节，都事先明确各部门、各类人员的具体责任与权限，保证异议能够及时、妥善地解决。为此须制定详细的客户异议处理规定，建立必要的客户异议处理机构，制定严格的奖惩措施。

(5) 提高一线员工处理异议的水平原则。

一线员工往往是客户异议的直接对象，而目前许多企业不注重这方面的训练，员工处理异议凭的是经验和临场发挥，缺乏平息客户怨气的技巧。企业应当利用各种形式对员工进行培训，使其掌握处理客户异议的技巧，成为及时处理客户异议的重要力量。要赋予一线员工一定的权力，使其在处理一些无法预见的问题时有相对大的自主权，以便对客户提出的意见和建议做出快速响应，保证及时、快捷、出色地为客户服务。

3. 处理异议的基本方法

(1) 让客户发泄。

当客户来异议时，企业应该热情地招呼对方，真诚地对待每一位前来异议的客户，并且体谅对方的语气——客户异议时态度难免会过于激动。心理专家说，人在愤怒时，最需要的是情绪的宣泄，只要将心中怨气宣泄出来，情绪便会平静下来，所以，企业要让异议的客户充分发泄心中的不满乃至愤怒。

(2) 用心聆听。

用心聆听即要做一个好的聆听者，认真聆听，不无礼或轻易打断客户讲话，不伤害客户的自尊心。聆听时要注意用眼神关注客户，使其感到自己、自己的话、自己的意见被重视，从而鼓励其说出心里话，并协助客户表达清楚。

聆听过程中，可以点头并使用“是的”“我明白”“我理解”等表示对异议问题的理解，还可以复述客户说过的话以澄清一些复杂的细节，更准确地理解客户所说的话。聆听是一门艺术，从中可以发现客户的真正需求，从而获得处理异议的重要信息。

(3) 表示道歉。

面对客户异议，企业应不断反省，自己如果没有出错，就没有理由惊慌；如果真的出错，就要勇于面对。要记住，客户之所以动气是因为出现问题，企业漠不关心、据理力争或找借口拒绝，只会使对方怨气更大，而适时地表示歉意却会起到意想不到的效果。

(4) 认同客户。

客户异议时，最希望自己能得到同情、尊重和理解，因此这时候要积极地回应客户。如果企业没有反应，客户就会觉得自己不被关注，并有可能被激怒。认同的常用语有：“您的心情我可以理解”“您说的话有道理”“是的，我也这么认为”“碰到这种状况我也会像您那样”。

（5）仔细询问。

引导客户说出问题的重点，有的放矢，表示同情。如果对方知道企业的确关心自己的问题，也了解自己的心情，那么怒气便会消减。

（6）记录问题。

要记录的方面有：异议人、投诉对象、异议内容、何时异议、客户购买服务的时间、客户的使用方法、异议要求、客户希望以何种方式解决问题、客户的联系方式等。在记录的同时，要判断异议是否成立，异议的理由是否充分，异议的要求是否合理。如果异议不能成立，也要用婉转的方式使客户认清是非曲直，并耐心解释，消除误会。如果异议成立，企业的确应承担责任，并对客户表示感谢，可以说“谢谢您对我说这件事……”“非常感谢，您使我有机会为您弥补损失……”要让客户感到其异议是受欢迎的，其意见很宝贵。一旦客户受到鼓励，往往还会提出其他的意见和建议，从而给企业带来更多有益的信息。

（7）解决问题。

要站在客户的立场来寻找解决问题的方案并迅速采取行动。

首先，马上纠正引起客户异议的错误。反应快表示企业在严肃、认真地处理这件事，客户一定会很欣赏，拖延时间只会使客户感到自己没有受到足够的重视，从而情绪会变得越来越激烈。

其次，根据实际情况，参照客户的处理要求，提出解决异议的具体方案。提出解决方案时，要注意用建议的口吻，然后向客户说明它的好处。如果客户对方案不满意，可以问问对方的意见。从根本上说，异议的客户不仅要企业处理问题，还要企业解决问题。所以，当客户觉得处理方案不是最好的解决办法时，一定要向客户讨教如何解决。

最后，抓紧实施客户认可的解决方案。探询客户希望解决的办法，一旦找到办法，便可征求客户的意见。如果客户不接受企业的办法，征询对方有什么提议，不论企业是否有权决定，要让客户随时清楚地了解企业的进程。如果企业无法解决，可推荐其他合适的人，但要主动代为联络。

（8）礼貌地结束。

企业将不愉快的事情解决之后，必须问：“请问您觉得这样处理可以了吗？您还有别的问题吗?”如果没有，就多谢对方提出的问题。

4. 客户异议处理的步骤

（1）受理异议阶段。

1）先处理客户的情绪，改变客户心态，然后处理异议内容。

2）控制自己的情绪，保持冷静、平和。

3）将客户的投诉行为看成是公事，实事求是地判断，不加入个人情绪和喜好。

4）真正关心客户异议的问题。

（2）接受异议阶段。

1）认真倾听，保持冷静，同情、理解并安慰客户。

2）给予客户足够的重视和关注。

3）对事件全过程进行仔细询问，语速不宜过快，做详细的异议记录。

4）不让客户等待太久，当客户不知道等待多久时，告诉客户明确的等待时间。

5）立即采取行动，协调有关部门解决。

（3）解释澄清阶段。

1）不得与客户争辩或一味寻找借口。

2）注意解释语言的语调，不得给客户有受轻视、冷漠或不耐烦的感觉。

3）换位思维，易地而处，从客户的角度出发，做合理的解释或澄清。

4）不得试图推卸责任，不得在客户面前评论公司、其他部门或同事。

5）在没有彻底了解客户所异议的问题时，不得马上将问题转交其他同事或相关部门。

6）如果确实是企业的原因，必须诚恳道歉，但是不能过分，注意管理客户的期望，尽可能地提出解决问题的方法。

（4）提出解决方案阶段。

1）根据异议类别和情况，提出相应的解决问题的具体措施。

2）向客户说明解决问题所需要的时间及其原因。

3）如果客户不认可或拒绝接受解决方法，坦诚向客户表明企业的限制。

4）按时限及时将需要后台处理的异议记录传递给相关部门处理。

（5）总结与改进阶段。

1）根据处理时限的要求，注意跟进异议处理的进程。

2）向异议的客户及时通告处理结果。

3）关心、询问客户对处理结果的满意程度。

4）对异议处理过程进行总结与综合评价，吸取教训，并提出改善对策，从而不断地完善企业的经营管理和运作，提高客户服务质量和服务水平，降低异议率。

三、物流客户服务实务

1. 常规物流客户服务技巧

（1）微笑服务。

服务于一线的员工是整个公司的形象和服务质量展示最重要的代言人。在行业竞争越来越激烈的情况下，体现良好、规范、人性化的“微笑服务”能彰显公司的管理水平。微笑是不用翻译的世界语言，它传递着亲切、友好、愉悦。苏格兰一句谚语：“微笑比电便宜，比灯灿烂。”

但在以下几种情况下，微笑是不合适的：

1）在进入气氛庄重的场合时。

2）服务对象满面哀愁。

3）服务对象具有某种先天生理缺陷时。

4）服务对象出了洋相因而感到尴尬时。

微笑并不是一件可以随便做的事情，它是有要求的。如果做得不好，微笑反而使人觉得不适，觉得虚假。微笑的要求是真诚、适度、合时宜。想要笑得好很容易，只要你是发自内心的微笑，就可以制造出自然大方、亲切的微笑，而且微笑是可以练习的。

[资料链接]

微笑练习

练习工具只需要一面镜子和一双筷子（不宜用一次性的简易木筷，以防拉破嘴唇）。

（1）用上下各两颗前齿轻轻咬住筷子，检查嘴角的位置比筷子水平线是高还是低。

（2）咬住筷子，并用手指把嘴角使劲拉到不能再上升的位置为止，保持30秒。

（3）拿下筷子，检查能够看到几颗上齿，合格线是8颗。

这三步，是让你知道笑时，嘴角上扬能达到的基本形状，要牢牢记住，使自己能够随时作出这个姿势。

（4）再一次咬住筷子，在30秒内反复说："一、一、一……"以不断提升嘴角。

（5）拿下筷子，一边说"一……"一边用两手掌心按住左右脸蛋从下往上推按，把嘴角牢牢提起来。重复这个动作30秒。

（6）同样发"一"，但这次不用手来提升嘴角。如感到颧骨下方特别疲劳，就用手揉一下。

除了嘴角，眼睛和眉毛也同样需要练习。和对方距离50厘米的时候，对方的视线最先注意到嘴角，而在50厘米之内，视线就会落在眼睛上，所以眼神的接触也相当重要。

（资料来源：潘红，陈少雄．职业礼仪．北京：北京科技出版社，2016.）

微笑是有标准的。国际标准微笑是别人在离你3米时就可以看到你绝对标准迷人的微笑。面容和祥，嘴角微微上翘，露出上面的6到8颗牙齿，牙齿要保持干净以示尊重。

（2）文明服务。

1）用语文明。用语文明是营销人员在工作岗位上使用语言时，应遵守的基本规范之一，营销人员要在称呼恰当、口齿清晰、用词文雅三个方面下功夫。

称呼恰当要特别注意的是，当需要称呼许多位服务对象时，一般都讲究分清主次，由尊而卑、由近及远。口齿清晰要注意语言标准及语调柔和。用词用语要力求谦恭、敬人、高雅、脱俗，努力回避不雅之语。

2）态度文明。这要求营销人员应有的态度是：主动、热情、耐心、周到。

增强服务主动性，主要有以下三个方面的技巧。第一，营销人员在与客户接触时，要注意细心观察客户的肢体语言，应善于利用目光捕捉客户服务的时机。通过目光，在客户开口之前主动服务，会赢得客户心理上的满足，使其感受到贵宾的尊荣。第二，要主动了解客户的消费习惯，有针对性的推介产品或服务类型、特点，突出某项产品或服务的优越性，供客户参考，引导客户做出合理的选择。第三，要积累关于企业、产品、服务的相关知识。有时客户的提问往往超出营销人员本身的职责和经验范围，如果平常不主动、不自觉积累，就无法给客户提供更广泛的服务。

热情服务就是在为服务对象提供服务时，要做到真心实意、全心全意、充满善意。要注意个人仪容仪表，面带微笑，不要将个人情绪带到工作中来，保持平和心态，展现服务的亲和力。同时还要注意避免过度热情产生负面作用。

耐心是服务的基础，是互通的基石。耐心表现在对本职工作的热爱，对客人提出的各种各样的合理要求能尽力满足，对一些不合理的要求要耐心解释，让其心悦诚服。

周到是指“服务无小事”，注意细节，全方位为客户着想。

3）动作文明。身体的动作和姿态是营销人员的身体语言，包括表情、姿态和举止。但是，特别要注意的是要避免一些不良行为，否则，会给客户留下非常不好的印象，甚至影响整个公司的形象。表 6-4 列示了应该避免的身体语言。

表 6-4　客户服务应避免的身体语言

应该避免的身体语言	可能会给客户造成的不良印象
站立时双手插兜或抱在胸前	进行客户服务的时候，很多客服人员喜欢做的动作也许是无意的，但在进行服务时，这是对客户不尊重、不耐烦、封闭的表示，一定要避免
说话时手指放在嘴上或搓脸挠头发	说话时手放在嘴边，或者有一些托腮的举动，这表示营销人员缺乏解决问题的信心
背靠或斜靠在物体上	如背靠墙或背靠门，就表示对工作或对客户的说话内容不感兴趣
避开客户目光	是指客户眼睛看着营销人员，而营销人员有意识地回避客户的目光，这表示否定客户，或者表示没有在听客户讲话，或者表示不希望和客户进行交流
说话、走路时低着头	表示客服人员精神状态不佳，或者对客户冷淡，给客户的感觉是你害羞、自卑、不专业
抠鼻子、挖鼻涕、挖耳朵	个人素质修养不好
帮客户拿物品时漫不经心，碰来碰去	表示做事没有耐心，不够尊重客人

（3）及时服务。

近几年，很多企业把“准时交货”看得比产品品质还重要。营销人员在为客户提供服务时，不只是考虑服务的内容，也要重视服务的时间，即能否及时有效地为客户提供服务。

要做到及时服务，需要从以下两个方面做起。第一，要设计有效率的服务过程。只要过程对了，结果就会对，任何事情不要研究结果，而要研究过程。只有好的过程，才有好的效率。第二，物流企业必须设置好的服务系统，同时还必须明确服务时间限制。如在接到客户要求服务的电话后，规定营销人员应在多长时间内给予答复。

（4）物流客户需求预测。

要想找到满足客户需求的方法就必须了解客户的真实需求，但是有时候许多客户不能清楚地表达他们的需求，或者有些客户即使对企业提供的服务感到不满也只是沉默不语。因此，在为客户提供服务之前，营销人员首先需要更准确地预测客户真实的需求。

在对客户真实需求进行预测的过程中，营销人员通常要在以下方面加以注意：

1）物流客户对信息的需求。客户对信息的需求实际就是客户在购买服务之前需要的信息帮助，比如价格、速度、服务流程、服务标准以及特殊问题的解决等。满足客户的这种信息需求，要求物流企业不断增强其内部员工的客户服务意识，培养员工的观察能力、分析能力，能及时准确预测出客户的信息需求；还要通过培训等手段不断充实内部员工的专业知识，提高专业度，为客户提供满足其信息需求的服务。

2）物流客户对环境的需求。客户的环境需求是指客户对于企业提供产品和服务品质之外的大环境要求，如营业大厅是否整洁，是否有空调、座位等一些基本设施。

3）物流客户对情感的需求。人都是有感情的动物，而客户在消费的过程中必不可少地带有或多或少的感情色彩。物流作为服务行业，它提供的产品就是服务。服务的本质就是一种与客户间的互动关系，服务质量的好坏，直接取决于客户的主观感受。所以，物流企业营销人员必须对客户内心深处的情感需求进行理解并要想办法加以满足。

事实上，客户情感需求通常无外乎是被赞赏、被同情、被尊重。营销人员应当从言谈举止中预测客户在情感方面的真实需求，从而采取赞赏、安慰、支持等方式来满足客户的这些需求。

客户的需求往往不是单一的，而是会随着主观因素的变化而变化。及时并准确地预测客户的种种需求是营销人员的工作范畴，是企业赢得客户满意和信赖的关键。

（5）接待物流客户。

物流客户服务对企业营销人员来说是完成一个接触的过程，这个过程一般分为四个主要步骤：迎接客户、理解客户、帮助客户、处理客户异议。

1）迎接客户。如果初次接触客户时你在三四秒内给人留下真诚的印象，就会让人感到你是真诚的，你是令人感到安全、值得信赖的，那么进一步接触并且建立和谐关系就水到渠成了。

我们把最初几秒称为“打招呼”，在这一阶段缺乏热情或热情过度都是不可取的，特别要注意初次见面先不要急于介绍产品或服务。客户刚进入一个新环境，心理难免会有一些戒备心理，如果我们过于热情难免会让客户有些不适应，给接下来的沟通造成不便。

在这一阶段还要注意展示自己专业而友善的形象。不要问客户一些压力过大的问题，如问客户买不买、要不要等这些容易导致客户群保持沉默或选择否定性回答的问题；不要只顾自己喋喋不休地说个不停，不考虑客户的反应，只顾自己机械式地介绍产品。要观察客户以找出线索展开话题，说话的内容和方式应该配合客户的个性和情绪，让客户知道你会以他喜欢的方式去帮助他。

2）理解客户。理解客户的需求与愿望是很困难的，营销人员要全身心的注意客户在说什么，通过倾听、提问、复述来理解客户的需求与期望。

倾听首先要保持平和的心态，不仅要听赞同的、感兴趣的部分，还要乐于倾听别人的观点，获取新信息。倾听的过程中要注意少说多听、既要听事实又要听情感、不要随意打断客户的话、不要急着下结论；需要通过实现接触、点头表示理解、身体前倾等方式对客户的讲话作出反应；如果客户不说话，可以通过提问等方式引导和鼓励客户说话；最后通过复述的形式明确谈话内容。复述包括两个方面的内容，一是复述事实，二是复述情感。复述事实能起到分清责任和提醒的作用，还能体现营销人员的职业素质。

3）帮助客户。客户服务最终归结到要帮助客户解决问题，因此帮助客户这个阶段是整个客户服务过程中最重要的阶段，也是最难的一个阶段。

客户只有清楚地了解服务的功能、特性后，才有可能购买它，客户对服务的认知程度跟营销人员的介绍水平有很大关系。营销人员首先要熟悉服务项目并发自内心的喜欢它，然后将服务的特征转化为给客户带来的某种利益；也可以利用一些相关资料恰当地展示公司服务特色、以往的业绩、客户反馈等，从而引导客户购买。最后营销人员可以给客户提供多个解决方案，并分别客观地说出其利弊，供客户选择。

4）处理客户异议。效果有时比对错更重要。把客户的异议作为成交的前奏，在收到客户的异议时，营销人员要做的就是迅速处理客户异议，争取最后的成功。

（6）拒绝客户。

不管喜欢与否，营销人员有时必须对客户说“不”，例如，客户提出的要求违背法律、政策、规章，或是提出其他不合理要求。

拒绝客户要注重方式方法，不能生硬地拒绝，而要先想这样一个问题：“这个客户需要什么以及怎样才能尽我的能力为他办到？”可以试试这样的表达：“我要做的是……”这句短语告诉客户，营销人员一定会想尽一切解决问题的办法来帮助他们。虽然提供的可选择的行动不是客户想要的，但是它会产生可行性的解决办法，从而有助于减少客户沮丧的心理。也应该对客户说“您能做得是……”这句话告诉客户自己已经控制了一些情况的结果，把客户看做参与解决问题的搭档，为客户作可能性的建议，暂时解决一些问题，或将来采取行动会防止再次发生这种情况。

必须注意拒绝客户的有些事项。第一，要做到自己无过错、无责任。物流企业应该通过科学的服务管理，来提升自己的服务水平，完善自己的服务管理，事先做到自己无过错、无责任，才有资格去评价客户的优劣。第二，慎重选择则拒绝标准。企业拒绝服务的对象不能是通常意义上抱怨的客户、情绪激动的客户、对公司不满的客户，而是那些会对企业造成巨大威胁或巨大资源浪费的客户。第三，在尊重的基础上委婉地拒绝。对客户拒绝应该采取足够尊重的方式，避免客户直接不异议或情绪激动。第四，不能对外宣传拒绝服务的客户名单。以前的服务经历是企业与客户之间的秘密，企业把这种事情宣传出去叫侵权，也属于犯法。企业只是一个盈利机构，没有必要也没有资格对客户做整体性的盖棺定论。

2. *典型物流客户服务技巧*

我们将人的性格特征和行为方式按照行事的节奏与社交能力（与人打交道的能力），分为四种类型，并分别用四种动物来表示。

（1）老鹰型客户。

1）行为特征。老鹰型客户说话很快，音量也会比较大，讲话时音调变化不大，可能面无表情。他们做事爽快，决策果断，以事实和任务为中心。通常给人的印象是他们不善于与人打交道，常常会被认为是强权派人物，喜欢支配人和下命令。他们的时间观念很强，讲求高效率，喜欢直入主题，不愿意花时间同你闲聊，讨厌自己的时间被浪费。

2）需求特征。老鹰型客户追求的是高效地完成某个工作，再加上他们时间观念很强，所以他们考虑的是自己的时间要花得值；同时，权力、地位、威信和声望都对他们产生极大的影响；他们需要掌控大局，他们往往是领袖级人物或想象自己是领袖级人物；对他们来讲，浪费时间和被别人指派做工作，都将是难以接受的。

3）处理方法。由于时间对他们来讲很重要，所以你要直入主题。例如，开场白尽可能短，讲话的速度应稍快些（同他差不多），以显示出你尊重他的时间，同时也表明你的时间也是宝贵的；希望你是一个有竞争力的、行业内的专家，这样可以更吸引他。举例来讲，他会提出些问题，甚至是质问你，如果你不能很好地回答，那么你对他的吸引力就大大降低了。

在与他们探讨需求的时候，要尽可能地使用可以刺激他们需求的话语和词汇，如高效、时间、领先、竞争优势、变革、权力、地位、威信、声望和掌握大局等。

对于老鹰型的客户，就要直截了当，表明目的，少说废话。如果对方主动联系企业，可以通过电话初步解决客户疑虑。做个简单明了的方案，充分准备客户可能会问到的问题的答案。

（2）孔雀型客户。

1）行为特征。孔雀型的人基本上做事爽快，决策果断。但与老鹰型的人不同的是，他们与人沟通的能力特别强，通常以人为中心，而不是以任务为中心。如果一群人坐在一起，孔雀型的人很容易成为交谈的核心，他们很健谈，通常具有丰富的面部表情。他们喜欢在一种友好的环境下与人交流，社会关系对他们来讲很重要。直接的印象可能会觉得他平易近人、朴实，容易交往。孔雀型的人作决策时往往不关注细节，凭感觉作决策，作决策也很快。他们往往讲话很快；音量也会比较大；讲话时音调富有变化，抑扬顿挫；同时，他们也会表现得很热情，对你很友好，你经常会听到他们爽朗的笑声。

2）需求特征。孔雀型客户追求的是能被他人认可，希望不辜负他人对他们的期望。他们渴望能成为关注的对象，希望能吸引他人。同时，对他们来讲，得到别人的喜欢是很重要的，与认识的每个人建立关系也是很重要的。他们期望能树立自己的影响力，而失去影响力对他们来讲是可怕的。由于他们往往不会关注细节，所以他们希望过程尽可能简单。同时他们也喜欢有新意的东西，那些习以为常、没有创意、重复枯燥的事情往往让他们倒胃口。

3）处理方法。由于孔雀型的客户注重关系，对人热情，所以作为营销人员，向他传递一种你也很看重关系、也很热情的信息对吸引他们来讲就显得很重要。在沟通中，孔雀型的人不像与老鹰型的人那样直接可进入主题，你与他们可以先闲聊一会儿，这对建立融洽关系是有帮助的。

由于孔雀型的人乐于助人，也很健谈，所以通过有效的提问，营销人员可以从他们那里获取很多有价值的信息。营销人员可以用一种富于弹性、充满激情的语气说："太感谢您了，我就知道您肯定可以帮到我。我想请教一下，您如何看待……"

在沟通中，要将注意力完全放在他们身上，让他们注意到这一点，并表示很看重他们，他们很重要。在与他们探讨时，尽可能地使用可以刺激他们需求的话语和词汇，如关系、影响力、容易、变化等。

（3）鸽子型客户。

1）行为特征。鸽子型的人友好、镇静，属于特别好静的人。他们做起事情来显得不急不躁，属于肯支持人的那种人。他们作决策一般会较慢，需要5次左右的接触。鸽子型的人往往讲话不快，音量也不大，音调会有些变化，但不像孔雀型的人那么明显。他们从容面对营销人员所提出来的问题，反应不是很快，他们是很好的倾听者。他们会配合你的销售工作，只要能更好地引导他们。

2）需求特征。鸽子型的人需要与人建立信任的关系。他们不喜欢冒险，喜欢按程序做事情。往往比较单纯，个人关系、感情、信任、合作对他们很重要。他们喜欢团体活动，希望能参与一些团体，而在这些团体中发挥作用将是他们的梦想。

鸽子型的人做事情以稳妥为重，即使要改革，也是稳中求进，甚至有时会抵制变革。他们也往往会多疑，害怕失去现有的东西，安全感不强。他们不希望与别人发生冲突，在冲突面前可能会退步，所以在遇到压力时，会趋于附和。

3）处理方法。同鸽子型的客户沟通，营销人员要显得镇静，不可急躁，讲话速度要慢，音量不宜过高，要相对控制好声音，并尽可能地显示出友好和平易近人，表现得要有礼貌。

由于鸽子型的客户平时行事速度较慢，建立关系也需要一定的时间，所以不可以在沟通中显得太过于热情，以免引起对方怀疑。营销人员要尽可能地找到与对方相同的爱好，并通过这些与客户建立起一定的关系。在涉及营销人员自己的事情时，要坦率、真诚，积极倾听，要表现出与对方建立起真诚关系的兴趣。与客户的关系要花时间来建立，不可强迫对方做他们不愿做的事情。

（4）猫头鹰型客户。

1）行为特征。猫头鹰型的人很难看得懂，他们不太容易向对方表示友好，平时也不太爱讲话，做事动作也缓慢。对很多人来讲，猫头鹰型的人显得有些孤僻。他们作决策很慢，需要 7 次左右的接触。他们在沟通中往往讲话不快，音量也不大，音调变化也不大。并不太配合你的工作，不管你说什么，可能经常会“嗯，嗯”，让人无从下手。讲起话来，一般面部毫无表情。如果营销人员表现得很热情的话，他们往往会觉得不适应，而且往往并不喜欢讲话，对事情也不主动表达看法，让人觉得难以理解。

2）需求特征。猫头鹰型的人需要在一种他们可以控制的环境中工作，对于那些习以为常、毫无创新的做事方法感到很自在。由于他们不太喜欢与人打交道，所以他们更喜欢通过大量的事实、数据来作判断，以确保他们做的是正确的事情。猫头鹰型的人最大的需求就是准确、有条理，做事有个圆满结果，以避免出差错，从而避免使他们的名声遭到损害。他们工作认真，讨厌不细致、马虎的工作态度。

3）处理方法。作为客服人员，对待他们要认真，不可马虎，凡事考虑得要仔细，注意一些平时不太注意的细节。在沟通中，不可与他们谈论太多与目的无关的东西，不要显得太过热情，要直入主题。他们如果愿意与你沟通的话，客服人员要提供更多的事实和数据，以供他们作判断，而且提供的资料越详细越好，并经常问他们：“还有什么需要我提供的吗?”和与孔雀型的人打交道不同，你不可以让对方感到有什么意外（孔雀型的人喜欢变化和刺激）。举例来讲，如果原先与他探讨的计划出现问题，你要改变计划，一定要与他先商量，以让他有所准备。在沟通中，要表现得一丝不苟、有条不紊，给对方留下事事有计划的印象。

对于他们，营销人员经常要用的词汇是准确、绝对正确、不会出现意外、认真对待细节、详细计划、让数据和事实说话等。

3. 棘手物流客户服务技巧

在提供服务的过程中，营销人员经常会遇到一些棘手但却不能不面对的客户。例如，有抵触情绪的、粗鲁的、怒气冲冲的、满腹牢骚的和盛气凌人的客户，在应对时，营销人员一定要保持冷静并提供专业的服务。

(1) 怀有敌意的客户。

客户怀有敌意，或许是因为他觉得以前受了委屈或听闻别人在贵公司受到不平的待遇等。面对持负面观点的客户，不管他的看法是否正确，处理时可使用以下技巧：

1) 积极聆听。积极聆听能向客户证明你很专心，以及你相信客户本身和他听说的话都很重要。积极聆听的形式是这样的：先改变措辞来复述客户的说话重点，然后加以确认，例如："嗯，你是说你很确定这件产品少了部分零件，而你想要全额退款是吗？"

2) 中立模式（有人这么认为）。中立模式是认知客户所言，但既不同意，也不反对，由于这是个不常见、新奇或出乎意料的反应，因此这个技巧会中断情绪的流动，让客户停下来思考。这让营销人员有空当使用其他技巧。其具体的形式是这样的："的确有人认为（以直接、冷静的方式复述客户所言）……"注意要用中立、没有情绪的方式来复述客户所言。

3) 保证尽力。一方面，当客户觉得你没有尽力，就会生气。另一方面，若客户觉得你已经尽其所能，甚至做了超出职责范围的努力，就算其得不到想要的，也一般不会把你看作箭靶。保证尽力的做法是告诉客户你会尽全力达成其需求。例如："我看得出来你赶时间，我会尽量在几分钟内帮你办好。"

要注意的是，保证尽力不同于保证结果。就算你还不知道是否能满足客户所愿，也可以先向客户保证你会尽力。

4) 重新聚焦。让会谈重新聚焦到原本的问题或议题上。假设有位愤怒的客户抱怨某一产品。他先谈论问题，没多久就开始批评公司或你个人。这样继续下去不会帮助客户解决他的问题。此时你要重新聚焦，例如："我明白您对此产品的问题非常生气，让我们回到我们能协助您的层面，我能给您几个可能有用的建议。"你的用意是让客户把注意力转移到有建设性的事情上。

(2) 不信任你的客户。

不信任你的客户将会是难缠的客户。面对这样的客户，营销人员需要使用的技巧是用来让客户信任你的诚实。

1) 说明理由或行动。我们很容易以为客户会了解你为何这么做或这么说，这是错误的观念。客户并不熟悉服务公司的政策或流程，至少，他不会比营销人员更清楚。客户想要知道整个情况，如果他们不了解，很可能会感到沮丧，甚至害怕。因此，营销人员要说明为客户所做的事情及其原因。

例如："我现在要（说明行动）把你的资料输入电脑，下次你再来的时候，事情会进行得比较快。"

2) 承认客户需求。当客户眼见你尽你所能地了解他的需求（就算你做不到），他也很有可能对你持正面观点，承认需求包括复述客户对你所言，例如："我了解，你想让你的钱花得更值得"；或者回应你对客户的观察，例如："我看得出来你在赶时间……"

3) 正反意见。若你能提供某事物的正反两面，比如产品的优缺点等，便能让客户觉得你很可靠或值得相信。例如，在介绍某一产品时，与其只描述它的优点或它的缺点，还不如同时介绍其他所有相关产品的优缺点。为客户说明各项选择方案时也是如此。要记住，当你只提出单方面观点时，客户会纳闷你为什么要提出这个明显不平衡的看法，因此会质问或怀疑你的动机。

4）专业推荐。客户不一定都知道其自身的需求或需要，也可能对下一步该怎么做感到困惑。营销人员的角色之一，是在产品选择或达成需求的有效做法上提供专业建议或推荐。在提供专业建议或推荐之前，最好先询问客户是否想听你的意见。重点是，当你提供建议或推荐时，要说明你为什么认为这个产品或行动是客户的最佳选择。这就是提供正反意见兼具的平衡推荐。

（3）粗鲁的客户。

大部分客户都把自己的行为控制在可接受的范围内，但也有个别客户在生气时会失态，甚至暴跳如雷。这时营销人员不能被客户的愤怒与粗暴搅乱了思绪。我们可以通过同理心陈述、设限、提供选择、复述重点等方法来化解客户的愤怒情绪，以达到妥善解决问题的目的。

面对粗鲁的客户，营销人员应当尽量做到以下两点：

第一，营销人员要保持专业化。营销人员不能因为客户的不得体而采取同样的回应，要保持冷静、自信、控制好局面。

第二，营销人员不要诉诸报复行为。营销人员的报复行为只会惹恼这些客户，特别是营销人员当着他人的面使他们难堪时。营销人员要记住这类客户仍然是你的客户，如果其他人觉察到你的行为不得体，那你失去的不仅仅是这类客户。

（4）要求见上司的客户。

沮丧的客户常有的要求就是与你的上司说话。客户要求见你的上司，可能是想要让你害怕或觉得层级较高的人比较能把事情处理好。有时候，不沮丧的客户也会要求见上司，因为他们相信职权较大的人能够更快速、更有效率地为他们办好事情。面对这类客户可以使用的技巧是：

1）探索问题。探索问题指使用一连串问题来协助客户理清其需求、感受其所面临的现状。探索问题都很简单，每次只涵盖一个层面，因此不会让客户不知所措。探索问题鼓励客户理清或补充他之前的回答。另一种做法是循序渐进，营销人员可以根据客户对前一个问题的回答，一步步提问简单的问题。

2）保证尽力（此内容同怀有敌意的客户的应对技巧）。

3）转介给主管。有时候，由于客服人员缺乏职权与资讯，而无法进一步协助客户，当客户与主管或其他高层人士交谈时，其所表现的行为要比和低层员工交谈时文明得多。

无论是因为缺乏职权与资讯，还是因为觉得客户面对主管时态度会比较好，营销人员所使用的技巧都是一样的。首先，询问或对话确认客户是否想要和主管交谈。然后，与主管联络，向他说明情况。通常客服人员要向主管提供这名客户的姓名、问题以及客户的心态。这个步骤能确保主管有所准备，并让主管能够控制他与客户的互动。

有一点很重要，营销人员和主管对于转介客户的事一定要心态一致。有些主管不希望营销人员把客户转介给他们，有些主管在某些情况下愿意，也有些主管丝毫不在意。营销人员平时就需要知道主管对这件事的想法，千万不要等到有生气的客户在等待的时候，才询问主管是否介意把客户转介给他以及他希望如何处理整个过程。

任务四　物流客户服务改进

[案例引入]

联邦快递使用物流服务质量指数设置标准

背景描述：

联邦快递并非仅仅依赖营销调研数据开展业务，其经营倚重一套世界上最为综合的、由客户所定义的物流服务标准与评估指数。这套物流服务质量指数（Service Quality Indicator）作为“无免责的内部绩效评估标准”用以确保公司实施的物流服务达到既定目标，从而每个细节、每个环节、每次物流服务都达到客户满意，每件邮包处理达到百分之百满意的物流服务标准。SQI的开发与成功使公司获得了马克姆·波里奇国家质量大奖。

与其他公司使用的物流服务指数不同的是，联邦快递以客户的反馈作为指数的基础，20世纪80年代，联邦快递就开始分析和记录客户的异议，并把这些信息用于改进内部程序，它曾经使用过一种叫做“各类重大错误警示”的列表，其中列有8个客户最常异议的问题：投递日期错误，投递日期正确但送件太迟，无人取件，包裹丢失，给客户提供错误信息，账单或文件差错，员工表现不佳，包裹破损。尽管这个列表起到一定作用，但它却做不到让管理层在异议发生之前防范和排除这些问题，即做不到前馈控制流程。

1988年，公司开发出含有12个指标项目的统计指数SQI，用以评估客户满意度与服务质量，是更为综合、更为主动、客户导向的评估工具。新的SQI包括以下组成因素和权重，如表6-5所示。

表6-5　每个因素对于客户的相对重要性

指标	权重	指标	权重
投递延迟不晚于一天	1	包裹破损	10
投递延迟晚于一天	5	包裹丢失	10
客户查询不予回复	1	货物超载	5
异议事件再次发生	5	飞机晚点	5
送抵凭证丢失	1	不答复电话	1
修改发票	1	忘记取件	10

新的SQI的另一显著特征是对“错误”的衡量用绝对数表示，而不是百分比。公司的管理层深信，百分比使公司与客户之间的距离被拉长了：每汇报1%的包裹延误，意味着实际上有15 000位客户不满意（每天大约运送150万个包裹）。物流服务质量指数报告每周在公司内传阅一遍，一旦收到报告，就要探究物流服务失误的根本原因。对表

中的每个因素，公司都指派专门的高级职员负责管理，而公司中每个人的奖金也与SQI的表现直接挂钩，正是这些做法使公司逐步接近其目标，每项物流服务均达到百分之百的客户满意。

由此可见，良好的物流营销胜于优质的客户物流服务，客户满意度则是衡量这种物流服务质量的唯一标准。

思考题：

1. 联邦快递设置物流服务质量指数标准有何作用？
2. 客户满意度与服务质量对物流企业服务营销有何意义？

[相关知识]

一、物流客户服务质量管理

服务与有形产品不同，它是一系列的过程。在这些过程中，生产与消费同步进行，而且客户直接参与到服务的生产过程中。20世纪90年代，全面质量管理曾风靡一时，企业也在努力追求质量管理，但这种热潮集中在制造业，其中大部分管理方法和理论都无法直接应用到服务质量管理中去。

1. 物流客户服务质量的构成

服务是买卖双方之间的一种互动关系，是所谓的互动和接触，或多或少是一种主观体验过程，它对感知服务质量的形成有非常重要的影响。

我们要了解服务的含义，就必须弄清楚客户到底需要什么，对服务质量如何评价等一系列问题，流企业就可以采用有效的方法来影响客户对服务的评价，使其向有利于企业的方向发展。

客户感知的服务质量包括两个部分：物流服务技术质量、物流服务功能质量。

客户从与物流企业互动关系中得到的东西对他们评价服务显然具有非常重要的意义。物流企业认为这样就是服务，但事实不是这样。这些只是服务质量的一部分，即服务生产过程的结果所形成的技术质量。服务本身的标准、环境条件、网点设置、服务设置、服务设备以及服务项目等就是物流服务技术质量，在服务管理中，也称其为结果质量。结果质量是客户在服务过程结束后的“所得”。通常客户对物流服务技术质量的衡量是比较客观的，因为物流服务技术质量牵涉到的主要是技术方面的有形内容。

在客户与服务提供者之间存在着一系列的互动关系，包括不同的关键时刻，所以，技术质量只是客户感知服务质量的一部分，而不是全部。除了服务结果之外，服务结果传递给客户的方式和客户在消费过程中的体验，对于客户感知服务质量也起到很重要的作用。例如，服务人员的仪表仪态、服务态度、服务程序等都会对客户服务体验产生影响，这就是物流服务功能质量，在服务管理中，也称其为过程质量。从高更深层次上说，如果客户能够亲自参与以前必须由企业提供的服务过程，那么，他们对服务质量的评价可能会更高。

技术质量是良好服务中理所当然的内容，它不能保证客户所感知的服务质量是优异的。所以，在许多情况下，企业利用同一种产品、同一种服务进行竞争，这时决定服务竞争优势的只能是物流服务功能质量，如图 6-12 所示。

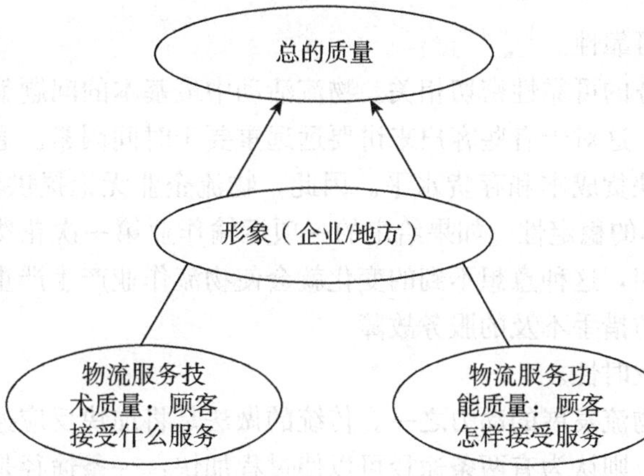

图 6-12　物流客户服务质量的两个构成要素

2. 良好服务质量的标准

(1) 职业化程度与技能。

客户认为物流企业及其员工、经营系统和有形资源应当具有专业化知识和技能。

(2) 员工态度与行为。

客户认为，物流企业员工（与客户接触的员工）应当关注他们，并且积极主动地解决他们接受服务过程中所面临的问题。

(3) 服务易获得性与灵活性。

服务的地点、时间、员工和运营系统应当根据客户的要求加以设计和运营，这样客户可以很容易地接受企业的服务；如果客户有要求，也可以根据客户的要求灵活的对服务做出调整。

(4) 服务的可靠性与可信度。

如果物流企业及其员工能够信守诺言而且全心全意地为客户服务，那么，客户就会对企业产生信任感，认为企业是非常可靠的。

(5) 服务补救能力。

如果出现客户意料之外的事情或服务失误，物流企业应当立即和主动采取措施来控制局面，并找到新的、客户可以接受的解决方案。

(6) 服务环境组合。

服务的有形环境和其他环境应当对服务过程起到有力的支持作用。

(7) 物流企业的声誉与信用。

客户对物流企业应当具有信任感，物流务应当是“物有所值的”，客户可以与企业一起分享良好的服务绩效和价值，这是与形象相关的标准。

3. 持续提高服务质量的基本思路

物流企业的客户服务水平应根据企业的经营状况而定，一味地追求高水平客户服务和在低水平客户服务上停步不前，都是不可取的。在科学管理的基础上，物流企业应积极应用新技术、新设备，同时依靠先进的管理方法改进客户服务质量，这是见效快、成本低的企业经营策略。

（1）提高服务的可靠性。

服务的质量与服务的可靠性密切相关。物流活动中最基本的问题就是如何实现可得性及提高作业完成能力，这对于有些客户来讲要远远重要于时间因素。通常来讲，可靠性可以直接影响到客户的缺货成本和存货水平。因此，物流企业无论提供什么样的服务水平，都要尽可能保持100%的稳定性。如果给定的一项运输作业第一次花费了2天时间，而第二次却花费了6天时间，这种意想不到的变化就会使物流作业产生严重的问题，就需要增加安全储备存货，以防措手不及的服务故障。

（2）强化服务的及时性。

快速反应已成为物流发展的动力之一。传统的做法是将加快反应速度变成单纯的快速运输，而现代物流观点则认为有两条途径可以使过程加快：一条途径是提高运输基础设施和设备的效率，如修建高速公路，铁路提速，制定新的交通管理办法，提高汽车的行驶速度等。另一条途径是优化电子商务系统的配送中心、物流中心网络，重新设计适合电子商务的流通渠道，以此来减少物流环节，简化物流过程，提高物流系统的快速反应能力，这一种方法具有较大的推广价值。

（3）保证服务的灵活性。

物流企业的服务灵活性能的高低，直接关系到在始料不及的情况下如何及时妥善地处理问题的能力。需要企业灵活作业的典型事件有很多，例如：修改基本服务安排，支持独特的销售方案和营销方案，新产品引入，产品回收，特殊市场的定制，在服务过程中的定制化服务等。

物流企业的整体物流客户服务能力取决于在满足关键客户的需求时所拥有的“随机应变”的能力。物流企业应根据客户的产品、市场策略、行业、管理模式采取多样化和个性化的服务模式，如为客户配备专门的服务小组，进入客户企业的作业现场、采用同客户兼容的计算机系统等措施来提高服务的灵活性。由以上措施制定的某物流企业客户服务质量考核指标如表6-6所示。

表6-6　物流客户服务质量考核指标

指标	具体指标	考核周期	指标定义公式
服务可靠性	缺货频率	月/季/年度	$\frac{\text{缺货订单数}}{\text{订单总数}}\times 100\%$
	订单延迟率	月/季/年度	$\frac{\text{延迟交货订单数}}{\text{订单总数}}\times 100\%$
	无误交货率	月/季/年度	$\frac{\text{按客户要求交货数}}{\text{交货总数}}\times 100\%$
	货损与货差率	月/季/年度	$\frac{\text{货损与货差货物数量}}{\text{货物总数}}\times 100\%$

续前表

指标	具体指标	考核周期	指标定义公式
服务及时性	订单按时完成率	月/季/年度	$\frac{\text{按时完成订单数}}{\text{订单总数}}\times 100\%$
	送货准时率	月/季/年度	$\frac{\text{按时送货次数}}{\text{订单总数}}\times 100\%$
	数据与信息传输准时率	月/季/年度	$\frac{\text{传输准时次数}}{\text{传输总次数}}\times 100\%$
服务的灵活性	急订单响应率	月/季/年度	$\frac{\text{未超过 12 小时出货的订单数}}{\text{同期订单总数}}\times 100\%$
客户满意度	客户投诉率	月/季/年度	客户投诉的次数之和
	有效投诉率（由物流服务商过失所引起的）	月/季/年度	$\frac{\text{有效投诉及订单数}}{\text{订单总数}}\times 100\%$
	处理客户投诉的效率	月/季/年度	从客户投诉直至投诉有效处理所间隔的全部时间

二、物流客户满意度管理

1. 物流客户满意度

前面我们探讨了服务质量包括技术质量、功能质量两个基本要素，同时还指出，服务质量在很大程度上是客户主观意志的产物，而且对服务质量的感知过程是非常复杂的。客户实际接受的服务并不能决定感知服务质量的好坏。图 6－13 表明了客户的质量预期与传统营销活动的关系及其是如何影响客户感知服务质量的。

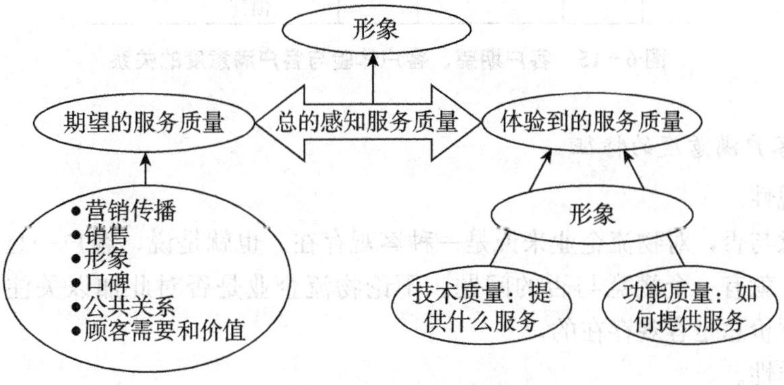

图 6－13　客户总的感知服务质量

值得注意的是，即使物流企业实施了质量改进计划，包括功能质量改进计划，客户感知的服务质量仍然很低，甚至不断降低。这是因为客户感知的服务质量并不取决于技术质量和功能质量这样两个要素，而是取决于客户预期的质量和体验到的质量之间的差距。例如，在企业广告宣传中，过度的宣传或不恰当的宣传会使企业的承诺脱离实际。脱离实际的承诺无疑会导致这种差距的扩大，从而导致客户感知服务质量的下降。所以，质量促进计划不仅要考虑企业运营情况，还要考虑外部营销与市场沟通情况，要将他们有机地结合起来，即要进行物流客户满意度管理。

物流客户满意度是指客户通过对一个服务的可感知效果与其期望值比较后，所形成愉悦或失望的感觉状态。这种感觉决定了他们是否继续购买物流企业的服务。影响客户满意度的因素是客户期望和客户评价，决定客户满意度的是客户期望和企业提供的服务标准之间的差距（见图 6 - 14 和图 6 - 15）。客户的满意度越高，就越会形成客户忠诚，客户与服务企业之间的关系就会越牢，客户就越会购买该物流企业的服务。客户的期望值与其付出的成本相关，付出成本越高，客户期望值就越高。物流企业只有实施物流客户满意战略，采用物流客户满意测评方法及时发现物流客户服务当中的不足，并不断加以改进，才能真正实现物流客户的满意。

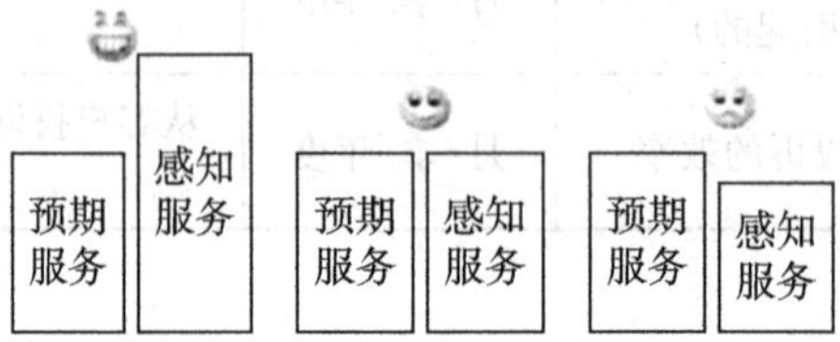

图 6 - 14　客户的满意度取决于物流服务的可感知效果与期望效果的比较

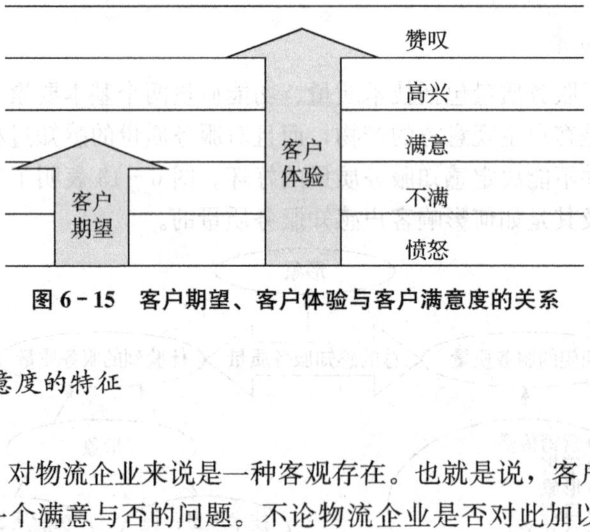

图 6 - 15　客户期望、客户体验与客户满意度的关系

2. 物流客户满意度的特征

（1）客观性。

客户满意与否，对物流企业来说是一种客观存在。也就是说，客户一旦接受物流企业提供的服务，就有一个满意与否的问题。不论物流企业是否对此加以关注，是否进行调查，客户的评价总是客观存在的。

（2）抽样性。

在相当多的情况下，对客户满意度只能进行抽样测评，但由于抽样方法的变化，测量到的客户满意度往往并不能完全反映客户整体的满意度。

（3）主观性。

对客户来说，满意与否又是受自己的各种主观因素影响的。同样的服务，可能 A 客户是满意的，而 B 客户可能就不满意。客户是否满意以及满意的程度，取决于客户的经济地位、文化背景、需求、期望以及评价动机，甚至受个人的好恶、性格、情绪等非理性因素的影响。由于这种主观性，针对某一个客户的调查，也许并不能反映服务的实际质量。因此，那些借助某几个客户的表扬信或所送的锦旗之类来证明自己服务质量的组织，并不一定值得信赖。

（4）否定性。

客户向物流企业提供的往往是不满意的意见信息（异议），而这种不满意的意见往往对物流企业更有价值，因而要大力收集。

（5）变化性。

客户的需求和期望是随着客观条件，特别是社会经济和文化的发展变化而变化的。因此，客户的满意度也跟着发展变化。一般来说，社会经济和文化发展了，客户的需求和期望也相应提高，客户的满意度便会发生变化，甚至从满意转变为不满意。在现代社会，经济和文化的发展很快，加上竞争对手的作用，若物流企业的服务不能跟上这种发展而提高（包括创新），很可能使客户满意度下降。只有持续改进，不断提高自己的服务质量水平，才能把客户满意度维持在一个既定的水平上，这也就是为什么要制定和实施客户满意和服务创新战略的根本原因。

（6）复杂性。

测评客户满意度时，不同的客户或同一客户对不同质量特性、同一客户对同一质量特性的不同方面都存在不同评价，而且这种评价的强弱程度又各不相同，因而客户满意度指标往往不能只用一个百分比来表示，而要用多个数据。只用一个百分比表示往往存在虚假性，其可信度可能大打折扣。

（7）全面性。

客户满意度是对物流企业及提供的服务的心理评价，这种评价是全面的而不是只针对某一质量特性而言的。客户满意度既是针对服务质量特性的，又是针对物流企业本身的。物流企业的性质、形象、管理、承担的社会义务或社会责任，甚至所在的国家或地区、内部员工的生存状况、所在社区的反映与政府或其他组织的关系及主要管理者或最高管理者的政治态度等，都可能直接或间接影响客户的满意状况。

（8）集合性。

对物流企业来说，客户满意度既是针对某一个客户的，又是针对全部客户的，全部客户的满意是若干个客户满意的集合。测量客户满意度，是测量全部或其具有代表性的一部分（其数量若太小就失去意义）客户的满意状况，而不是只测量一个客户的满意状况。

（9）隐含性。

客户满意与否往往隐含于客户的意识（甚至下意识）之中，只有在物流企业进行调查时才可能得到确认。当然，特殊情况下也可能是公开的，如客户主动向物流企业异议，包括提供好的意见和建议等，但大多数客户的满意情况是隐含的。

（10）下降性。

客户的需求和期望总是在发展的，因而在物流企业的质量相对稳定的情况下，客户满意度会呈现出下降的趋势；物流企业对客户满意度进行测评，正是为了保持客户满意度不下降，从而使自己永远立于不败之地。

3. 物流客户满意度调查

客户满意度调查问卷设计的情况直接影响到调查数据的收集情况，因而在很大程度上决定了测评结果的有效性和准确性。

（1）客户满意度调查问卷的设计。

1）客户满意度调查问卷设计的思路。客户满意度测评方法是基于客户满意度理论建立的，对问卷内容有一定的要求，因此与一般的市场调查相比，具有特殊性。客户满意度测评问卷的设计，除了满足一般调查问卷的要求外，还必须满足客户满意度指数测评体系的特殊要求，如表 6-7 所示。

表 6-7　客户满意度指数测评指标体系

一级指标	二级指标	三级指标
顾客满意度指数	客户期望	对产品（或服务）质量的总体期望
		对产品（或服务）质量满足客户需求程度的期望
		对产品（或服务）质量稳定性的期望
	客户对产品质量的感知	客户对产品质量的总体评价
		客户对产品质量满足需求程度的评价
		客户对产品质量可靠性的评价
	客户对服务质量的感知	客户对服务质量的总体评价
		客户对服务质量满足需求程度的评价
		客户对服务质量的可靠性的评价
	客户对价值的感知	给定价格时客户对质量级别的评价
		给定质量时客户对价格级别的评价
		客户对总成本的感知
		客户对总价值的感知
	客户满意度	总体满意度
		感知与期望的比较
	客户抱怨	客户抱怨
		客户异议情况
	客户忠诚	重复购买的次数
		能承受的涨价幅度
		能抵制的竞争者的降价幅度

设计客户满意度测评问卷之前明确测评的目的是十分必要的。通常情况下，企业引入客户满意度测评方法的主要目的有以下几点：

第一，了解客户的要求与期望，把握客户对产品或服务质量和价值的感知，制定质量标准。

第二，计算客户满意度，识别客户对产品态度的动态变化趋势。

第三，通过与竞争者比较，明确优劣势，寻求改进的方向。

设计客户满意度测评问卷必须依据这些测评目的来确定测评的内容。因此客户满意度测评的目的提供了设计问卷的思路，关键的问题是将测评目的转化为问卷上的问题。从客户满意度测评指标体系我们可以发现，测评问卷由客户满意度测评指标体系中的三级测评指标展开，然后按照问卷设计的方法和原则来进行问题设计，调查的结果就能够达到了解客户的要求与期望、把握客户对产品或服务质量和价值的感知、计算客户满意度、识别客户对产品态度的动态变化趋势的目的。

客户满意度测评指标是便于计算的统计量，而问卷上的问题是要求客户准确回答的内容，要根据问卷设计的原则和要求、被测评的产品或服务的本质特征以及客户的消费心理和行为特征，将关键的四级测评指标转化为问卷上的问题。可以从服务环节中出现问题的频次来了解服务质量的可靠性，这种问题都是客户能够回答得出的。

设计问卷上的问题是需要一定的技巧的。在了解客户对某物流企业的忠诚度时，如果从正面角度设计问题，客户将很难对“是否会继续与该物流企业合作”作出回答，收集到的数据也就难于反映实质性的情况。但是，如果我们换一个角度来设计问题，客户可能更愿意对这样的问题——“当有需要时，您是否愿意再次购买我公司的服务”，作出回答，效果可能也会更好些。

2）客户满意度调查问卷的预调查。在设计好客户满意度测评问卷之后有必要进行预调查。预调查不同于正式调查，它只需要较小的样本量，一般来说，我们只需要选取30～50个样本就够了。对于这些样本的预调查尽量采用面访的形式进行，这样除了可以详细了解客户对服务的态度以外，更重要的是还可以了解客户对问卷本身的看法。根据预调查的分析结果可以对问卷进行修改和完善。

3）客户满意度调查问卷的检验。在得到了预调查数据之后，我们需要运用信度分析、因子分析等一些统计方法通过收集到的数据对问卷进行分析和检验。

就客户满意度指数测评来讲，信度是指客户满意度指数测评问卷反映客户评价的可靠程度。如果问卷设计有偏差（易得高分或易得低分的问题偏多等情况），问卷的信度就会较低。

为了检验问卷设计的合理性，要对每一项测评指标对客户评价结果的影响程度进行检验，同时也要对问卷中测评指标的分类的合理性进行检验。影响客户评价结果的原因可以有很多，可以归为若干类，在问卷设计中通常将同一类问题归在一个大类中，那么问题的设计是否和设想的一致呢？这可以对预调查收集到的数据应用因子分析的方法来分析，以识别问卷设计的合理性，并根据分析结果对问卷加以调整。

4）客户满意度调查问卷的优化。根据上述分析的结果可以判断，这份问卷的设计是可信的、合理的，不需要对问卷中的问题作调整。如果计算出的信度较低，可以根据因子分析的结果调整各指标，改善问卷的信度、合理性。如果问卷的信度较高，为减少调查的工作量，也可以根据因子分析的结果对问卷中共同度较低的测评指标项目进行剔除。

客户满意度测评还有一个重要的目的是通过与竞争者的比较来了解与竞争者的差距，因此在对客户满意度测评问卷进行调整完毕之后，需要在问卷中加入一些问题，了解客户对竞争者的评价。

（2）客户满意度测评指标的设定。

建立客户满意度测评指标体系是客户满意度测评的核心部分，在很大程度上决定了测评结果的有效性、可靠性。

客户满意度测评指标中的客户期望、客户对质量的感知、客户对价值的感知、客户满意度、客户抱怨和客户忠诚均为隐变量，都不是可以直接测评的。我们需要对隐变量进行逐级展开，直到形成一系列可以直接测评的指标，这些逐级展开的测评指标就构成了客户满意度测评指标体系。

1）建立客户满意度测评指标体系的原则。

第一，建立的客户满意度测评指标体系，必须是客户认为重要的。“由客户来确定测评指标体系”是设定测评指标体系最基本的要求。要准确把握客户的需求，选择客户认为最关键的测评指标。

第二，测评指标必须能够控制。客户满意度测评会使客户产生新的期望，促使企业采取改进措施。但如果企业在某一领域还无条件或无能力采取行动加以改进，则应暂不采用这方面的测评指标。

第三，测评指标必须是可测量的。客户满意度测评的结果是一个量化的值，因此设定的测评指标必须是可以进行统计、计算和分析的。

第四，建立客户满意度测评指标体系还需要考虑到与竞争者的比较，设定测评指标时要考虑到竞争者的特性。

2）客户满意度测评指标体系的构成。客户满意度测评指标体系是一个多指标的结构，运用层次化结构设定测评指标，能够由表及里、深入清晰地表述客户满意度测评指标体系的内涵。通过长期的实践总结，将测评指标体系划分为四个层次较为合理。每一层次的测评指标都是由上一层测评指标展开的，而上一层次的测评指标则是通过下一层的测评指标的测评结果反映出来的，其中“客户满意度指数”是总的测评目标，为一级指标，即第一层次；客户满意度模型中的客户期望、客户对质量的感知、客户对价值的感知、客户满意度、客户抱怨和客户忠诚等六大要素作为二级指标，即第二层次；根据不同的产品、服务、企业或行业的特点，可将六大要素展开为具体的三级指标，即第三层次；三级指标可以展开为问卷上的问题，形成了测评指标体系的四级指标，即第四层次。

由于客户满意度测评指标体系是依据客户满意度模型建立的，因此测评指标体系中的一级指标和二级指标的内容基本上对所有的产品和服务都是适用的。

（3）测评指标的量化。

客户满意度测评的本质是一个定量分析的过程，即用数字去反映客户对测量对象的属性的态度，因此需要对测评指标进行量化。客户满意度测评了解的是客户对产品、服务或企业的看法、偏好和态度，通过直接询问或观察的方法来了解客户态度是困难的。利用某些特殊的态度测量技术进行量化处理，将会使那些难于表达和衡量的“态度”既客观又方便地表示出来，这种态度测量技术所运用的基本工具，就是所谓的“量表”。量表的设计包括两步。第一步是“赋值”，根据设定的规则，对不同的态度特性赋予不同的数值。第二步是“定位”，将这些数字排列或组成一个序列，根据受访者的不同态度，将其在这一序列上进行定位。量表中用数字表征态度的特性是出于两个目的：第一，数字便于统计分析；第二，数字使态度测量活动本身变得容易、清楚和明确。

客户满意度测评中使用了 5 级李克特量表，采用的 5 级态度是：满意、较满意、一般、较不满意和不满意，相应赋值为 5、4、3、2、1。表 6-8 是一个利用李克特量表测评客户对某产品质量满意程度的例子。

表 6-8　　客户对某产品质量满意度测评表

测评指标	满意	较满意	一般	较不满意	不满意
产品外观	□	□	□	□	□
质量稳定性	□	□	□	□	□
使用性能	□	□	□	□	□
安全性	□	□	□	□	□

通过了解可以汇总计算每个测评指标的客户满意度评价值，从而了解被访者群体对测量对象各方面的态度；也可以计算每个受访者对测量对象的态度总分，以了解不同被访者对受测对象的不同态度。

（4）测评指标权重的确定。

客户满意度测评指标体系反映测评对象的质量水平状况和特征，而每一测评指标的变化对客户满意指数变化的影响程度是有所不同的。反映影响程度的尺度是权重。为了明确各项指标在测评指标体系中所具有的不同的程度，需要分别赋予各项指标以不同的权重数。权重确定与分配是测评指标体系设计中非常关键的一个步骤，对于能否客观、真实地反映客户满意度起着至关重要的作用。

确定权重，要求测评人员对客户满意度测评、企业经营规律、产品服务的特性和社会心理学都有较深刻的了解，并具有丰富的实践经验。由于客户对测评指标的看法和评价不同，因而它们对客户满意度的影响不同，如一辆汽车的安全性能要比车身油漆重要得多。同时也应该认识到，即使是同一个测评指标，由于测评对象不同，对于客户满意度的重要性也有可能不同。测评人员可以根据经验，以及对测评指标体系各项指标重要程度的认识，来确定权重。

在确定了客户满意度测评指标体系之后，有必要邀请有关专家和具有一定代表性的客户，对确定的测评指标体系和评价标准进行论证，在认真听取意见的基础上，对确定的测评指标体系进行修改，以保证客户满意度测评结果的公正性和有效性。

有可能的情况下可以组织一次预调查，对所确定的测评指标体系进行再次验证，以证实其合理性及有效性。可以在小范围内抽取适量的样本，根据拟定好的测评指标体系制作好调查表，实施预测评。根据测评的结果和调查过程中遇到的问题，对客户满意度测评指标体系进行必要的、适当的调整和修改。

三、物流客户关系管理

[案例解析]

周春明，一名 49 岁的出租车司机，因为建筑业不景气，他放弃水电工的工作每天从基隆开到台北，成为 3 万名司机中的一员，在马路上抢客人赚钱。竞争如此激烈，周春明硬是通过差异化打造竞争力，创造附加价值，创造出了别人两倍的收入。

周春明开一辆车龄已经 3 年半的福特，内饰有些陈旧，比不上配备 GPS、液晶电视的同行。一般的个人出租车，每天至少开12小时，一个月平均做6万元的生意。但是周春明没有华丽的配备、每天工作8～10小时，却能在去年每月能做超过12万元的生意，全年约赚85万元。他的秘诀在哪里呢？就是通过客户关系管理数据库以及标准作业方式。周春明将自己定位成一群人的私家司机，以形成差异化。

周春明有一张密密麻麻的熟客名单，包括200多位教授和中小企业老板。要坐周春明的车，最晚必须一星期前预订。在3月底，他的预约已经排到5月。当其他的出租车司机还在路上焦急地寻找下一个客人时，他烦恼的却是挪不出时间照顾老客户。

周春明做的第一件和别人不同的事是不计成本地做长程载客服务。对一般出租车司机来说，载客人到新竹、台中，要冒开空车回来的风险，等于跑两趟赚一趟钱。于是大家约定俗成地将成本转嫁给客户，计价比打表高50%。但周春明观察到，这群人才是含金量最高的商务旅客，为了稳住他们，他只加价17%。锁定长途商务客，不转嫁成本，贴心赢得生意，这是周春明独辟的蹊径。周春明认为计较就是贫穷的开始。表面上，他因此每趟收入比同业低，但也因此赢得客户的好感与信任，并且开始接到许多长途订单。尤其在他开车的第4年，他在科学园区载到一个企管顾问公司的经理，对方被他贴心的服务打动，把载企管顾问公司的讲师到外县市的长途生意全包给他，他因而打开了一条关键性的长途客源。从那年起，他的客户由街头散客逐渐转为可预期的长途商务客。翻开他的出车记录，当年出了100趟长途车，但今年预计可达800趟。更大的意义是，他开辟出大量的可预订旅程的客户，不再是街头漫无目的地等待乘客的出租车司机，空车率大为降低。

有一位客户告诉周春明，新手在乎价格，老手在乎价值。只有高手懂得用文化创造长久的竞争力。周春明每天接送企管顾问公司的讲师，包括各大学的知名教授和资深企业人，耳濡目染这群精英的观念，竟发展出管理出租车生意的一套标准的作业程序和客户关系管理的方法。

1. 了解客户喜好

每个客人上车前，周春明要先了解他是谁，关心的是什么。如果约好五点载讲师到桃园机场，他就会提前一天跟企管顾问公司的业务人员提前打听这位客人的专长、个性，甚至早餐喜好都问清楚。隔天早上，他会穿着西装，提早十分钟在楼下等客人，像随从一样，扶着车顶，协助客人上车，而后座保温袋里已放着自掏腰包买来的早餐。

连开口跟客人讲话的方式都有讲究。如果是生客，他不随便搭讪，等客人用完餐后，他才会问对方是要小睡一下、听音乐还是聊天。从客人的选择中判断他今天心情如何，如果对方选择聊天，周春明就会按照事前准备，提出跟客人专长相关的有趣话题。但是政治、宗教和其他客人的业务机密，他知道是谈话的禁区，会主动避开。甚至到机场该如何送行，他都有标准的做法，要说“再见”，不说“一路顺风”。

如果是送老师到外县市讲课，一上车，自然少不了当地名产和润喉的金橘柠檬茶，这些都是他自掏腰包准备的。周春明认为差异化就是把服务做到一百零一分，要做到客户自己都想不到的服务，才拿得到那一分。

周春明还有一本客户关系管理的秘籍，里面详细记录了所有熟客的喜好，光是早餐饮料，就有十种之多，有的要茶，有的要无糖可乐；如果要咖啡，几包糖、几包奶精他都要精确。

有个姓严的客人第一次坐周春明的车，下车时，周春明问他，为什么不用他准备的汉堡和咖啡。客人说，他只吃中式早餐。从此以后，只要这位客人早上坐他的车，车上一定放着热腾腾的烧饼、油条。通过有系统的管理，每个客户爱听什么音乐，爱吃什么小吃，关心什么，坐上他的车，他都尽力量身服务，就像是客户专属的私人司机，而一般租车公司是无法提供这样的定制化服务的。

2. 重新定位角色

周春明认为自己不是司机，而是问题的解决者。慢慢地，越来越多的人指名他来服务，周春明越来越忙，他开始把服务的标准作业流程复制到其他司机身上，用企业化方法经营车队服务。一旦周春明有约不能服务，他会推荐一个司机朋友来载客人。虽然换了司机，但是该准备什么，客人喜欢什么，周春明做服务的方法都一丝不差地重现在新司机身上。

现在，周春明的客户多到要七八辆合作的出租车才跑得完。他的价值不再是一个载客的司机，而是慢慢变成掌控质量的车队老板，他可以转订单给专属车队。

有了车队，他们能做更复杂的服务。有一次，他载客人到机场，好不容易穿过星期一的拥挤车潮到达桃园机场，客人却忘了带护照。只剩一小时登机，如果开回去拿，根本来不及，周春明就调动在台北的车队，到客人家去拿护照，再送到机场，从而在最后一刻送到了焦急的客人手上。

客户越来越多，为了扩大经营，他今年还计划进大学，念一个服务专业的学位。周春明的目标是包下像台积电这样的大公司，做车队服务。周春明未来的挑战，是学会用公司形态经营，大量复制该质量的服务，做更大的市场。

周春明的故事体现了客户关系管理在出租车行业的应用。周春明不把自己定位成普通司机，而是解决方案提供者。当出租车这项服务早已供给过时时，他却重新定位，把自己定位成一群人的私家司机，提供更高附加值的服务。在出租车这个充满高油价、罚单、停车费的行业，周春明向人们证明，服务业是个软件重于硬件的产业，灵活运用客户关系管理仍然会创造崭新的机会和高额的回报。

在当今，市场竞争日益激烈，人们意识到核心产品战略观、价格战略观、形象战略观已经不能完全适应企业发展的需要，而将服务视为战略要素。服务的本质是服务提供者与客户之间的互动关系，服务营销就是一种基于客户关系管理的营销策略。

1. 客户关系管理的含义

关于客户关系管理的定义，不同的学者或商业机构都从不同角度提出了自己的看法。下面对各种不同的定义进行梳理，以便对客户关系管理有一个比较全面的了解。

定义一：美国机械制造技术协会把客户关系管理理解为一种以客户为中心的经营策略，它选择和管理最有价值客户以与其维持并发展一种长期的相互受益的关系，以信息技术为手段，对业务功能进行重新设计，并对工作流程进行重组，其战略目标是提升客户满意度，增强企业长期盈利能力。此种定义其实只是对客户关系管理的作用进行了定位。

定义二：客户关系管理是在营销、销售和服务业务范围内，对现实的和潜在的客户关系以及业务伙伴关系进行多渠道管理的一系列过程和技术。该定义界定了客户关系管理的业务领域，但此定义过分弱化客户关系管理的策略性，而将其简单归纳为一种技术处理。

定义三：客户关系管理是企业的一种机制。企业通过与客户不断的互动，提供信息和与客户作交流，以便了解客户并影响客户的行为，进而留住客户，不断增加企业的利润。通过实施客户关系管理，能够分析和了解处于动态过程中的客户状况，搞清楚不同客户的利润贡献度，从而选择应该提供何种产品给何种客户，以便在合适的时间，通过合适的渠道来完成交易。该定义认为，在客户关系管理中，管理机制是主要的，而技术应用只是一个部分，是实现管理机制的手段而已。实施客户关系管理，主要是企业的组织、流程以及文化等方面的变革。

定义四：客户关系管理系统的核心是对客户数据的管理，客户数据库是企业最重要的数据中心，记录了企业在整个市场营销的过程中和客户发生的各种交互行为，以及各类有关活动的状态，并提供各类数据的统计模型，为后期的分析和决策提供支持。这是 SAP 公司给出的定义。

定义五：通过提高产品性能，增强客户服务，提高客户交付价值和客户满意度，与客户建立起长期、稳定、相互信任的密切关系，从而为企业吸引新客户、维系老客户、提高效益和竞争优势。

定义六：客户关系管理是一种商业策略，它按照客户的分类情况有效地组织企业资源，培养以客户为中心的经营行为以及实施以客户为中心的业务流程，并以此为手段来提高企业盈利能力、利润以及客户满意度。它明确指出了客户关系管理并非某种单纯的 IT 技术，而是企业的一种商业策略，注重企业盈利能力和客户满意度。

提出上述定义的，有的是 IT 厂商，有的是管理咨询人士，有的是商业机构，也有的是学者。他们所从事的领域不同，侧重点也有所不同，但总的来说，他们都认为“客户关系”是企业与客户之间建立的一种相互有益的、互动的关系，并由此把客户关系管理上升到企业的战略高度，同时都认为技术在客户关系管理中起到了很重要的驱动作用。

日前公布的一份调查报告称，在发达国家中，93%的公司的首席执行官都认为，客户关系管理是企业成功和更具有竞争力的最重要因素，2007 年全世界客户关系管理服务所创造的利润增长为 15%左右。

客户关系管理的概念还应该从以下三个层面来理解，如图 6-16 所示。

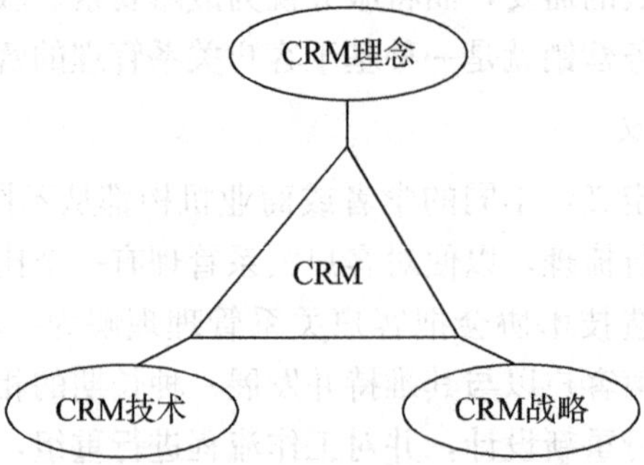

图 6-16　客户关系管理的概念分析

(1) 客户关系管理是现代企业的一种经营管理理念。

客户关系管理理念源自关系营销学，其核心思想为“为提供产品或服务的企业找到、留住并提升价值客户，从而提高企业的盈利能力（经济效益、社会效益），并加强竞争优势”。因此，对于客户关系管理理念的理解是企业能够向建立“以客户为核心，以市场为为导向”的经营管理模式转变的第一步。切实从客户的需求出发，通过对现代信息技术使用，增强企业在服务客户、保持客户、发展客户等方面的执行力，从而为客户和企业造更多价值，实现客户和企业的双赢。

（2）客户关系管理集合了当今最新的信息技术。

这是一套旨在健全、改善、发展企业与客户之间关系的新型应用技术系统，主要包括：Internet和电子商务、多媒体技术、数据仓库和数据挖掘、专家系统和人工智能、呼叫中心以及相应的硬件环境，同时还包括与客户关系管理相关的专业咨询等。客户关系管理软件不等于客户关系管理理念，它是先进理念的反映与体现，吸纳了当今先进的软件开发技术、企业经营管理模式、营销理论与技巧。客户关系管理软件是将客户关系管理理念具体贯彻到企业并实现其目标的有效、有形的工具与平台，不是一种交付即用的工具，需要根据企业的具体情况实施。

（3）客户关系管理是企业的一种职能战略。

客户关系管理是指企业高层领导对如何改善企业与客户之间关系的一种全方位的规划和部署，客户关系管理战略的制定和实施需要企业在人力资源、企业文化、组织结构、管理方式等方面做出深刻变革，使企业能够从各个方面全面改善与客户交流和沟通的方式，从而重新发现企业核心竞争力。从客户端找原因是提高企业竞争力最便捷的成功之道。

在客户关系管理的三个层面中，客户关系管理理念是基础，客户关系管理技术系统是工具，客户关系管理战略是关键，三者缺一不可。理念是企业正确对待客户的根本指导思想；工具为企业更好地服务、保持和发展客户提供了现实方法，是理念得以传播的一种物质载体；而战略保证了理念与工具的正确结合，是使用工具贯彻理念的具体规划和实践。

物流企业要想成功实施客户关系管理，必须以客户为中心，通过应用大规模集成管理软件，达到了解客户需求、开发服务、设计服务交易渠道、保持与客户的联系、创造客户忠诚、最终实现客户关系价值最大化的目的。在整个过程中，客户关系管理应该是贯穿物流企业整个工作流程的综合的系统管理策略。

2. 客户关系管理的基本特征

客户关系管理是通过开展系统化的理论研究，优化企业组织体系和业务流程，实施于企业的市场营销、销售、服务与技术支持等与客户相关的领域，旨在改善企业与客户之间关系的新型管理机制；是企业为了通过改进对客户的服务水平，提高客户的满意度与忠诚度而树立的一种以客户为中心的经营理念；也是企业通过技术投资，建立能搜集、跟踪和分析客户信息的系统所创造并使用的先进的信息技术、软硬件和优化的管理方法、解决方案的总和。客户关系管理具有以下特征：

（1）客户关系管理是一种管理理念。

客户关系管理的宗旨是通过与客户的个性化交流来掌握其个性需求，并在此基础上为其提供个性化的产品和服务，提高客户的满意度和忠诚度，不断增加企业给客户的交付价值，最终实现企业和客户的双赢。客户关系管理的核心思想是将企业的客户（包括最终客户、分销商和合作伙伴）视为最重要的企业资产，通过完善的客户服务和深入的客户分析来满足客户的个性化需求，提高客户满意度和忠诚度，进而保证客户终生价值和企业利润增长的实现。通过满足客户的特殊需求，特别是满足最有价值客户的特殊需求，来建立和保持长期稳定的客户关系是很有必要的。客户同企业之间的每一次交易都使这种关系更加稳固，从而使企业在同客户的长期交往中获得更多的利润。

(2) 客户关系管理实行“一对一营销”。

“一对一营销”是指企业根据客户的特殊需求来相应调整自己的经营行为。“一对一营销”要求企业与每一个客户建立一种学习型关系。所谓学习型关系，是指企业与客户的每一次交往都使企业对该客户有更多的了解，客户不断地提出需求，而企业按此需求不断地改善产品和服务，从而使企业不断提高令该客户满意的能力。

(3) 客户关系管理是一种管理机制。

客户关系管理也是一种旨在改善企业与客户之间关系的新型管理机制，可以应用于企业的市场营销、销售、服务与技术支持等与客户相关的领域。客户关系管理通过向企业的销售、市场和客户服务的专业人员提供全面的、个性化的客户资料，强化其跟踪服务、信息分析的能力，帮助他们与客户和生意伙伴之间建立和维护一种亲密信任的关系，为客户提供更快捷和周到的优质服务，提高客户满意度和忠诚度。客户关系管理在提高服务质量的同时，还通过信息共享和优化商业流程来有效地降低企业经营成本。

成功的客户关系管理可以帮助企业建立一套运作模式，随时发现和捕捉客户的异常行为，并及时启动适当的营销活动流程。这些营销活动流程可以千变万化，但是基本指导思想是不变的，即利用各种计算，在提高服务质量和节约成本之间取得一个客户满意的平衡，如何把低利润的业务导向低成本的流程（自动柜员机和呼叫中心），把高利润的业务导向高服务质量的流程。

利用客户关系管理系统，企业能搜集、追踪和分析每一个客户的信息，从而知道是哪一个客户具体需要什么。客户关系管理还能观察和分析客户行为对企业收益的影响，使企业与客户的关系及企业盈利达到最优化。

(4) 客户关系管理是一种管理软件和技术。

客户关系管理作为管理软件和技术，主要包括三个内容：

1) 以客户为中心的管理技术。整个客户关系管理系统强调以客户为企业行为方向，企业管理需要以客户需要为基础，而不是以企业自身的某些要求为基础。客户关系管理是一种把企业与客户一体化的管理思想付诸实施的管理技术。

2) 智能化的客户数据库。要实行客户为中心的企业管理技术，必须有现代化的技术，而智能化的数据库是所有其他技术的基础。

3) 信息和知识的分析技术。只有经过分析和处理的信息，才是企业需要的知识。为此，企业必须对智能化的客户数据库进行有效的开发和利用，而其核心技术就是信息和知识的分析处理技术。客户关系管理作为一个解决方案，集成了 Internet 和电子商务、多媒体技术、数据仓库，数据挖掘、专家系统和人工智能等当今先进的信息技术。客户关系管理作为一个应用软件，体现了许多市场营销的管理思想，包括客户关怀和客户满意等内容。

(5) 客户关系管理是信息技术、软硬件系统集成的管理办法和应用解决方案的总和。

客户关系管理既是帮助企业组织管理客户关系的方法和手段，又是一系列实现销售、营销、客户服务流程自动化的软件乃至硬件系统。它将最佳的商业实践与数据挖掘、工作流、呼叫中心、企业应用集成等信息技术紧密结合在一起，为企业的销售、客户服务和决策支持等领域提供了一个智能化的解决方案，使企业有一个基于电子商务的面向客户的系统，从而顺利地实现由传统企业模式到以电子商务为基础的现代企业模式的转化。

（6）客户关系管理的交流渠道高度集成。

客户关系管理将多种与客户交流的渠道，如面对面、传真、信函以及 Web 访问协调为一体，通过客户喜好的渠道与之进行交流，实现客户与企业的交流的无缝、连贯和高效。

客户关系管理的以上特征并不是彼此孤立的，而是相互支持、高度融合的一个整体，共同组成了客户关系管理的强大功能。客户关系管理的信息资源共享，解决方案的全部数据集中存储和管理，形成了统一的、可实时供企业任何部门和个人提取信息的客户信息库。这种集中式的客户信息管理保证了不同的业务部门和不同的应用软件功能模块之间的数据连贯性和一致性。

综上所述，客户关系管理是一种以信息技术为手段，对客户资源进行集中管理的经营策略，可从战略和战术两个角度来分析。

1）从战略角度来看，客户关系管理将客户看成是一项重要的企业资源，通过完善的客户服务和深入的客户分析来提高客户的满意度和忠诚度，从而吸引和保留更多有价值的客户，最终提升企业利润。

2）从战术角度来看，将最佳的商业实践与数据挖掘、数据仓库、网络技术等信息技术紧密结合在一起，为企业销售、客户服务和决策支持等领域提供一个业务自动化的解决方案。

3. 客户关系管理软件系统的主要组成部分

客户关系管理对物流企业的营销、销售、客户管理等方面均产生一定的影响，主要包括以下四个组成部分：

（1）市场营销自动化。

市场营销自动化的主要作用在于将现代科技引入市场营销过程中，包括商机产生、商机获取和管理、市场划分、商业活动管理以及电话营销。营销活动需要分步进行，初步的大众营销活动是首次客户接触，接下来是针对目标客户的更加集中的营销活动，必须把客户的喜好和购买习惯列入考虑范围，达到个性化的目的。为了获得最大价值，必须与营销人员合作对这些商业活动进行跟踪，以激活潜在消费，并进行成功/失败研究。

市场营销活动的费用管理以及营销事件对未来计划的制订和投资回报分析至关重要。因而，旨在更好地向客户行销，带有有关客户特殊需求信息的目录管理和一对一营销应运而生，而市场营销自动化正是解决这种需求的工具。具体来说，市场上的营销自动化软件主要有以下功能：产品和价格配置器；进行营销活动（如广告、邮件、研讨会、网站、展览会）时，获得预先定制的支持；将营销活动与业务、客户、联系人建立关联；显示任务完成进度；提供类似公告板的功能，可张贴、查找、更新营销资料，从而实现营销文件、分析报告等的共享；跟踪特定事件；安排新事件，如研讨会、会议等，并加入合同、客户和销售代表等信息；信函书写、邮件批量发送、生成标签和信封。

(2) 销售自动化。

销售是企业利润得以体现的关键环节，它是向客户提供产品与服务的直接交换过程及企业内相关人员的所有活动。销售人员与潜在客户的互动行为，将潜在客户发展成为真正客户并保持其忠诚度是使企业赢利的核心因素。销售人员掌握着对企业至关重要的信息，这些信息往往分散在不同的地方而不能为所有人服务。另外，企业内部也积累着大量对销售人员有用的信息，而这些信息往往不能被有效利用。因此，必须有获得最新现场信息和将信息提供给他人的工具。

销售自动化（Sales Force Automation，SFA）是专为销售代表和销售管理的日常工作要求而定制的软件系统。其功能包括客户信息管理、日常活动管理、销售机会管理、报价管理、市场策略管理、解决方案管理、报告分析、预测以及客户数据内部共享等。销售自动化系统能够根据企业自身特定的营销策略以及销售流程，灵活地配置这些功能来匹配企业独特的业务模式。它实时记录销售过程中的每一个销售行为，并被自动导向适当的销售团队和代表，通过企业内部的信息共享和协同合作将产品信息及时传递给可能获利的客户，抓住每一个销售机会。销售自动化系统能够帮助销售人员搜集、组织客户和联络人的信息，根据销售数据精确预测、分析利润回报、客户需求、销售途径、竞争表现等，提高销售团队的效能，减少企业销售成本。与此同时，销售自动化系统为企业的决策层提供了一个全面了解企业销售渠道以及信息共享的平台，从而为决策层提供依据。

1) SFA 的功能。

第一，SFA 的客户管理。客户管理的核心任务是充分调动客户的积极性和市场风险管理。调动客户热情和积极性的关键在于利润和前景，市场风险管理的关键是客户的信用、能力和市场价格控制。SFA 客户管理手段和方法有：客户详细信息、客户信用评估分析；客户交易信息、客户开发费用信息、客户成交额及利润分析；客户商务活动和客户服务请求信息分析。

第二，SFA 的业务员行动过程管理。业务员的活动是企业销售的主要因素。业务员行动过程管理的核心内容是围绕销售的主要工作，管理和监控业务员的行动，使业务员的工作集中在有价值的项目上。业务员行动过程管理的工具有：月销售计划；月行动计划和周行动计划；每日销售报告；月工作总结和下月工作要点；三个滚动销售预测；竞争产品分析；市场巡视工作报告；周定点拜访线路。

第三，SFA 销售人员能力管理。销售人员能力管理包括三个方面：遵循企业销售文化能力、业绩评价和市场信息研究。业绩评价包括销售量和回款情况、销售报告系统执行情况、销售费用控制情况、服从管理情况、市场策划情况和销售能力提升情况。企业销售文化体现企业销售团队协同的能力，体现企业整体管理水平，体现企业凝聚力。市场信息研究包括本公司市场表现、竞争对手信息。其中，竞争对手信息包括质量信息、价格信息、品种信息、市场走势以及客户信息。

第四，SFA 的销售计划管理。销售计划管理的核心内容是销售目标在各个具有重要意义方面的合理分解。这些方面包括品种、区域、客户、业务员、销售方式和时间进度，分解过程既是落实过程也是说服过程，同时通过分解也可以检验目标的合理性与挑战性，发现问题可以及时调整。合理的、实事求是的销售计划在实施过程中既能反映市场危机，也能反映市场机遇，同时也是严格管理，确保销售工作效率、工作力度的关键。

2）SFA对企业的积极意义。对企业而言，销售自动化对企业的积极意义如下：

第一，科学地管理客户资源。企业可以通过该销售自动化系统将客户的信息资料直接存入资料管理库进行科学管理。

第二，提高客户的服务满意度，从而减少客户的流失。企业通过对客户信息的整理，可以更好地了解客户的需求，从而不断提高客户的服务满意度，减少客户的流失。

第三，提升企业的整体销售能力。企业通过提高客户的满意度，可以使潜在客户成为现实客户，进一步增加销售量。

第四，对销售渠道进行科学量化的管理。在销售自动化系统中，可以对企业的分销商、零售商等进行量化管理。

第五，对销售作出科学合理的预测，使企业各部门间紧密配合、高效运营。企业在分析一段时间的销售情况的基础上可以对未来一段时间的销售状况进行合理预测。

第六，利用有限的企业资源创造客户价值的最大化。

（3）合作伙伴管理自动化。

合作伙伴管理自动化主要包括发展和改善在协调生产、间接销售、售前售后咨询过程中与供应商、代理商、系统集成商等的关系。其主要手段是通过网上协作系统的应用，保证各方面合作伙伴的协调行动。网上协作系统使合作伙伴得到第一手的信息，并根据自己的需求实现个性化。PRM（Partner Relationship Manangement，合作伙伴管理自动化）使合作伙伴更愿意加入企业的联盟，互惠互利，保证长期的合作关系。这种良性的合作关系能让客户更满意，从而获得更大的企业效益。

市场上的合作伙伴管理自动化软件主要有以下功能：数据库设置存取权限，合作伙伴通过标准的Web浏览器以密码登录的方式对客户信息、公司数据库和与渠道活动相关的文档进行存取和更新；合作伙伴可以方便地存取与销售渠道有关的销售机会信息；合作伙伴通过浏览器来使用销售管理工具和销售机会管理工具，如销售方法、销售流程等，并使用预定义的和自定义的报告；产品和价格配置器。

PRM中最大的两个方向是商机管理和营销合作，尤其是商机管理越来越受企业的重视，成为其增加收入的重要途径。

通常来说，企业各渠道的代理商之间如果能够互相交流经验将是最好的局面，而自身利益的冲突使他们不可能这么做。但PRM却可以汇集整合各代理商的数据，帮助企业做到这点。举例来说，某企业通过PRM发现代理商大多在销售单个包装的产品，而市场上大包装的产品却供不应求，少数代理商由此获得高额利润。该企业由此可以展开一项大包装产品的推广活动，通过回扣方式让代理商更多地买入，代理商尝到甜头后，就会改变他们的进货模式，企业从而达到进一步扩大营业的目的。当这一轮活动结束之后，PRM系统又可以展开新一轮的分析和优化。

软件的利用也可以解决营销合作中的“黑洞”问题。通常生产商会支付一部分代理商的推广费用，但他们也必须确认这些费用的合理性和实际作用，代理商必须等很久才能收到赔偿。利用PRM软件，代理商可以实时报告推销项目，跟踪实际成果，在短时间内得到补偿，因而保证他们的忠诚度。与此同时，现金流通大大加快，有利于缩短生产销售的周期。

（4）客户服务自动化。

提到客户关系管理，客户服务可能是最关键的内容，与客户积极主动的关系是客户服务的重要组成部分。企业提供的客户服务是能否留住满意的忠诚客户的关键。这里提到客户服务自动化包括客户服务中事件确定、记录、跟踪、报告、问题管理和解决、订单管理、交货预测、授权和合同管理等诸多活动的实时信息化。

随着科学技术的发展，现在企业和客户的沟通渠道越来越多，企业业务压力大为增加。以联想公司为例，每天通过呼叫中心接入的电话有 2 万多个，这还不算高峰时期，也不包括电子邮件以及来自对网站的点击。客户期望的服务已经超出传统的电话呼叫中心的范围。呼叫中心正在向可以处理各种通讯媒介的客户服务中心转变。电话互动必须与 E-mail、传真、网站以及其他任何客户喜欢使用的方式相整合。随着越来越多的客户进入互联网，通过浏览器来查看他们的订单或提出咨询，自助服务要求发展越来越快。客户服务必须能够处理客户各种类型的咨询，包括有关的产品信息、需求信息、订单需求、订单执行情况以及高质量的现场服务。同时，地区服务支持部门必须通过灵活的技术进行工作流程设计、工作分配和将信息实时传送到地方人员手中。

客户服务自动化软件就是实现这些需求的工具，而且它还提供了客观的测评数据，为管理层及时反馈客户服务质量信息提供便利。

项目小结

1. 客户购买的不是产品或物流服务本身，而是由产品或物流服务带给他们的利益。所以，企业在提供产品或物流服务时，必须了解客户价值的生成过程，了解客户真正的需求，才能真正赢得客户。

2. 物流服务通常是指包括所有产出为非有形产品的全部经济活动，它不仅包括账面上可以体现出来的物流服务，还包括账面上不能体现出来的隐形物流服务。物流服务在客户关系管理中是唯一能给客户创造价值的要素。

3. 核心产品、核心技术只是为企业参与竞争提供了一个基本的平台，而无法保证其肯定具有竞争优势。

4. 传统的交易营销观念的核心就是如何将已经生产出来的价值通过适当渠道分销或传送给客户，以交易营销观念为理论基础的营销组合模型（4Ps）已不适应物流服务竞争的市场环境。在物流服务竞争中，以关系观念为基础的营销定义为确认、建立、维护和巩固并在适当的时候终止和客户、合作者的关系，以便实现各方的经济目标和其他目标。它是一个过程，而不是一种职能，它是组织中每个职能部门都要考虑的事情，要求每个员工都有营销的意识。

5. 人员参与、有形展示、过程管理策略是物流企业非常重要的服务营销策略。人是物流服务营销中不可或缺的因素，物流企业必须加强内部营销，提高员工的满意度，才能真正提高服务质量，提高客户的满意度。物流企业要善于管理和利用有形展示，帮助客户感受物流服务的特点和带来的利益，支持有关营销策略的推行。对物流服务过程的管理，是提高客户感知服务质量的重要措施，通常利用编写服务剧本、绘制物流服务蓝图两种方法进行服务过程的设计和管理。

6. 巩固老客户是物流企业获得长期竞争优势、降低成本、赢得新客户、提高市场份额的重要措施。它的主要流程包括收集老客户的资料和建立客户资料库、客户分析和分类管理、改善老客户的满意度、跟进异议并及时回应或解决、争取流失客户。

7. 客户异议处理要遵循预防原则、及时原则、责任原则、记录原则、提高一线员工业务水平原则，其主要步骤包括受理异议阶段、接受异议阶段、解释澄清异议阶段、提出解决方案阶段、总结提高阶段。

8. 常规的物流客户服务技巧包括微笑服务技巧、文明服务技巧、及时服务技巧、物流客户需求预测、接待物流客户技巧、拒绝物流客户技巧。

9. 典型物流客户服务技巧是指将客户分为老鹰型、孔雀型、鸽子性、猫头鹰型四种类型，营销人员应根据他们的特点采取恰当的客户服务技巧。

10. 分别针对怀有敌意的、对物流企业缺乏信任的、粗鲁的、要求见上司的这样一些比较棘手的客户采取相适应的服务技巧。

11. 物流服务质量包括物流服务技术质量和物流服务功能质量两个基本要素。物流企业通过提高物流服务的可靠性、强化物流服务的及时性、保证物流服务的灵活性来持续提高物流服务质量。

12. 物流客户满意度是指客户通过对一个物流服务的可感知效果与其期望值比较后，所形成愉悦或失望的感觉状态，这种感觉决定他们是否继续购买物流企业的服务。因此，要对物流企业客户满意度进行调查，并据此改进服务，以达到提高客户满意度的目的。

13. 客户关系管理是一种管理理念、一种管理机制、一种惯例软件和技术，实行“一对一”营销，是信息技术和软硬件系统集成的管理办法和应用解决方案的总和，是交流渠道的集成。它的信息系统性主要包括市场营销自动化、销售自动化、合作伙伴管理自动化、客户服务自动化。

知识测试

一、单项选择题

1. 客户购买的是（　　）。

A. 产品本身　　B. 服务本身

C. 产品服务组合　　D. 资源

2. 隐性服务是（　　）。

A. 只能增加企业管理成本　　B. 增加价值和优势的竞争策略

C. 能够在账面上体现出来的服务　　D. 企业内部的日常管理程序

3. 关系营销建立在客户与企业的互动关系基础之上，是一种（　　）。

A. 与客户共同创造价值的全新营销理念

B. 将现成价值分销给客户的营销理念

C. 营销的工具
D. 关注如何增加交易量和单个交易行为的策略

4. 在服务竞争环境下，营销（　　）。
A. 只是一系列工具　　B. 只是一系列技术
C. 是营销策略组合（如7P）　　D. 意味着企业的市场关系

5. 建立的客户满意度测评指标体系，必须是（　　）认为重要的。
A. 客户　　B. 企业高层管理者
C. 企业销售主管　　D. 企业基层营销人员

6. 服务的（　　）给服务企业在服务产品的描述和陈列上制造了障碍。
A. 无形性　　B. 非储存性　　C. 异质性　　D. 同时性

7. 物流企业的（　　）是用来支持服务商品销售的。
A. 标准化管理　　B. 客户服务
C. 成本管理　　D. 技术设备

8. 物流质量管理是企业全面质量管理的重要一环，其核心是（　　）。
A. 物流效率管理　　B. 服务质量管理
C. 物流工作质量管理　　D. 产品质量管理

9. CRM战略是以（　　）为手段，对业务功能进行重新设计，并对工作流程进行重组，以达到选择和管理客户的目的。
A. 信息技术　　B. 竞争情报　　C. 科学方法　　D. 收集资料

10. 客户满意是新世纪的质量观，体现了（　　）。
A. 企业导向　　B. 政府导向　　C. 客户导向　　D. 中介导向

11. 内部营销意味着两个管理过程，即（　　）和沟通管理。
A. 过程管理　　B. 计划管理　　C. 制度管理　　D. 态度管理

12. 内部营销的管理核心是培养具有“客户意识”和（　　）的员工。
A. 领导意识　　B. 主动意识
C. “全员营销意识”　　D. 服务意识

二、多项选择题

1. 老客户保留和维护的作用包括（　　）。
A. 留住老客户可使企业的竞争优势长久
B. 留住老客户会使成本大幅度降低
C. 留住老客户会有利于发展新客户
D. 留住老客户会获得更多的市场份额

2. 客户数据库对进行客户关系管理、巩固老客户的作用有（　　）。
A. 可以对客户开展一对一的营销
B. 可使物流企业之间的竞争变得更加隐秘
C. 为物流企业深入分析客户并指导客户关系提供帮助
D. 可以实现对客户的动态管理
E. 不会出现由于某一业务员的离开造成业务中断的情况

3. 挽回流失客户的策略包括（ ）。
A. 调查原因，缓解不满
B. 采取策略预防和避免客户的主动流失行为
C. 采取措施预防和避免客户的恶意被动流失行为
D. 对不同级别客户的流失采取不同的态度
4. 客户异议处理原则包括（ ）。
A. 预防原则 B. 及时原则 C. 责任原则 D. 记录原则
E. 提高一线员工业务水平原则
5. 客户异议处理步骤包括（ ）。
A. 受理异议阶段 B. 接受异议阶段
C. 解释澄清异议阶段 D. 提出解决方案阶段
E. 总结提高阶段
6. 服务质量包括（ ）。
A. 服务技术质量 B. 服务功能质量
C. 服务结果质量 D. 服务过程质量
7. 物流企业通过（ ）等措施来持续提高服务质量。
A. 提高服务的可靠性 B. 强化服务的及时性
C. 服务的灵活性 D. 加强服务计划性
8. 客户关系管理信息系统主要包括（ ）。
A. 市场营销自动化 B. 销售自动化
C. 合作伙伴管理自动化 D. 客户服务自动化。
9. 巩固物流老客户的主要流程包括（ ）。
A. 搜集老客户的资料和建立客户资料库
B. 客户分析和分类管理
C. 改善老客户的满意度
D. 跟进异议并及时回应或解决
E. 争取流失客户
10. 物流客户满意的特征包括（ ）、客观性、主观性、抽样性、集合性、下降性。
A. 否定性 B. 复杂性 C. 变化性 D. 隐含性
11. 物流企业内部营销实施策略包括（ ）。
A. 培育以人为本的物流企业文化
B. 建立内部沟通体系
C. 重视员工的培训、再培训工作
D. 建立一种行之有效的激励机制

三、判断题

1. 从服务角度来说，客户的价值生成过程和服务的提供过程（我们通常将其称为服务生产和传递过程）很大程度上是同步的。（ ）
2. 企业应当按客户价值评估与生成过程的特点来为客户提供产品或服务。（ ）

3. 只有那些能够在账面上体现出来的服务才被称为服务。（　　）

4. 服务战略观意味着将服务视为与客户保持长期关系的战略性要素。（　　）

5. 对于小客户要坚决抛弃，不必浪费企业的资源。（　　）

6. 新陈代谢是自然界的客观规律，物流企业的客户也有一个新陈代谢的过程。如果客户关系出现倒退，就应顺其自然，任其流失。（　　）

7. 老鹰型客户追求的是高效地完成某个工作，他们往往是领袖级人物或想象自己是领袖级人物；对他们来讲，浪费时间和被别人指派做工作，都将是难以接受的。与他们打交道，营销人员要显得镇静，不可急躁，讲话速度要慢，音量不宜过高，要相对控制好声音，并尽可能地显示出友好和平易近人，表现得要有礼貌。（　　）

8. 服务本身的标准、环境条件、网点设置、服务设置、服务设备以及服务项目等就是服务质量。（　　）

9. 物流客户满意是指客户通过对一个服务的可感知效果与其期望值比较后，所形成愉悦或失望的感觉状态。（　　）

10. 在当今，市场竞争日益激烈，核心产品战略观、价格战略观、形象战略观完全能适应企业发展的需要。（　　）

11. 在物流企业内部，营销人员与其他协作部门的人员均为同事，没有必要像对待外部客户那样为他们提供内部服务。（　　）

12. 物流企业要持续提高客户服务水平，专职的营销人员所起的作用是最重要的。（　　）

13. 员工构成了物流企业应该关注的第一个市场。（　　）

14. 物流企业各部门均有各自的职责范围，但应该视彼此为自己的客户。（　　）

15. 实施内部营销要求管理者首先考虑如何增加员工的让渡价值，而不能仅仅考虑从员工的工作中获取更多利益。（　　）

四、简答题

1. 如何理解交易营销观念和关系营销观念？它们之间有何区别？

2. 核心产品战略观、价格战略观、形象战略观、服务战略观的含义分别是什么？当今，为什么要建立服务竞争导向的战略？

3. 巩固物流老客户要做哪些工作？

4. 老鹰型、鸽子型、孔雀型、猫头鹰型客户各有何特点？为他们服务的工作要点分别是什么？

5. 如何理解客户关系管理？

能力训练

一、案例分析

北京东城区邮局服务营销

面对大量民营物流企业的出现和国际物流巨头抢滩中国市场，中国邮政集团公司（以下简称“中国邮政”）从20世纪90年代开始出现巨额亏损。从2000年开始中国邮政提出了系列扭亏计划，开始进行市场化运作机制的改革。在这场巨变中，北京东区邮局当年就实现了2.5亿元的收支差，6.8亿元的营业额。北京东区邮局服务的范围包含北京中心商业区的核心，奥运商圈，拥有大量企业级用户，它是怎样开展企业用户的客户管理，直面民营快递公司、美国的UPS等大牌企业的竞争的呢？

北京东区邮局22支局决定对一些大客户进行一对一的营销。当时惠普公司每个月可以为22支局提供1万多元的稳定收入。收入主要来源于邮件、报纸、刊物的分拣，还有物品的快递。惠普公司的要求非常高，比如投递质量，他们要求跟踪查询，今天寄，明天就需要知道邮件在什么位置，或者核实邮件接收的情况。为了不失去客户，22支局提供了专门与惠普公司进行沟通的服务小组。惠普公司的满意度提高了一些，但支局的收入并没有明显提高。实际上，惠普公司的大部分业务已经被快递公司和不少国际物流企业瓜分了，但是就算剩下的这点，也让22支局感到弥足珍贵。因而，他们把惠普公司确定为“一对一营销”的第一批服务对象，2000年下半年成立了一个专门的惠普工作小组，直接进驻惠普大厦。

项目组成立以后，随着对客户业务的不断深入了解，陆续开发了一些新业务。例如，惠普公司举办的每次活动都需要邮寄一些宣传广告，项目组就负责从机场把东西提回来，进行分拣整理、封装、邮寄、查询，提供全套服务，而这种有点外包性质的服务，确实令惠普公司很满意。

后来，22支局干脆就干起了外包，而且不仅仅是通过邮政的渠道，自己做不了的，就联系大通、敦豪等专业的货运会司。总之就是惠普公司提需求，22支局提供全面的解决方案。22支局的有关领导说：“实际上，这是惠普工作小组通过不断沟通才了解到的需求，我们在家里想是想不出来的。这应该算是第一个了解客户信息带来的收益。”

惠普工作小组为22支局带来了不少额外的收获，但他们也感觉到，惠普这个客户可开发的业务还有很多。可是由于工作小组对惠普的需求了解有限，信息大多是支离破碎的，自己都不知道要怎么跟普惠公司去谈。而且，普惠公司对22支局难以提供高附加值服务的成见，也越来越影响新业务的开展。

恰好在这个时候，北京东区邮局开始引进CRM（客户关系管理）项目。通过一年的CRM实施，实现了客户信息的收集和数字化，也就是把自己的客户是谁、他们CRM的交易记录、客户经理日常走访记录等与客户有关的信息，动态地记录到系统里面，按照实施计划，北京东区邮局的CRM实施分为五个阶段：客户信息录入，客户信息内部共享，销售自动化，局内协同销售，智能数据挖掘。

更为重要的是CRM项目的实施促使了员工理念的转变。“以客户为中心”的理念使得员工从原来的迫不得已提升服务质量，开始转变成为理所当然地满足客户需求。这种变化让惠普公司吃了一惊。

2001年年初，惠普公司的一个部门在和22支局合作一段时间以后，突然中断合作去找别的物流企业了。22支局事后了解到是因为22支局在挂号信查询上出了一点问题。因为邮政的查询时间比较长，通过邮政系统的正常渠道，一般的挂号信件可能要10～15天才能反馈回来。对此客户表示不能接受，于是就离开了。

过了不久，工作小组负责人在CRM系统查看小组其他人员录入的信息时，发现惠普公司这个部门又对自己最近新换的服务提供者表示了不满。于是第二天他就找到惠普公司，并且通过分析上次为什么丢掉客户，事先准备好了一套新的解决方案。

“我对他们说，我们可以用电话查询，我们会把电话一个个打到收件人那里，不但问清楚他是不是收到了，还把他是不是可以出席会议确认一下，最后反馈给你们。”工作小组负责人有些得意地说，“他们真的很吃惊，说没想到邮政还能做到这一点。后来，这个部门就成了惠普公司内部与我们业务联系最紧密的客户。”

工作小组只有4个人，面对惠普7个部门，业务量已经很大了。但是引进CRM以后，录入客户信息和走访记录就占去他们1/3甚至2/3的时间。这就引起了工作小组成员们的抱怨。然而，在几乎是不讲理地强制运行几个月以后，CRM数据库逐渐丰满起来。他们发现输入的数据越多，分析的功能就越强大。从那时候开始，他们就再也没有对录入客户信息表示过不满。

工作小组后来做的第一件事就是把惠普公司不同部门的业务高峰时间进行总结。因为他们知道，惠普公司的活动大部分都是有规律的，比如展会可能选择每个月的什么时间，巡展可能是在每年的第几个季度等，而且不同部门的规律都不一样。这样一来，他们就可以大致了解自己一年内要完成的工作，然后按照计划去做准备。这样与客户配合起来，效果肯定会更好，而且知道了自己一年能拿到手的业务有多少，还可以为开发新部门和新业务制订相应的计划。自己被动地等业务，不但很累，而且没有效率。

做到这一点，工作小组又开始尝试着通过客户信息来分析自己的潜在客户和可能的新业务。这种基于CRM系统的新工作方法，确实给他们带来了成绩。当工作小组的成员们带着装订好的计划书走进惠普公司时，惠普公司着实感到惊喜，传统的邮局还搞计划书？后来惠普公司开始把邮政放到了与其他专业公司同等的位置，一些以前绝对不会让邮政来做的事情，也开始让邮政介入了。

比如惠普公司每年的巡展过程中都有不少货运工作，以往这种工作都是由大通公司来完成的，用工作小组负责人的话说是：“惠普对大通好像有一种天然的信任，觉得大通肯定能准时完成他们的任务，至于邮政，那可就说不准了。”

不过这种情况现在已经改变了。当工作小组把精心准备，并且经过交流后数次修改的计划书放到客户面前的时候，客户清楚地看到，什么时间把东西寄出，什么时间到达，什么时间反馈信息，什么时间完成整个工作等都井井有条，并且与自己的展会计划配合完美，在价格上又有很大优势，当然无话可说。

目前，22支局已经把惠普公司几个部门巡展活动的货运包了下来。在这个点上，邮政竟然也开始与国际专业物流公司展开了竞争。在以前，这恐怕是不可能出现的事情。

现在，工作小组的成员们已经从最开始时的抱怨CRM影响工作时间，变成抱怨系统滞后了。有人说：“要是能有更多的分析功能，我们就能够更了解客户，预测和生产出需求。要是能再多有一些模块，像竞争对手信息等，我们就能更加有的放矢，比如我们就曾经利用大通公司流程上要批量发送的缺点，给惠普公司提供当天承接当天打包，当天发送的货运服务。要是我们不了解对手，怎么将客户抢过来呀！”

今天，惠普公司对22支局每个月业务量已经从1万多元上升到超过10万元，这恐怕就是CRM带来的最明显的改变之一。显然，在进入买方市场的时候，北京东区邮局发现客户已经成了自己的命根子。不过，“抓住客户”的目标很简单，实施过程却非常复杂。不单单要有邮局已经理解的“微笑服务”“上门取信”，更重要的是要具有深度了解单一客户的需求和客户价值的“市场智能”，而一对一的CRM系统，是一个可以增进市场智能的工具。

（资料来源：范云峰. 客户管理营销. 北京：中国经济出版社，2004.）

问题：

1. 北京东城邮局为客户惠普公司最初提供了哪些服务服务项目？
2. 惠普工作小组成立后对客户的服务项目发生了哪些变化？
3. 你认为这种变化体现了哪些现代市场营销理念？
4. 谈谈你对高品质客户服务内涵的理解。
5. 你认为CRM给客户服务工作中带来了哪些帮助？

二、技能实训

调查一家物流企业，分析它是如何进行服务营销的？

项目七　物流企业营销管理

学习目标

知识目标：

1. 了解物流企业营销管理的主要任务。
2. 熟悉物流企业战略计划、作业计划的主要内容。
3. 掌握物流企业营销计划实施应注意的方面。
4. 熟悉物流企业营销控制的基本流程和方法。
5. 了解物流营销绩效评估的原则、基础性工作、步骤。
6. 掌握平衡计分卡法的原理及应用。
7. 掌握360°考核法的原理及应用。

能力目标：

1. 能够有效执行物流企业作业计划。
2. 能够熟练运用物流企业营销过程。
3. 能够有效参与物流企业年度控制、效率控制、盈利性控制。
4. 能够运用平衡计分卡法、360°考核法对物流营销进行绩效考核。

学习重点与难点：

1. 物流企业营销计划实施应注意的方面。
2. 物流企业营销控制的基本流程和方法。
3. 平衡计分卡法的原理及应用。
4. 360°考核法的原理及应用。

任务一 物流营销计划、实施和控制

[案例引入]

中远散运的营销管理

中远散货运输有限公司（简称中远散运）以“创造卓越、服务全球”为经营宗旨，为海内外客户提供矿砂、煤炭、化肥、钢材、木材、农产品等货物的海上运输服务，船舶航线遍及100多个国家和地区的1 000多个港口，形成了以海运为主，以船员劳务和船舶服务业、IT业、房地产开发、宾馆服务业等为辅的多元化经营格局。

中远散运建立了一套科学有效的公司治理结构和船舶管理体系。在企业内部机制上，公司以实现企业管理的高效率为目的，通过各种改革和创新措施来激活企业机制。在组织结构上，强调“一盘棋”的大局观念，打破条块和部门分割的不合理局面，最终建立起了以客户需求为导向，以整体效益最大化为目标的流程化管理模式，实现了管理的扁平化和柔性化。

中远集团通过设计“一岗一薪”“一薪多级”的薪酬跑道以及新的激励机制，进一步提高了公司员工的积极性和创造性。为积极应对航运市场变化，中远散运在船队推行星级管理，将各船舶生产单元所承担的各项工作、管理内容和工作标准全部予以量化，按照标准定期考核。为解决船岸信息沟通不畅、多头管理、管理职能交叉重叠等低效行为，中远散运又推行了“船舶总管制”，加强了对船舶设备和船员的集中高效管理。同时，具有中远散运管理特色的“虚拟小船队项目”也开展了实质性的运作，通过定期例会、不定期沟通等形式润滑了管理流程，从而实现了对航运经营、船舶技术管理、安全质量管理、船员管理等职能的有效整合，组织结构扁平化，提高了船队的管理效率和管理效果。公司运用“智慧经营＋责任心＝效益”的经营理念，按照市场经济规律和自身发展的需要，积极开展卖货、转租、拼货、经纪业务，为海内外客户提供“安全、优质、快捷”的个性化服务，实现了公司由单一的船东身份向船东、租家、经纪人三位一体市场身份的转变。

思考题：

1. 中远散运的营销组织模式是怎样的？
2. 中远散运营销管理的过程控制主要体现在哪些方面？

[相关知识]

一、物流企业营销管理的含义

物流营销管理是指物流企业为了创造、建立和保持与目标市场之间的互利交换关系，对设计方案进行分析、计划、执行和控制。

二、物流企业的营销计划

1. 物流企业营销计划的含义

物流企业营销计划是指物流企业营销活动目标所制订的一系列对未来营销活动的安排和打算。

物流企业营销计划包括目标和实现目标的手段两方面内容，可分为战略计划和作业计划两种。

（1）物流企业营销战略计划。

一般来说，物流企业战略计划包括以下内容：

1）时间期限。战略计划属于长期计划，根据不同物流企业的具体情况，一般为 3 年以上。

2）环境分析。环境分析包括物流市场发展趋势、技术发展、竞争者的发展状况等。

3）公司自身分析。公司自身包括人才结构、产品结构、资本结构和市场竞争力等，特别是要分析物流企业滋生的优势和劣势。

4）拟定目标。行之有效的目标要能够以市场为导向，具有必要的方针措施，要有可行性和挑战性。

5）制定具体战略。制定具体战略包括公司增长战略、产品战略和市场战略。

（2）物流营销作业计划。

物流营销作业计划是实现战略计划的具体步骤，主要内容有以下几个方面：

1）计划概要。计划书一开始，便应对本计划的主要目标及执行方法和措施作简明扼要的概述，要求高度概括，言辞准确，表达充分。这部分的主要目的是让高层主管很快掌握、了解计划的核心内容，并据以检查、研究和初步评价计划的优劣。

2）当前市场营销状况。营销状况是正式计划中的第一个主要部分，即提供有关市场、产品、竞争、分销及宏观环境方面的有关背景资料，包括以下内容：

A. 市场状况主要提供的是目标市场的数据，如物流市场的规模、营业增长率、各细分市场的营业额，以及客户的需求状况、观念和购买行为的趋势。

B. 产品状况是对每种物流服务形式的营业额、价格、边际收益及净利润。

C. 竞争状况是明确主要的竞争对手，并就它们的规模、目标、市场份额、服务质量、营销战略以及其他能帮助了解它们意图与行为的特征加以阐述。

D. 分销状况主要提供有关各分销渠道规模与重要性的数据，如各分销渠道的近期营业额及发展趋势等。

3）威胁与机会。要求营销管理人员对产品的威胁和机会做出预测，并加以具体描述。这样做的目的是使物流企业管理人员可预见到那些将影响物流企业兴衰的重大事态的发展变化，以便采取相对应的营销手段或策略，趋吉避凶，求得更顺畅的发展。为此，营销管理人员应尽可能列出可以想象、描述出的市场机会和威胁，以便加以分析检验，并考虑采取相应的行动。

4）确立物流企业的目标。在分析了产品和服务的威胁和机会之后，接着便应确立物流企业的目标，并对影响这些目标的某些问题加以考虑和论证。对已经确立的物流企业目标，还要进一步以具体的指标体现出来，一般有两类目标要确定。一是财务目标，如确定长期投资收益率、年利润率等目标。二是财务目标必须转化为营销目标，可以用量本利分析法去揭示如何通过营销目标实现财务目标。

5）营销策略。参见前面介绍过的4Ps策略、7Ps策略、服务营销策略等。

6）行动方案。营销策略必须转化为具体的行动方案，主要内容包括：将要完成什么任务？什么时候完成？由谁负责完成？完成这项任务的成本是多少？以上问题的每项活动都需要详细列出行动方案，以便于执行和检查，使行动方案循序渐进地被执行。

7）预算利润表。这部分主要说明所预期的财务收支的情况。收入方列入预计营业服务的数量和平均价格，支出方则列出物流费用、储运费用及其他营销费用。收支间的差额为预计的利润（或亏损）。物流企业的高层主管将核查预算，并评价和修正预算。预算一经批准，便成为制订计划、原料采购、生产安排、人员招聘和营销活动的依据。

8）控制。计划的最后一部分为控制，用此来监督、检查整个计划进度。目标和预算都应该按月或季度分别制订。这样，物流企业的高层主管就可以审查每一时期物流企业各部门的成绩，并及时发现未完成目标的业务，督促未完成任务的部门改进工作，以确保营销计划的实现。

2. 物流企业营销计划实施

为实现物流企业的战略而将物流营销计划转化为具体营销行动的过程，即根据物流营销计划具体解决“干”的问题。

（1）物流企业营销计划实施应注意的方面。

1）行动方案。行动方案是计划实施的具体安排，行动方案要明确、具体。行动方案的主要内容包括人员配备、目标分解、资源分配、时间要求，方案要尽可能详细并将责任落实到人，以便执行和检查。

2）组织机构。营销计划的实施，必须确立相应的组织机构，并确定主管人员，而后由主管人员将各项工作分配给部门或小组，最后再由部门或小组将一项项具体工作落实到个人。这是保证营销计划有效实施的又一基本条件。

3）决策和报酬制度。决策和报酬制度直接关系营销战略实施的成败。对决策和报酬制度具体有两个要求：一要有利于物流企业的长期战略目标；二要与社会、市场相平衡。

4）人力资源。人力资源是对能够推动生产力发展、创造社会财富的具有智力劳动能力的总称。为了提高营销人员的工作能力和工作热情，以保证营销计划的顺利完成，在行动中制定一些开发人力资源的措施是必不可少的。开发人力资源的措施主要有人员培训、安置、选拔、考核等，此外还要建立完善合理的工资、福利及奖惩制度。

5）企业文化和管理风格。根据物流企业的任务、组织机构、人员素质和营销环境等因素，对营销组织采取“专权型”“参与型”等形式的管理方法。

（2）物流企业营销计划实施问题诊断。

物流企业的营销战略与计划没能实现，被认为是好的战略却未能带来好的效益，原因何在？对此需要做出科学诊断。

1）物流企业营销战略中存在的问题。物流营销战略和计划可能脱离物流市场的实际。

营销战略、策略与营销实施及经济效益关系比较微妙，其中战略起决定作用。如果战略和计划脱离市场，将严重影响营销的实施。

2）全局与局部、长远目标与眼前目标的冲突。物流企业营销战略着眼于未来，着眼于全局，而营销执行人员通常追求的是短期的绩效和局部利益。当两者关系处理不好时，执行人员往往会置营销战略于不顾，选择短期行为。执行人员的营销“近视”行为最终将破坏物流企业的战略目标。

3）营销战略与营销计划实施缺乏科学衔接。一些物流企业的营销战略被专家们公认为一流，但由于没拿出实施方案，没有专门的机构与组织，没有专门的人员去行动，没有科学的资源配置计划，也没有实施效果的检验与评价，致使营销战略停留在文件中、口头上，被戏称为“只开花、不结果”的蓝图。

三、物流企业营销组织

营销组织是物流企业营销管理人员系统组合、协同行动的结合体，是企业实现其经营目标的核心职能部门，是营销计划有效实施的重要保证。建立营销组织需要遵循的原则如下：

（1）组织与环境相适应原则。

（2）目标原则。

（3）责、权、利相统一原则。

（4）统一领导原则。

（5）精简原则。

（6）灵活性原则。

（7）效率原则。

（8）注重人才发现与培养原则。

四、物流企业营销控制

物流营销计划在实施过程中，或因营销环境发生了变化，或因实施行为产生了偏差，所以总会发生预测以外的情况。为此，物流企业有必要对营销活动进行控制，以确保营销计划能顺利、有效地进行。

1. 物流企业营销控制的基本程序

（1）确定目标。

物流企业的目标决定着一切营销活动的方向，用来说明计划的最终目的。营销控制的实质是为了实现物流企业目标而进行的计划过程的延伸，它的目的在于确保执行结果与计划目标一致。

（2）选择控制方法。

上级主管对下级营销部门的控制主要有两种方法：

1）直接控制。通过合同协议和所有权分享进行。

2）间接控制。靠传递信息与竞赛来贯彻物流企业精神。

（3）设定标准。

在控制机构实施有效的控制职能之前，必须建立一套与之相适应、有客观依据的衡量标准。衡量营销工作的标准必须根据物流企业自身的情况来定，一般由营业额、利润、营销渠道、市场占有率和其他有关事项组成。

（4）明确责任。

为了更好地贯彻物流企业目标，物流企业必须明确各部门及负责人的职责范围。

（5）信息沟通。

在物流企业的营销业务中，信息系统的支持是非常重要的，必须建立一套有组织的、完整的信息系统。它是开展营销活动的必要条件，能使物流企业有效地发现存在的问题和有利的发展机会，也能对业务过程进行控制。这部分内容在“客户关系管理”课程中已经涉及，此处不再赘述。

（6）纠正偏差。

物流企业应把实际工作成果和确定的目标进行比较，发现其是否产生偏差。如果出现偏差，就必须寻找原因，及时采取措施进行纠正。

（7）评价效果。

评价效果是控制程序的最后一步，是对前期工作的最后评定，为下一步工作做准备。即使本期工作结束，控制程序也不能结束，它是没有终点的，是一个建立、评价不断往复循环的过程。

2. 物流企业营销控制的方法

物流企业营销控制的方法关系到控制工作的质量，控制方法是一个不断更新和发展的过程。根据控制的目的、侧重点和运用范围的不同，营销控制主要有年度计划控制、盈利性控制、效率控制和战略控制四种，方法各异，如表 7-1 所示。

表 7-1　　物流营销控制类型

控制类型	主要负责人	控制目的	主要控制方法
年度计划控制	最高主管者 部门经理	检查计划目标是否实现	营业分析、市场占有率分析、营销费用率分析、财务分析、客户满意度分析
盈利性控制	营销控制主管人员	检查盈亏情况	各产品、区域、目标市场、销售渠道等盈利水平分析
效率控制	部门经理 营销控制主管人员	评价和提高分项费用效率和效益	营业人员、广告、促销和分销的效率分析
战略控制	最高主管者 营销审计员	检查物流企业在营销策略方面是否正在寻找最佳机会	营销有效性评价手段、营销审计、社会效益评价

（1）年度计划控制。

年度计划控制是一种短期的控制形式，目的在于确保物流企业实现年度计划中预定的营业额、利润和其他目标。年度计划控制一般通过制订标准、绩效测量、因果分析和改正行动四个步骤来完成，其中心是目标管理，其具体控制过程可分为以下四个步骤：

1）管理者必须确定在年度计划中的月份目标或者季度目标。

2）管理者要监督营销计划的实施情况。

3）管理者必须及时发现营销实施过程中发生的严重偏差的原因，并对此做出下一步行动的判断。

4）采取必要措施进行补救或调整，以弥补因营销实施不当而造成的严重偏差。

年度控制计划主要包括营业分析、市场占有率分析、营销费用率分析、客户满意度分析。

1）营业分析。营业分析是通过对营业目标检查和评价营销实际来进行控制，具体可分为差距分析和个别分析两种。差距分析，是指不同因素对营业实绩同计划指标相比产生的偏差即相对影响。个别分析，是在上述分析的基础上，对从产品、服务及其他有关方面等引起差异的因素进行分类考察。例如，某物流运输企业，在三个地区的三个分公司总体上都已经完成运输任务。但经过计算，完成情况分别超额20%、完成93.3%、完成90%。可见，运量提升不佳主要是由于后两个单位完成较差造成的，分析时应将其作为重点。

2）市场占有率分析。通过市场占有率，可以考察物流企业在竞争中的地位。市场占有率包括绝对市场占有率、相对市场占有率两种指标。绝对市场占有率是指物流企业营业额在整个物流市场所占比重，相对市场占有率是指物流企业营业额占市场中其他最大的物流企业营业额的比重。

市场占有率分析不应忽视其他方面的因素，比如，外界因素对于所有参与竞争的物流企业的影响程度可能相差不大，也可能很不一致。如果有新的大型物流企业加入竞争，那就有可能造成现有参与竞争的每一家物流企业的市场占有率在不同程度上有所下降了。有时，物流企业为了调整产品结构、改进盈利状况也会使某种产品的市场占有率有所下降。

3）营销费用率分析。年度营销计划控制，要求确保公司为达到销售目标的费用不能超支。营销费用率主要有五种比率：营销人员费用与营业额之比、广告费用与营业额之比、促销费用与营业额之比、市场调查费用与营业额之比和销售管理费用与营业额之比。物流企业要监控这些费用比率的波动情况。营销费用率出现小波动是正常现象。但如果营销费用率的波动超过正常幅度，即出现超长波动，就必须查找问题的原因，采取有效措施加以控制和纠正。

4）客户满意度分析。详见本书已阐述的相关内容。

（2）盈利性控制。

除了年度控制计划以外，物流企业还要衡量不同服务产品、不同区域、不同渠道和不同促销规模等方面的实际获利情况，这些需要运用盈利能力控制来测定。

盈利能力是指物流企业利用现有资源或资产获取利润的能力。盈利能力控制的主要环节是进行盈利能力分析。盈利能力分析就是通过对有关财务报表和数据的处理，把所获利润分到产品、地区、渠道、客户等方面，以便比较每个因素对物流企业最终获利的贡献大小及其盈利能力的高低，主要是用销售利润率、总资产报酬率、资本收益率、物流服务周转率等指标来衡量。盈利能力分析的具体步骤可以分为：

1）要确定营销职能性费用，即将各项费用分摊到各项营销职能上，如广告费用、推销费用、有关人员的工资等；

2）将营销职能性费用分配给各营销实体，即分配给不同产品、地区、市场和销售渠道；

3）产生出各项利润表，如产品利润表、地区利润表、市场利润表和销售渠道利润表等。盈利能力分析的主要目的是要发现妨碍获利的因素，以便采取适当措施消除这一不利因素的影响。改进措施有多种方式可供选择，而只有经过慎重的全面考虑才可能找到最佳的改进措施。

（3）效率控制。

假如盈利水平分析显示出某些产品、市场等方面的盈利情况不佳，那么紧接着的一个问题便是有没有高效率的方式来管理销售人员、广告、销售促进和分销。

1）营销人员效率。在物流市场竞争已走向白热化的今天，营销人员效率的高低对物流企业的盈利水平越来越重要。有几项主要指标可用作营销人员效率的分析评价：每个营销人员每天平均销售访问次数、每次平均访问时间、每次销售访问的平均成本和收益、每次销售访问的招待成本、每百次销售访问与订购的百分比、每个期间增加的新客户和流失的客户数、销售人员费用占总销售额的百分比等。

物流企业可以从以上分析中发现一些重要问题。比如，营销人员每天访问的次数是否太少；每次访问的时间是否太长；成本是否过高；虽然新客户有所增加，但老客户流失也不少等。物流企业一旦重视营销人员的效率，通常就会取得一些实质性的营销效果。

2）广告效率。广告效率的主要分析：每一广告媒体类型或工具接触每千名目标客户所花费的广告成本、客户对广告内容和效果的意见、客户在广告前后对产品态度变化的测量和受广告刺激而引起的访问次数等。物流企业高层管理者可采取一些措施提高广告效率，包括更有效的产品定位，确定广告目标，选择合适的广告媒体，以及设计更具吸引力的广告词等。

3）营业推广效率。营业推广效率主要分析实施营业推广措施的成本费用与销售效果。比如，由于优惠而销售的百分比，展览会、交易会的陈列成本和效果，赠券收回的百分比。因某种营业推广而引起询问的次数等。物流营销人员应注意观察、比较不同营业推广方式的效果，从中选出最佳方式。

（4）战略控制。

物流市场竞争激烈，营销环境复杂多变，原定的市场营销目标、战略、策略等往往显得不合适，甚至失去效用。因此，物流企业必然要对市场营销战略实施过程实行战略控制。战略控制是指在年度计划控制、盈利性控制以外的带有物流企业全局性营销活动意义的控制。其目的是确保物流企业营销战略和计划与动态变化的市场营销环境相适应，从而促进物流企业协调、稳定发展，其控制的主要手段是市场营销审计。

市场营销审计是对物流企业或业务单位的营销环境、目标、战略、组织等诸方面进行的一种带有整体性、系统性、独立性和定期性特点的检查评比方法，以发现营销机会、找到营销的薄弱环节，提供改善营销工作的行动计划，从而提高物流企业的营销成效。营销审计通常由物流企业外部一个相对独立、富有经验的机构进行。通常包括市场营销环境审计、市场营销组织审计、市场营销系统审计、市场营销年度计划审计、市场营销盈利水平审计、市场营销职能审计、市场营销战略审计。

任务二　物流营销绩效评估

[案例引入]

通达公司员工的绩效管理

通达公司，成立于20世纪50年代初，目前公司有员工1 000人左右。总公司本身没有业务部门，只设一些职能部门；总公司下有若干子公司，分别从事不同的业务。

绩效考评工作是公司重点投入的一项工作，公司的高层领导非常重视。人事部具体负责绩效考评制度的制定和实施。人事部在原有的考评制度基础上制定了《中层干部考评办法》。在每年年底正式进行考评之前，人事部又出台当年的具体考评方案，以使考评达到可操作化程度。

公司的高层领导与相关的职能部门人员组成考评小组。考评的方式和程序通常包括被考评者填写述职报告、在自己单位内召开全体员工大会进行述职、民意测评（范围涵盖全体员工）、向科级干部甚至全体员工征求意见（访谈）、考评小组进行汇总写出评价意见并征求主管副总经理的意见后报公司总经理。

考评的内容主要包含三个方面：被考评单位的经营管理情况，包括该单位的财务情况、经营情况、管理目标的实现等方面；被考评者的德、能、勤、绩及管理工作情况；下一步工作打算，重点努力的方向。具体的考评细目侧重于经营指标的完成、政治思想品德，对于能力的定义则比较抽象。各业务部门（子公司）都在年初与总公司对于自己部门的任务指标进行了讨价还价的过程。

对中层干部的考评完成后，公司领导在年终总结会上进行说明，并将具体情况反馈给个人。尽管考评的方案中明确说考评与人事的升迁、工资的升降等方面挂钩，但最后的结果总是不了了之，没有任何下文。

对于一般员工的考评则由各部门的领导掌握。子公司的领导对于下属业务人员的考评通常是从经营指标的完成情况来进行的；对于非业务人员的考评，无论是总公司还是子公司均由各部门的领导自由进行。对于被考评人来说，很难从主管处获得对自己业绩优劣评估的反馈，只是到了年度奖金分配时，部门领导才会对自己的下属做一次简单的排序。

思考题：

1. 绩效管理在人力资源管理中有何作用？这些作用在通达公司是否有所体现？
2. 通达公司的绩效管理存在哪些问题？如何才能克服这些问题？

[相关知识]

一、物流营销绩效评估概述

有效的物流绩效评估和控制，对资源的监督和配置是非常必要的。物流要维持高绩效，则绩效评估是必需的。因为物流活动与厂商、批发商、零售商活动过程中的产品、订货以及运营费用等密切相关。物流绩效评估对一个物流企业的成功有着显著的影响。

在物流企业组织内部，高层管理者往往通过制定预算或编制计划等方式，对下级责任者设定绩效标准，而后进行业绩计量，据以反映实际执行情况，对此做出绩效评估。

1. 物流营销绩效评估的意义

物流系统的管理在实施过程中需要耗费大量的人力、物力和财力，受到来自管理、组织和产品的风险，因此必须要进行严格的核算和绩效评估，才能实现物流企业资源和社会资源的最大化应用。有效的绩效评估体系，可以为物流系统在管理过程中解决以下四个方面的问题：

（1）评价物流企业原有的物流系统，发现原有物流系统的缺陷不足并提出改进措施。

（2）评价新构造的物流系统，监督和控制物流系统的运营效率，充分发挥物流系统管理的作用。

（3）作为物流系统业务流程重组的评价指标，建立基于时间、成本和绩效的物流系统优化体系。

（4）寻找物流系统约束和建立有效的激励机制的参照系，同时建立节点物流企业和标杆物流系统体系的基准。

2. 物流绩效评估的基础工作

物流企业要进行物流绩效评估，必须完善一系列基础工作，包括责任中心的划分、绩效评估指标的确定、内部转移价格的合理确定、绩效评估报告的编制以及奖惩制度的设定等。

（1）合理划分责任中心，明确规定权责范围。

实施物流绩效评估制度，首先要按照分工明确、责任分明、成绩便于考核的原则，合理划分物流责任中心。其次要依据各个物流责任中心的特点，明确规定其权责范围，使每个物流责任中心在其权限范围内，独立自主履行其职责。

（2）定期编制责任预算，明确各物流责任中心的考核标准。

编制责任预算，使物流活动的总体目标按各物流责任中心进行分解、落实和具体化，并以此作为它们开展日常物流经营活动的准则，确定评价其工作成果的基本标准。考核标准应当具有可控性、可计量性和协调性等特征，即其考核内容只应为物流责任中心能够控制的因素；考核指标的实际执行情况，要能比较准确地计量和报告，并能使各个物流责任中心在完成物流活动总目标的过程中，明确各自的目标和任务，以实现局部与整体的统一。

（3）区分各个物流责任中心的可控与不可控费用。

对各个物流责任中心工作成果的评价与考核，应仅限于能为其工作好坏所影响的可控项目，不能把不应由它负责的不可控项目列为考核项目。为此，要对物流企业所发生的全部物流成本一一判别责任归属，分别落实到各个物流责任中心，并根据可控费用来科学地评价各物流责任中心的成绩。

（4）合理制定内部转移价格。

为了分清经济责任，便于正确评价各个物流责任中心的工作成果，各物流责任中心之间相互提供的产品、劳务或服务，应该根据各物流责任中心经营活动的特点，合理地制定内部转移价格，并据此计价结算。物流企业所制定的内部转移价格，必须既有利于调动各方面开展物流活动的主动性、积极性，又有助于实现局部和整体之间的目标一致。

(5) 建立、健全严密的记录、报告系统。

建立记录报告系统就是要建立一套完整的日常记录、计算和考核有关责任预算执行情况的信息系统，以便为计量和考核各物流责任中心的实际经营业绩提供可靠的依据，并能对实现各物流责任中心的实际工作业绩起反馈作用。一个良好的报告系统，应当具有相关性、适时性和准确性等特征，也即报告的内容要能适应各级管理人员的不同需要，只列示其可控范围内的有关信息；报告的时间要适合报告使用者的需要；报告的信息要有足够的准确性，保证评价和考核的正确合理性。

(6) 制定合理而有效的奖惩制度。

要求对每个物流责任中心制定一套既完整又合理有效的奖惩制度，根据其实际工作成果的好坏进行奖惩，做到功过分明，奖惩有据。奖惩制度及其执行包括以下内容：

1) 奖惩制度必须结合各物流责任中心的预算责任目标制定，体现公平、合理、有效的原则。

2) 要形成严格的考评机制，包括建立考评机构、确定考评程序、审查考评数据、依照制度进行考评和执行考评结果。

3) 要把过程考核与结果考核结合起来。即把即时奖惩与期间奖惩结合起来，一方面要求在绩效评估过程中随时考核各物流责任中心的责任目标和执行情况，并根据考核结果当即奖惩；另一方面要求一定时期终了，根据预算的执行结果，对各物流责任中心进行全面考评，并进行相应奖惩。

3. 物流绩效评估的步骤

物流活动进行了一段时间后，需要对成本效益情况进行评估，以便发现问题，及时反馈。物流财务绩效评估的实施步骤如下：

(1) 确定评估工作组织机构。

评估组织机构直接组织实施评估活动，负责成立评估小组。如果需要，评估组织机构还可选聘有关专家作为评估工作的咨询顾问。参加评估工作的成员应具备如下基本条件：具有较丰富的物流管理、财务会计、资产管理等专业知识；熟悉物流成本绩效评估业务，有较强的综合分析判断能力；评估工作主持人应有较长时间的经济管理工作经历，并能坚持原则，秉公办事。

(2) 制订评估工作方案。

由评估工作组制订评估工作方案，确定以下内容：

1) 评估对象：不同的物流企业可能具有不同的物流活动，因此必须首先确定物流企业的具体物流环节，明确评估工作的对象。对物流企业进行成本绩效评估时，评估对象就是整个物流企业。

2) 评估目标：物流绩效评估目标是整个评估工作的指南和目的。不同评估目标决定了不同的评估指标、评估标准和评估方法的选择，其报告形式也不相同。

3) 评估指标：评估指标是评估对象对应于评估目标的具体考核内容，是评估方案的重点和关键。评估指标可分为物流作业评估指标、物流企业评估指标等。

4）评估标准：物流财务绩效评估标准取决于它的评估目标，常用的评估标准是年度预算标准、竞争对手标准等。

5）评估方法：有了评估指标和评估标准，还要有一定的方法对评估指标和标准进行实际运用，以取得公正合理的评估结果。在物流财务绩效评估中常采用定量方法。

6）报告形式：根据评估目标，确定最终需要形成的绩效报告形式，如成本—服务报告，趋势报告等。

4. 物流绩效评估的基本原则

在进行物流绩效评估的过程中，需要牢牢把握以下原则：

（1）整体性原则。绩效评估应该反映整个物流系统的运营情况，而不仅仅是反映单个节点物流企业的运营情况；在设计评价指标和标准时，一定要着眼于整体最优化原则，不能因为某一单位个体的最优化而损害整体的利益。

（2）动态性原则。绩效评估不仅仅是事后的分析，更重要的是，通过物流绩效评估，要能对未来时期的情况进行预测，并做出关键趋势判断。使得物流系统在突然失去控制前，通过成本评估信息，预见运作趋势，并提出合理、正确的建议。

（3）例外性原则。物流活动涉及面广，内容繁多。通过评估，要能发现例外情况的存在，并使之与其他活动分别开，使报告的使用者把注意力集中到少数严重脱离预算的因素或项目上来，从而对这些需要解决的特定活动或作业进行更具深度的评估。

按照上述步骤和原则进行物流成本绩效评估，可真正评估物流成本和财务绩效，发现问题，以便集中精力解决问题，起到帮助决策的作用。

二、物流营销绩效评估的方法

1. 平衡记分卡方法

传统的绩效评估系统侧重于静态的财务业绩评价，面对物流活动日益复杂的内外部环境，单纯的财务指标已难以全面评价公司各物流部门的经营业绩。20 世纪 90 年代以来，西方各大公司发现传统的财务经营业绩指标与方法越来越阻碍公司业务（包括物流业务）的发展。例如，管理层为了达到投资利润率和预算利润而故意减少研究费用、设备更新维护费用、员工培训费等，采购部门为了避免发生更不利的价格差异而购买质差价廉的原材料，生产部门为了避免不利的产量差异而增加生产使存货增加等。上述重短期利益、部门利益而忽略了客户、员工与公司长远利益的做法，迫使一些公司寻求新的绩效评估方法，平衡计分卡就是在这种形式下产生和发展起来的一种业绩评价方法。

平衡计分卡是由美国哈佛大学的卡普兰（Roberts Kaplan）教授和诺顿（David D. Norton）教授率先提出的。针对传统的以财务指标为主的绩效评估系统，平衡计分卡强调非财务指标的重要性，通过对财务、客户、内部业务、创新与学习四个各有侧重又互相影响的方面的业绩评价来沟通目标、战略和物流企业经营活动的关系，实现短期利益和长期利益、局部利益与整体利益的均衡，如图 7－1 所示。

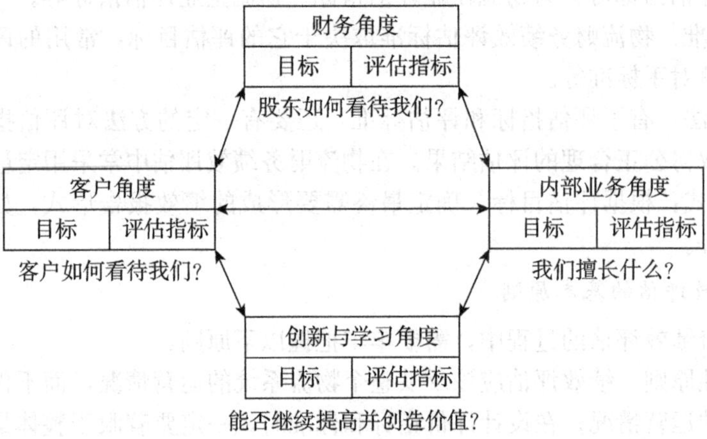

图 7-1　平衡记分卡示意图

平衡计分卡作为全面评价公司经营业绩的一种评价系统，平衡了外部评价指标（股东和客户）和内部评价指标（内部业务、创新、成长），平衡了成果评价指标（利润、市场占有率）和动因评价指标（新业务开发投资、员工培训、信息系统更新），平衡了客观评价指标（员工流动率、客户抱怨次数）和主观评价指标（客户满意度、员工忠诚度），平衡了短期评价指标（利润）和长期评价指标（客户满意度、员工培训次数）等。因此，它是一种超越数字的动态与静态相结合的全新绩效评估系统，是 20 世纪 90 年代以来管理会计最重要的发展之一。

借鉴平衡计分卡的基本原理，建立与现代物流企业制度相适应的物流绩效评估体系，可以从股东、经营者等角度，从物流组织效率、竞争能力、盈利能力、职工工作效率等方面，全方位、综合地评价物流企业的核心竞争力，可以反映整个物流企业的运作效率，是融财务管理、物流企业管理、管理工程三门应用性学科的多学科交叉的评价体系。

(1) 基于平衡记分卡的物流企业综合绩效评估。

依照平衡计分卡的框架，对物流业绩评价可以从四个方面进行：

1) 财务指标评价。平衡计分卡保留财务方面的内容，是因为财务指标对表述可计量的经济结果的已发生方案是有价值的。财务业绩指标能反映物流企业的策略、业绩对净利的提高是否具有帮助，以及物流企业战略及其执行对于股东利益的影响。由于物流的主要财务目标涉及盈利、股东价值实现和增长，平衡计分卡相应地将其财务目标简单表示为生存、成功、价值增长三个方面，如表 7-2 所示。

表 7-2　财务绩效评价

目标	评价指标	可量化模型
生存	现金净流量，速动比率	物流业务进行中的现金流入－现金流出，（流动资产－存货）/流动负债
成功	权益净利率	净利润/平均净资产
价值增长	相对市场份额增加额	物流业务在规定的评价期内业务增加额/在规定的评价期内同行业总收入的增加额

注：上述评价指标的设计以属于投资中心的物流部门为例。

财务层面的绩效评估涵盖了传统的绩效评估方式，但是财务层面的评价指标并非唯一的或最重要的，它只是物流企业整体发展战略中不可忽视的要素中的一部分。例如，现代物流的整体发展战略立足于长期发展和获取利润的能力，并非只盯着近期的利润。所以业绩评价的结果，虽然客户、内部及创新学习各层面均有较大的进展，但是财务层面没有令人喜悦的结果，这并不是管理者不重视财务层面的相关因素，而是追求长久效益和远期发展，在财务层面上重视的是能否完成的基本要求。

2）内部业务评价。作为物流企业赖以生存的一个重要资源就是内部资源，即物流企业具有的内部业务能力，包括产品特性、业务流程、软硬件资源等。物流企业的内部业务业绩来自物流企业的核心竞争力，即如何保持持久的市场领先地位、较高的市场占有率的关键技术与策略、营销方针等。物流企业应当清楚自己具有哪些优势，如高质量的产品和服务、优越的区位、资金的来源、优质的物流管理人员等。这是物流绩效评估体系中最能反映其行业特色的，需要结合物流特点和客户需求共同确定。具体评价目标和指标如表 7-3 所示。

表 7-3　　　　内部业务评价

目标	评价指标	可量化模型
价格合理	单位进货价格	每单位进货量价格
可得性	存货可得性	缺货率、供应比率、订货完成率
绩效	速度、一致性、灵活性、故障与恢复	完成订发货周期速度 按时配送率 异于合同配送要求满足时间、次数 退货更换时间
可靠性	按时交货率、对配送延迟的提前通知、延期订货发生次数	按时交货次数/总业务数 配送延迟通知次数/配送延迟次数 延期订货发生次数
硬件配置	网络化（采用 JIT、MRP 等物流管理系统的客户）	使用网络化物流管理的客户数/所有客户数
软件配置	优秀人员（完成常规任务的时间、质量、专业教育程度）	雇员完成规定任务的时间 雇员完成规定任务的差错率 接受过专业物流教育的雇员数/雇员总数

3）客户评价。物流企业经营活动的开展，不仅仅是为了获得财务上的直接收益，而且还要考虑战略资源的开发与保持。这种战略资源包括外部资源和内部资源两种。其中，外部资源即客户。为物流企业带来了物流服务产品的市场，这也是物流企业战略性成长的需求基础。而客户层面的绩效评估，就是对物流企业赖以生存的外部资源开发和利用的业绩进行衡量。具体来说是指物流企业进行客户开发的业绩和对从客户处的获利能力的衡量。这种评价主要考虑两个方面：一是客户对物流服务满意度的评价；二是物流企业的经营行为对客户开发的数量和质量的评价。为使平衡计分卡有效地发挥作用，可以把这些目标转化成具体评价指标，如表 7-4 所示。

表 7-4 客户评价

目标	评价指标	可量化模型
市场份额	市场占有率	客户数量、产品销售量
保持市场	客户保持率	保留或维持同现有客户关系的比率
拓展市场	客户获得率	新客户的数量或对新客户的销售额
客户满意	客户满意程度	客户满意率
客户获利	客户获利能力	份额最大客户的获利水平、客户平均获利水平

市场份额反映了物流单位在商品市场上所占的业务比例，市场份额可以通过客户数量、花费的金额或售出的货物量来计算，尤其是对于目标客户群来说，这个指标显示了一个物流企业在目标市场上的占有情况。根据目标客户所进行的业务量计算的市场份额指标在一定时期内受客户所提供的业务总量的影响，也就是说，由于客户提供给供应商较少的业务，目标客户的业务份额将会减少。物流企业可以针对每个客户和每个市场份额，计量他们获得多少服务。当物流企业想把目标客户控制在其生产范围内购买产品及服务时，这样的指标就使物流企业成为市场的焦点。

保持市场可以通过考察物流单位与客户的关系程度的方法来进行衡量。很明显，在目标客户群里保持或增加市场份额的理想方法是在这个范围里增加现有的客户，以此来计算保留或维持同现有客户关系的比率。

拓展市场可以用物流单位赢得新客户及业务的比率来衡量。物流企业在寻求扩大业务的过程中，通常是想增加其目标范围内的客户，客户获得既可以用新客户的数量来计算，也可以通过在目标范围内对新客户的总销售额来计算。

保持市场和拓展市场指标都是结果指标，它们显示了物流活动是否成功地满足了客户的需要，因此客户满意度指标是这些结果指标中最为关键的，物流企业目前运行得怎样，或者退而言之，它与客户的关系怎样，都反馈在客户满意程度指标上。

客户获利能力的指标能揭示哪些客户是不获利的。例如，新赢得的客户很可能是不获利的，因为，物流企业为获得一个新的客户必须进行大量的促销活动，这笔活动经费应当从销售大量产品与服务的盈余中扣除。获利能力的生命周期成为决定是保留还是放弃目前不获利的基础。

4）创新与学习的评价。虽然客户层面和内部层面已经着眼于物流企业发展的战略层次，但都是将评价重点放在物流活动现有的竞争能力上，而创新与学习层面则强调了物流企业不断创新，并保持其竞争能力与未来的发展势头，因此无论是管理层还是基层职员都必须不断地学习，不断地推出新的物流产品和服务，并且迅速有效地占领市场。

对于业务不断地学习和创新会不断地为客户提供更多价值的产品和服务，减少运营成本，提高物流企业物流的经营效率，扩大市场，找到新增附加值的机会，从而增加股东价值。物流企业创新和学习的评价目标和指标如表 7-5 所示。

表7-5　创新与学习的评价

目标	评价指标	可量化模型
信息系统方面	员工获得足够信息	成本信息及时传递给一线员工所用时间
员工能力方面	员工能力的提高，激发员工的主观能动性的创造力	员工满意率 员工保持率 员工的培训次数
调动员工积极性	激励与能力指标	员工建议数量 员工建议被采纳或执行的数量
业务学习创新	信息化程度、研发投入	研究开发费增长率 信息系统更新投入占销售额的比率/同行业平均更新投入占销售额的比率

（2）平衡计分卡的运用程序。

1）确定公司物流目标及策略。公司物流目标要简单明了，且对每一部门都有意义。

2）成立平衡计分委员会或小组。该组织负责解释公司物流目标及策略，负责建立四类衡量指标。

3）确定最重要的业绩衡量指标。根据不同时期公司物流的具体目标，灵活确定评价指标，并根据物流企业特点确定各个指标的权重。如某公司的指标权重如表7-6所示。

表7-6　某公司平衡记分卡项目权重

类别权重	评价指标	权重
财务（60%）	利润（与竞争者比较）	18.0
	投资报酬率（与竞争者比较）	18.0
	成本降低率（与计划比较）	18.0
	新市场销售增长率	3.0
	现市场销售成长率	3.0
客户（10%）	市场占有率	2.5
	客户满意度	2.5
	经销商满意度	2.5
	经销商利润	2.5
内部业务（10%）	订货完成率	10.0
创新、学习（20%）	员工工作环境满意度	10.0
	员工技能水平	7.0
	信息系统更新率	3.0

4）公司内沟通与教育。利用刊物、电子邮件、公告栏、标语、会议等多种形式，让各层管理者知道公司的使命、目标、策略与评价指标。

5）制定评价指标具体数字标准，并纳入计划、预算之中。

6）制定与平衡计分卡相配套的奖励制度。

综上所述，将平衡记分卡应用于物流企业的绩效衡量，其重点是根据物流企业自身的发展目标和物流客户需求的特点，确定最重要的绩效评估指标体系，并给每个指标赋予相应的权重，从而提出一个全面衡量物流企业绩效的方法体系。在此基础上，物流企业应该制定与平衡记分卡相配套的奖惩制度和持续改进措施。采用这种全方位的分析方法，就是在物流企业的经营绩效与其竞争优势的识别之间搭建了一座桥梁，必将有利于物流企业战略的有效实施和绩效的快速增长。

2. 360°考核法

360°考核法又称全方位绩效考核法、多元绩效考核法，即由与被评价者有密切关系的人分别匿名对评价者进行全方位、多维度的绩效评估。

（1）360°考核法的原理。

传统的绩效评价，主要由被评价者的上级对其进行评价，而360°考核法则由与被评价者有密切关系的人，包括被评价者的上级、同事、下属、客户等，分别匿名对被评价者进行全方位、多维度的绩效评估。其原理如图7－2所示。因此，这种评价更全面、客观、公正。

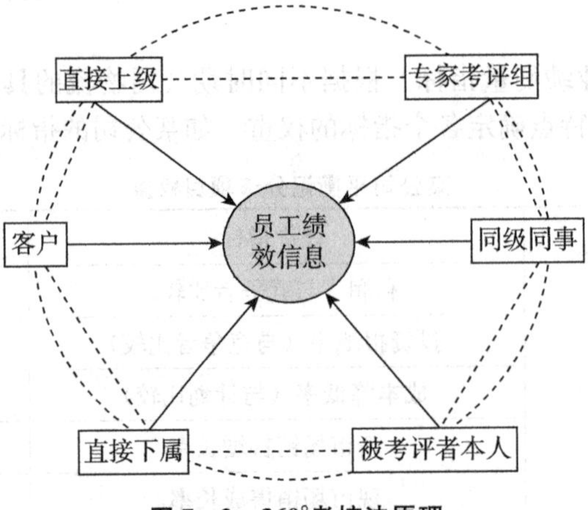

图7－2　360°考核法原理

1）360°考核法的优点：

A. 不是仅仅把上级的评价作为员工绩效信息的唯一来源，而是将在组织内部和外部与员工有关的多方主体作为提供反馈的信息来源，考核结果有利于管理层获得更准确的信息，也有助于被考核者多方面能力的提升。

B. 由于指标较全面，可以防止被考核者急功近利的行为（如仅仅致力于与薪金密切相关的业绩指标）。

2）360°考核法的缺点：

A. 一个人要对多个同伴进行考核，考核成本较高，时间耗费多。

B. 考核培训工作难度大，需要对所有员工进行考核制度的培训，因为所有员工既是考核者，又是被考核者。

C. 成为某些员工发泄私愤的途径，如某些员工不正视上司及同事的批评与建议，将工作上的问题上升为个人情绪，利用考核机会“公报私仇”。

（2）360°考核法的操作流程。

360°考核法的操作流程如图 7-3 所示。

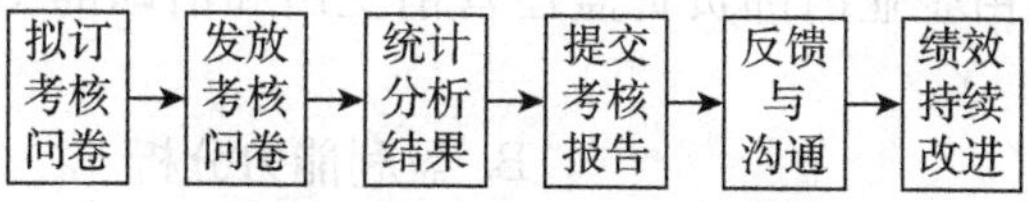

图 7-3　360°考核法的操作流程

项目小结

1. 营销管理是指物流企业为了创造、建立和保持与目标市场之间的互利交换关系，对设计方案进行分析、计划、执行和控制。

2. 物流企业营销计划包括目标和实现目标的手段两方面内容，可分为战略计划和作业计划两种。战略计划包括时间期限、环境分析、公司自身分析、拟定目标、制定具体战略。物流营销作业计划包括计划概要、当前营销状况、确定物流企业目标、营销策略、预算利润表、营销控制。

3. 物流企业营销控制的方法包括年度计划控制、盈利性控制、效率控制、战略控制。

4. 针对传统的以财务指标为主的绩效评估系统，平衡计分卡强调非财务指标的重要性，通过对财务、客户、内部业务、创新与学习四个各有侧重又互相影响的方面的业绩评价来沟通目标、战略和物流企业经营活动的关系，实现短期利益和长期利益、局部利益与整体利益的均衡。

5. 360°考核法是由与被评价者有密切关系的人，包括被评价者的上级、同事、下属、客户等，分别匿名对被评价者进行全方位、多维度的绩效评估。

知识测试

一、单项选择题

1. 营销计划包括目标和（　　）的手段两方面内容。

A. 实现目标　B. 完善目标　C. 解释目标　D. 概括目标

2. 物流企业营销计划可分为战略计划和（　　）两种。

A. 部门计划　B. 作业计划　C. 利润计划　D. 长期计划

3. 平衡计分卡法通过对财务、客户、内部作业、（　　）四个各有侧重又互相影响的方面的业绩评价来沟通目标、战略和物流企业经营活动的关系，实现短期利益和长期利益、局部利益与整体利益的均衡。

A. 创新与学习　B. 制度　C. 流程　D. 员工

4. 营销作业计划一般由（　　）负责编制，计划期限为半年至一年，所着重的是较具体的工作目标、营销策划、财务预算和各自资源的利用情况。

A. 财务部门　B. 人事部门　C. 主管部门　D. 营销部门

5. （　　）决定着一切活动的方向，是用来说明计划的最终目的。

A. 营销目标　　B. 营销战略

C. 企业目标　　D. 企业战略

6. 营利性控制一般由企业内部负责监控营销支出和活动的主要营销计划人员负责，其主要环节是进行（　　）。

A. 营业额分析　　B. 盈利能力分析

C. 利润率分析　　D. 收益状况分析

7. 营利性控制主要是用销售利润率、总资产报酬率、资本收益率、（　　）等指标来衡量。

A. 营业推广效率　　B. 营销人员效率

C. 物流服务周转率　　D. 投资收益率

二、多项选择题

1. 平衡计分卡通过对财务、（　　）、创新与学习四个各有侧重又互相影响的方面的业绩评价来沟通目标、战略和物流企业经营活动的关系，实现短期利益和长期利益、局部利益与整体利益的均衡。

A. 流程　　B. 客户　　C. 内部业务　　D. 员工

2. 物流企业营销计划实施应注意的方面包括（　　）、企业文化和管理风格。

A. 行定方案　　B. 组织机构

C. 决策和报酬制度　　D. 人力资源

3. 物流绩效评估的基本原则包括（　　）。

A. 全面原则　　B. 整体原则　　C. 动态原则　　D. 例外原则

4. 360°考核法是由与被评价者有密切关系的人，包括被评价者的上级、（　　）等，分别匿名对被评价者进行全方位、多维度的绩效评估。

A. 本人　　B. 同事　　C. 下属　　D. 客户

5. 物流企业营销控制的基本程序包括（　　）、纠正偏差、评价效果。

A. 确定目标　　B. 选择控制标准

C. 明确责任　　D. 信息沟通

6. 年度控制计划主要包括（　　）。

A. 营业分析　　B. 市场占有率分析

C. 营销费用率分析　　D. 客户满意度分析

7. 内部业务评价指标主要包括价格合理、（　　）。

A. 可得性　　B. 作业效绩　　C. 可靠性　　D. 硬件配置　　E. 软件配置

8. 物流绩效评估的基础工作包括（　　）。

A. 合理划分责任中心，明确规定权责范围

B. 定期编制责任预算，明确各物流责任中心的考核标准

C. 区分各个物流责任中心的可控与不可控费用

D. 合理制定内部转移价格

E. 建立、健全严密的记录、报告系统

F. 制定合理而有效的奖惩制度

9. 客户评价的指标包括（　　）。

A. 市场占有率　B. 客户获得率　C. 客户满意程度　D. 客户获利能力

E. 客户保持率

三、判断题

1. 物流企业营销管理的任务仅仅在于刺激市场需求，促使客户重复购买。（　　）

2. 行动方案的主要内容包括人员配备、目标分解、资源分配、时间要求，方案要尽可能详细并将责任落实到人，以便执行和检查。（　　）

3. 财务数据是最有说服力的，依据它完全可以对物流企业的绩效进行全面评估。（　　）

4. 市场营销组织常常只是一个机构或组织。（　　）

5. 物流企业营销计划分为战略计划和作业计划两种，都是由企业营销部门制订。（　　）

四、简答题

1. 物流企业营销控制的主要内容包括哪些？

2. 物流绩效评估的基础工作有哪些？

3. 平衡计分卡的原理是什么？

能力训练

调研一个典型的物流企业，其在营销计划的制订与实施、营销组织结构、营销控制、营销绩效评估等方面是怎样进行管理的？

参考文献

1. [英] 克里斯廷·格罗鲁斯．服务管理与营销［M］．北京：电子工业出版社，2008.
2. 侯旻，孙军．物流营销实务［M］．北京：清华大学出版社，2010.
3. 丁建石，钮进生．客户关系管理［M］．北京：中国人民大学出版社，2015.
4. 丁雯，卢朝荣．客户服务实务［M］．大连：大连理工大学出版社，2016.
5. 张勤．物流市场营销［M］．北京：北京大学出版社，2013.
6. 胡延华．物流营销［M］．北京：中国人民大学出版社，2012.

图书在版编目（CIP）数据

物流营销与客户服务/陶欣，张海霞，卢琳主编．—北京：中国人民大学出版社，2017.9
21 世纪高职高专规划教材．物流管理系列
ISBN 978-7-300-24765-6

Ⅰ.①物… Ⅱ.①陶… ②张… ③卢… Ⅲ.①物资市场-市场营销学-高等职业教育-教材 ②物资企业-客户-销售服务-高等职业教育-教材 Ⅳ.①F252.2 ②F253

中国版本图书馆 CIP 数据核字（2017）第 194276 号

21 世纪高职高专规划教材·物流管理系列
物流营销与客户服务
主　审　张海霞
主　编　陶　欣　张海霞　卢　琳
副主编　杨　梅　张燃燃　徐　畅　张晓琴
Wuliu Yingxiao yu Kehu Fuwu

出版发行	中国人民大学出版社		
社　址	北京中关村大街 31 号	**邮政编码**	100080
电　话	010－62511242（总编室）		010－62511770（质管部）
	010－82501766（邮购部）		010－62514148（门市部）
	010－62515195（发行公司）		010－62515275（盗版举报）
网　址	http://www.crup.com.cn		
经　销	新华书店		
印　刷	固安县铭成印刷有限公司		
开　本	787 mm×1092 mm　1/16	**版　次**	2017 年 9 月第 1 版
印　张	14.75	**印　次**	2024 年 7 月第 4 次印刷
字　数	340 000	**定　价**	39.00 元